BÉARRACH MNÁ AG CAINT

SEANCHAS MHÁIRÉAD NÍ MHIONACHÁIN

Tadhg Ó Murchú
a bhailigh

Máirtín Verling
a chuir in eagar agus a chóirigh

Cló Iar-Chonnachta
Indreabhán
Conamara

An Chéad Chló 1999
© Cló Iar-Chonnachta Teo. 1999

ISBN 1 902420 05 5

Grianghraif chlúdaigh: Le caoinchead Nóirín Uí Éanaí
Dearadh Clúdaigh: Johan Hofsteenge
Dearadh: Foireann CIC

Faigheann Cló Iar-Chonnachta cabhair airgid ón g**Comhairle Ealaíon**

Clóchur: Cló Iar-Chonnachta, Indreabhán, Conamara
    Fón: 091-593307   **Facs:** 091-593362   **r-phost:** cic@iol.ie
Priontáil: Clódóirí Lurgan, Indreabhán, Conamara
    Fón: 091-593251 / 593157

BÉARRACH MNÁ AG CAINT

SEANCHAS MHÁIRÉAD NÍ MHIONACHÁIN

Buíochas

Táim buíoch de Cheann Roinn Bhéaloideas Éireann, An tOllamh Séamas Ó Catháin as cead a thabhairt dom an t-ábhar seo a fhoilsiú. Ina theannta sin ba mhaith liom buíochas speisialta a ghabháil le Gearóid Ó Cruadhlaoich, Roinn Stair na hÉireann (Béaloideas), Ollscoil na hÉireann, Corcaigh, mar gheall ar an tacaíocht iontach atá tugtha aige dom ó thosaíos ag obair ar bhéaloideas Bhéarra.

Thar aon duine eile táim faoi chomaoin mhór ag Nóirín Ní Shúilleabháin (Bean Uí Éanaí) mar gheall ar an eolas a thug sí dom ar a seanamháthair, Máiréad Ní Mhionacháin. Mara mbeadh Nóirín ní bheadh againn chun pictiúr aigne de Mháiréad a chruthú ach an méid a scríobh Tadhg Ó Murchú ina chuntas ceannlae. Dá fheabhas é an cuntas sin, 'ní haitheantas go haontíos', agus bhí aithne an domhain ag Nóirín ar a seanamháthair mar bhí sí in aontíos léi ar feadh na mblianta agus tá cuntas dá réir tugtha aici dúinn ar a meon agus ar a pearsantacht. Ina theannta sin, bhí Nóirín sa tigh nuair a tháinig Tadhg Ó Murchú ag bailiú ó Mháiréad agus tá cur síos neamhghnách tugtha aici ar na hócáidí sin chomh maith. Is í Nóirín a sholáthair na grianghraif go léir de Mháiréad atá sa leabhar.

Ba mhaith liom buíochas speisialta a ghabháil le mo bhean chéile, Emma, a léigh an téacs seo ar fad agus a thug gach tacaíocht agus spreagadh dom chun an obair a chur i gcrích.

Clár

Réamhrá   9

An Cúlra
Scéaltóirí Ban sa Bhéaloideas   12
Cúlra Clainne agus Pearsantacht Mháiréad Ní Mhionacháin   21
Tadhg Ó Murchú agus Máiréad Ní Mhionacháin   36

Seanchas Mháiréad Ní Mhionacháin
1. Seanchas Áitiúil   47
2. Slí Bheatha na nDaoine   52
3. An Pobal   76
4. An Duine   85
5. An Nádúr   99
6. Leigheasanna na nDaoine   101
7. Ranna na hAimsire, Féilte agus Turais   111
8. Piseoga agus Draíocht   122
9. Samhlaíocht i dtaobh Nithe agus Daoine   132
10. Litríocht na nDaoine   148
11. Caitheamh Aimsire na nDaoine   154
12. Seanchas Stairiúil   156

Aguisíní
Nótaí   160
Aguisín   204
Modh Eagarthóireachta   210
Pearsana   214
Logainmneacha   219
Leabharliosta   226

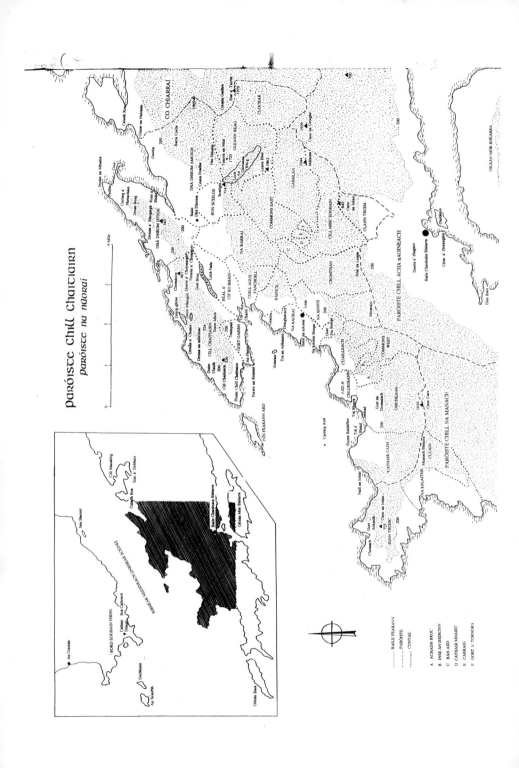

Réamhrá

Sa bhliain 1895 scríobh Pádraig Ó Laoghaire ós na hInsí, gairid do Bhaile na nAoraí i leithinis Bhéarra, Co. Chorcaí, an chéad chnuasach de scéalta ón mbéaloideas i nGaeilge, ó Chúige Mumhan, a cuireadh riamh i gcló[1]. Ó shin i leith níor foilsíodh ach aon leabhar amháin de bhéaloideas an cheantair sin,[2] ar a shon go bhfuil timpeall 7,000 leathanach d'ábhar ó Bhéarra ar buanchoimeád i gcartlann Roinn Bhéaloideas Éireann, An Coláiste Ollscoile, Baile Átha Cliath. Níl aon dabht ná go bhfuil an méid a bhailigh Tadhg Ó Murchú, bailitheoir lánaimseartha le Coimisiún Béaloideasa Éireann, ar an gcuid is fearr den 7,000 leathanach sin.

Ar an Sceachánaigh in aice le Cuan an Chaisleáin i bParóiste Chathair Dónall, Co. Chiarraí, a rugadh Tadhg Ó Murchú an 11 Feabhra 1896. Bhí sé ina bhailitheoir lánaimseartha ag Coimisiún Béaloideasa Éireann ó 1935 go dtí 1957. Ba scanrúil ar fad an méid oibre a dhein Tadhg le linn an ama sin nuair a bhailigh sé tuairim is 60,000 leathanach de bhéaloideas. Scríobh Tomás Ó hAilín cuntas ar an saothar iontach seo in *Éigse* 16 (1975), ll. 113-30. Tá cuntais bheaga eile ar shaol Thaidhg agus ar a chuid oibre le fáil in *Béaloideas* 28 (1960-62): 133, agus in *Béaloideas* 25 (1957): 150-52. Ach chun léargas níos fearr a fháil ar chúlra Thaidhg is fiú go mór an cuntas a scríobh sé féin ar a óige agus ar a cheantar féin a léamh (C.B.É. Iml. 1252: 3-572). Cailleadh Tadhg an 8 Meán Fómhair 1961.

Dhein Tadhg an t-uafás oibre nuair a bhí sé ag fanacht i mBaile na nAoraí i mBéarra in earrach na bliana 1939. Ar thóir lucht seanchais agus scéalaíochta do thaisteal sé drochbhóithre iargúlta pharóistí Chill Chaitiairn agus na nAlaithe ar a rothar ar feadh trí seachtaine agus ualach trom an Edifóin – nó an *Ujon*[3] mar a ghlaodh sé féin air – laistiar de ar an iomprán. Idir trí agus ceithre chloch meáchain a bhíodh san Edifón.[4]

Tar éis filleadh ar an mbaile ó Bhéarra an 17/5/39 scríobh Tadhg go dtí Seán Ó Súilleabháin, a bhí ina chartlannaí ag Coimisiún Béaloideasa Éireann:

Táim ar nós seanachapall carraeraí a bheadh th'réis cúrsa Chorcaí a thabhairt, le cúpla lá – tabhartha tnáite i ndiaidh mo chúrsa –

agus i ndóighthir, cá hionadh sin! B'iad na trí seachtainí ba dhéine
a rug riamh orm iad, ach aon ní amháin go raibh an aimsir ar mo
thoil agam. Dheineas mórán siúil leis an Edifón tré dhrochbhóithre
– chomh holc agus táid siad in Éirinn – ach táim ana-shásta anois
le toradh mo shaothair. Do thugas aon dosaen déag fiteán liom
agus nár mhór an méid é sin.

Agus cuimhnigh gur chaith Tadhg a raibh taifeadta ar fhiteáin an
Edifóin aige a scríobh amach nuair a chuaigh sé abhaile go Ciarraí tar
éis cúrsa Bhéarra a thabhairt. Tuigeann aon duine a dheineann
tras-scríobh ó théipeanna an lae inniu an crá agus an clipeadh a
bhaineann leis an saghas sin oibre – ní áirím an dua a bheadh ag baint
lena leithéid a dhéanamh ó na seanaspólanna céarach sin a nglaoití
'fiteáin' orthu.[5]

Ba gheall le snámh in aghaidh easa dó é mar bhí an Ghaeilge agus
nós na scéalaíochta – mar a chleachtaí é pé scéal é – ag fáil bháis go tiubh
i mBéarra ag an am. Ar a shon sin d'éirigh leis timpeall 1,000 leathanach
d'ábhar ana-luachmhar a bhailiú an t-earrach sin. Thug Tadhg turais
eile ar Bhéarra sna blianta 1950, 1951 agus 1952 agus bhailigh timpeall
450 leathanach eile. Ina theannta sin tá 450 leathanach de chuntas
ceannlae againn ó pheann Thaidhg, ina bhfuil mionchuntas ar ar bhain
dó agus ar ar bhuail leis i ndúthaigh Bhéarra.

Ba sna blianta 1950, 1951 agus 1952 a bhailigh Tadhg an seanchas atá
sa leabhar seo ó Mháiréad Ní Mhionacháin, An Goirtín, Dhá Dhrom,
Co. Chorcaí, agus gan amhras b'éacht iontach é an t-ábhar fíorshuimiúil
seo a shábháil ó bhéal na huaighe ó sheanabhean a bhí deich mbliana
agus ceithre fichid d'aois. Mura mbeadh dúthracht Thaidhg i mbun a
chuid oibre, agus an tuiscint a bhí aige ar a thábhachtaí is a bhí sí mar
obair, ba bhoichtede go mór ár dtuiscint ar sheanchas na hÉireann agus
go mór mór, sa chás áirithe seo, ar bhanseanchas Bhéarra.

1 P. Ó Laoghaire, *Scéalaíocht na Mumhan* (Baile Átha Cliath: Pádraig Ó Briain, Clódóir,
1985).

2 P. Ó Murchú agus M. Verling, *Gort Broc – Scéalta agus Seanchas Ó Bhéarra* (Baile Átha
Cliath: Coiscéim, 1996).

3 Ba é Muiris Ó Ríordáin ('Riordan Mór a' Mhacaigh), a chónaigh sa Mhaca i mBaisleacán, Co. Chiarraí a bhaist *Ujon* (i.e. Eugene) ar an ngléas taifeadta a nglaoití Edifón air [Feic T. Ó Murchú, "Scéalaithe do b'aithnid dom," *Béaloideas* 18 (1948): 27-8].

4 J. Daly, *Ahan Leat* (An Daingean: An Sagart, 1999), l. 13.

5 Comhfhreagras Thaidhg Uí Mhurchú, Roinn Bhéaloideas Éireann, An Coláiste Ollscoile, Baile Átha Cliath.

Scéaltóirí Ban sa Bhéaloideas

Sa réamhrá don leabhar *Women's Folklore, Women's Culture* (1985) áitíonn na heagarthóirí , Rosan A. Jordan agus Susan Kalcik, go raibh sé de nós ag scoláirí béaloidis, go dtí le déanaí, a bheith ag díriú a gcuid staidéir ar aithriseoireacht a bhaineann le saol na bhfear. Aithriseoireacht a tharlaíonn i suíomh poiblí; agus a bhfuil iomaíocht agus fearaíocht ag baint léi. Dar leo go bhfuil na scoláirí tar éis faillí a thabhairt i mbéaloideas a bhíonn ar siúl i bpríobháideachas an teaghlaigh. De réir na tuairime seo tá droim láimhe tugtha do *genres* ar nós 'seanchas pearsanta' agus 'piseoga', agus áirítear na rudaí seo mar nithe gan tábhacht nó mar 'ráiméis na mban' nó mar 'bhurdún'.[1] Ar a shon nach bhféadfaí a chur i leith scoláirí béaloidis na hÉireann gur thugadar faillí san aithriseoireacht a bhíonn ar siúl i bpríobháideachas an teaghlaigh, d'fhéadfaí a áiteamh go mbaineann cuid de na prionsabail atá laistiar den mhéid a deir Jordan agus Kalcik le scoláireacht an bhéaloidis in Éirinn go dtí seo.

Deir Bernard (1971) go gcaithfear an saghas seo claonta a áireamh mar shampla den 'ghnéasachas':

> . . . the unquestioned, unexamined, and unchallenged acceptance of the belief that the world as it looked to men was the only world, that the way of dealing with it that men had created was the only way, that the values men had evolved were the only ones.[2]

Agus chomh fada is a bhaineann leis an saghas ábhair a raibh meas ag an bpobal agus ag scoláirí béaloidis air:

> . . . these recognised, usually male, *genres* assume the status of 'legitimate' folklore *genres*. Female expressive forms either fit the male mold or they are relegated to a non-legitimate, less-than expressive category.[3]

Bheadh sé tábhachtach, mar sin, ceist a chur mar gheall ar an dearcadh i leith na mban a bhí le feiscint i scoláireacht an bhéaloidis san am atá thart:

Folklore studies then, like anthropological studies, have described women as men see [or don't see] them. A tendency to see the world in male terms has influenced what kind of data folklorists have looked for and from whom, and also what data they have actually collected and from whom.[4]

Chomh fada is a bhaineann le scéaltóirí ban in Éirinn agus in áiteanna eile, bhí an méid seo le rá ag an scoláire béaloidis ó Mheiriceá, Stith Thompson:

> In Ireland the actual delivery of the stories seems to be a prerogative of the men, though women certainly know them and teach them to their children. On the other hand, tales reported from East Prussia were taken down from women though this may be because the collector of these stories is a woman.[5]

Ina Léacht Cuimhneacháin Sir John Rhys (1946) nocht Séamus Ó Duilearga na tuairimí seo a leanas a bhfuil glactha go forleathan leo mar gheall ar scéalaíocht na mban:

> The recital of Ossianic hero-tales was almost without exception restricted to men. 'A woman *fiannaí* or a crowing hen!' the proverb runs. There are exceptions to this rule, but still the evidence is unmistakable that the telling by women of Finn-tales was frowned upon by the men.
> *Seanchas*, genealogical lore, music, folk-prayers, were, as a rule, associated with women; at any rate they excelled the men in these branches of tradition. While women do not take part in the story-telling, not a word of the tale escapes them, and if their relatives or close friends make any slip or hesitate in their recital, it is a not uncommon experience of mine to hear the listening woman interrupt and correct the speaker.[6]

I 1992, ghlac an scoláire béaloidis Meiriceánach, Clodagh Brennan Harvey, leis na tuairimí bunúsacha céanna mar gheall ar scéaltóirí ban:

> . . . first, that women participated less than men; second, that men rather than women tended to be the narrators of the longer, multi-episodic tales, such as Märchen and hero tales (*sean-scéalta* and *scéalta gaisce*, respectively);

third, that it was also considered inappropriate for women to tell hero tales, particularly those of the Fenian cycle (*finnscéalta*); and fourth, as a corollary to these points, that men and women usually went visiting separately. There were notable exceptions to the supposed inferiority of women as narrators of the long stories (such as famed woman narrator, Peig Sayers).[7]

Ach tar éis an méid sin a rá taispeánann Brennan Harvey gurb é atá ag teacht linn ná:

> . . . a general lack of information about women storytellers, the types of stories women told, and the contexts in which they participated in the tradition.[8]

Ina theannta sin tá sé áitithe go láidir ag daoine áirithe go bhfuil an réimse ábhar a bhfuil eolas bailithe mar gheall orthu ó mhná ana-theoranta. Dá bhrí sin, tá glactha le saghasanna áirithe béaloidis ó mhná toisc go n-oiriúnaíonn siad isteach go deas cúnláisteach i bpé íomhá de na mná atá faoi réim ag am áirithe.[9]

Pointe eile atá ana-thábhachtach, agus a chuireann ana-theora leis an méid eolais is féidir linn a fháil mar gheall ar mhná mar sheanchaithe nó mar scéalaithe, is ea nach raibh aon bhailitheoirí ban lánaimseartha ag obair do Choimisiún Béaloideasa Éireann. Agus chomh fada is a bhaineann leis an méid atá sa bhailiúchán áirithe seo, caithfear a bheith ag tuairimíocht mar gheall ar cad é an difríocht a bheadh san ábhar nó sa chaidreamh idir bailitheoir agus faisnéiseoir dá mba rud é gur bhean a bheadh ag bailiú. Tá sé tábhachtach a chur san áireamh go mbeadh tionchar ag aon bhailitheoir ar an ábhar a bheadh an faisnéiseoir toilteanach a phlé, agus gur dhócha go bhfaighfí ábhar luachmhar nua in aon bhailiúchán a dhéanfaí i 'limistéar príobháideach' na bhfaisnéiseoirí ban, áit a mbeidís i gcomhrá lena gcomhaoistí nó lena muintir féin:

> The gender of the folklore fieldworker influences what he or she looks for; it affects his or her relationship with informants, and what he or she is ready and able to see and hear and understand as important.[10]

Ach is deacair d'fhear, nach gaol di, timpeallacht fhoirfe a chruthú chun a bheith ag bailiú béaloidis ó bhean. Pé scéal é, san aeráid acadúil agus shóisialta a bhí ann le linn Choimisiún Béaloideasa Éireann ní dócha go measfaí go mbeadh puinn tábhachta ag baint lena leithéid de chúram. Ar an taobh eile den scéal tá sé tábhachtach is dócha, ar mhaithe le cruinneas agus oibiachtulacht, gan a bheith ag dul rófhada leis na nithe seo ar mhaithe leis an 'gceartpholaitíocht', faoi mar a thaispeáin Polly Stewart Deemer, béaloideasóir mná ó Mheiriceá atá ina feiminí láidir í féin:

> Women, just as much as men, must be careful not to use the guise of folklore scholarship to try to further political ends, worthwhile though these ends may be . . .[11]

Pé scéal é, níl a fhios againn cad iad na hócáidí scéalaíochta a bhíodh ann do mhná. Tógann Brennan Harvey ceann den easpa bailitheoirí ban chomh maith, agus den easpa eolais atá orainn mar gheall ar chuideachta iomlán bhan ina mbeadh seans ar an scéalaíocht a chleachtadh:

> Generally, it has simply never been possible to document *all* the aspects of the tradition or *all* the social situations of which storytelling was a part. In fact, there is woefully little *in situ* documentation of Irish storytelling at all. More specifically, and potentially far more important, I have encountered almost no references to women collectors. Setting aside Lady Augusta Gregory's unique contribution to Irish folklore and literature, since the early days of folklore collecting the overwhelming majority of the collectors have been men. This has important implications in terms of what we know about women's storytelling. Although it was not invariably the case, it was generally customary for men and women to go *ar cuairt* [visiting] separately; and we really have no exact information as to what kinds of stories women told in the gatherings in which *only* women participated except to assume that they continued to follow to some degree the traditional norms of appropriateness for storytelling. In addition to the groups involved in nightly visiting, there may have been other such all-female groups. For example, the collector Seán Ó hEochaidh described to me a form of transhumance practiced in Donegal until about one hundred years ago.

During summer, groups of women would take their cattle from the lowlands up to the mountains where they lived in small cabins (*bothóga*) built for this purpose. Seán said that he knew they had *céilís* and sang songs, but there is no record of whether or not they told stories. It seems extremely probable to me, given such isolated social conditions, that they would have. Even if a collector had been present in either of these two kinds of settings, the presence of a *male* collector in such groups would unquestionably alter the dynamics of group interaction and the nature of the stories told. What I wish to suggest here is highly speculative, but it is *possible* that women in such contexts did not find it necessary to conform completely to the societal norms for behaviour in 'mixed' groups, as they do not in our own culture; that more women may have narrated than did so in mixed company; and that more may have ventured to tell the kinds of stories usually associated with men: hero tales, Märchen, and, possibly, even off-color or obscene material. We simply have no *in situ* documentation of storytelling in such settings upon which to judge. This situation represents an intriguing ethnographic problem, but one which, at this time, is undoubtedly beyond amelioration.[12]

Tá fianaise éigin ann go mbíodh cothaláin bheaga ban i gceantar na nAoraí le linn óige Mháiréad Ní Mhionacháin. Tá éachtaint air sin le fáil ón méid a dúirt Bríd Ní Shíocháin ó Inis Fearann Ard le Tadhg Ó Murchú sa bhliain 1939:

> . . . ach sé an ní a bhíodh againn á dhéanamh gach aon oíche – age cailíní – ná ag cardáil ola agus ag sníomh. Ó do bhí, agus carn caereach san oileán! Do bhí, carn caereach san oileán i gcónaí, agus olann agus snáth – sin é a choinníodh an t-éadach orthu. Do bhímís ag sníomh is ag cardáil ansan gach aon oíche agus ag cnotáil.[13]

Ach is cuma an mbíodh na mná seo ag insint seanascéalta nó scéalta gaisce nó nach mbíodh nuair a bhídís i dteannta a chéile, mar go mbeadh saghasanna eile scéalaíochta nó seanchais, a bhainfeadh le cultúr na mban ar leithligh, gach aon phioc chomh tábhachtach le scéalta nó seanchas na bhfear:

... folklore is an important means of expressing attitudes, ideology and world view, whether consciously or unconsciously ... Women's folklore tells us things that social strictures or psychological representations prevent women from otherwise saying – things at variance with the official ideal of culture. Narratives sometimes express ideas and feelings that would never emerge from a questionnaire or an interview or they may express them more powerfully.[14]

Cé go raibh Tadhg Ó Murchú ina bhailitheoir nótálta, in ana-chuid slite bhí sé ana-mhór faoi bhois an chait ag a chuid máistrí i gCoimisiún Béaloideasa Éireann. Tá sé d'áis agaimn go bhfuil an téacs d'ana-chuid de na ceisteanna a chuir Tadhg ar Mháiréad Ní Mhionacháin ar fáil dúinn, agus tugann sé sin léargas dúinn ar an modh ceistiúcháin a d'úsáideadh sé. Chomh maith leis sin tá fianaise ó iníon mhac Mháiréad go gcuireadh Tadhg cosc ar chaint na seanamhná seo uaireanta agus seans maith gurbh é a bhí i gceist leis an gcosc seo ná í a chur bunoscionn le a bheith ag caint ar nithe a cheap Tadhg nach raibh aon tábhacht ag baint leo.[15]

Caithfear cuid de bhreitheanna Thaidhg gan ábhar a bhailiú ó dhaoine áirithe – ar an tuiscint nach raibh aon ní tábhachtach le rá acu – a cheistiú. Mar shampla, toisc nach raibh aon eolas ag seanabhean áirithe ó na hAoraí – a raibh cuid mhaith dá saol caite i Meiriceá aici – ar na nithe ar cheistigh Tadhg í mar gheall orthu, níor bhac sé a thuilleadh léi:

Tháinig an tseanabhean anuas chugham fé cheann tamaill. Beainín deas cruaidh – ní cheapfadh aoinne le féachaint uirthi go raibh sí os cionn seacht mbliana déag agus cheithre fichid! Bhí a paidrín ina láimh aici. Bheannaigh sí dhom i nGaelainn agus is aici a bhí sí go blasta. Thug sí tamall mór dá saol thall in Americeá a dúirt sí liom – is fánach seanabhean ná seanduine i mBéarra nár thug tréimhse éigin dá saol ann. Dhíríos ar í a cheistiú i dtaobh an tseanashaoil – an Drochshaol go mórmhór – ach is suarach go léir an méid eolais a bhí aici ar aon saol acu. Is dóigh liom gur dhein an tréimhse a chaith sí thall ins na Stáit cuimhne an tseanashaoil a chur bunoscionn léi. Bhí greas fada aighnis agam léi ach ní bhfuaireas aon ní uaithi dob fhiú áireamh.[16]

Is deacair a chreidiúint nach mbeadh aon ní spéisiúil le rá ag bean a bhí seacht mbliana déag agus ceithre fichid d'aois, go mór mór bean a bhí tar éis tréimhse fhada a chaitheamh i Meiriceá. Samhlaigh an méid a d'fhéadfadh a bheith le rá aici mar gheall ar shaol na mBéarrach i Meiriceá, rud nach bhfuil aon chuntas béil againn air. Sampla eile is ea é seo, dar liom, den *'tunnel vision of folklore scholarship'*[17] a bhí ann an uair sin agus a bhfuil cuid mhaith ann fós de:

> This kind of bias, and the fact that until recently most fieldworkers were male and did not have free access to women's culture, have naturally affected folklore research and fieldwork, in its conceptualization, in its application, and in the interpretation of data. In general, this male orientation has meant that women's expressive culture is ignored or viewed as insignificant and limited.[18]

Ar a shon sin is uile, caithfear a rá go bhfuair Tadhg Ó Murchú ábhar ana-luachmhar, sainiúil ó mhná i mBéarra, go mór mór ó Mháiréad Ní Mhionacháin. Tá sé soiléir go raibh ana-mheas aige ar an seana-eolas a bhí aici sin, ar a dearcadh ar an saol agus ar a creidiúintí, agus, dá bhrí sin, gur thug sí sin dó a cuid seanchais le dúil, agus gur ghlac sí go fonnmhar leis an seans chun ana-chuid de na tuiscintí ar an saol a bhí aici a roinnt air.

Níl tugtha fós faoi staidéar ceart a dhéanamh ar bhéaloideas na hÉireann ó thaobh na mban de. Tá achoimre de na fadhbanna agus de chuid de na cuspóirí a bhainfeadh le staidéar mar sin déanta go pointeálta ag Anne O'Connor:

> Detailed analysis of gender, and class, still awaits sufficient attention in Irish folklore, just as in other areas of Irish scholarship. The oral traditional material itself, however, must first be uncovered. The individual women and their contributions have yet to be brought to light and appreciated within the Irish context. And certainly the questioning of given norms and the recognition of subjectivity in both the collecting and study of folklore are essential for our further understanding of folk tradition.[19]

Tá súil agam go rachaidh an bailiúchán seo cuid den bhóthar chun ladhar bheag den ábhar traidisiúnta béil sin a nochtadh agus tá áthas orm go bhfuil ábhar tábhachtach ó bhean amháin tugtha chun solais anseo.

[1] R.A. Jordan agus S.J. Kalcik, "Introduction – Women's Folklore, Women's Culture." In R.A. Jordan agus S.J. Kalcik, (eag.) *Women's Folklore, Women's Culture*, (University of Pennsylvania Press, 1985): ix.

[2] J. Bernard, *Women and the Public Interest*, (Chicago, 1971): 37.

[3] C.R. Farrer, "Introduction: Women and Folklore, Images and Genres." *Journal of American Folklore* 88 (1975a): xv-xvi.

[4] Jordan agus Kalcik, xi.

[5] S. Thompson, *The Folktale*, (University of California Press, 1946), l. 408.

[6] J.H. Delargy, "The Gaelic Storyteller," *Proceedings of the British Academy* 31 (1946): 7

[7] C. Brennan Harvey, *Contemporary Irish Traditional Narrative – The English Language Tradition*, (University of California Press, 1992): 47-8.

[8] Ibid., l. 48.

[9] Jordan agus Kalcik, x.

[10] Ibid.

[11] P. Stewart Deemer, "Women and Folklore – Response to the Symposium," *Journal of American Folklore* 88 (1975a):102.

[12] Brennan Harvey, 48-9.

[13] C.B.É. Iml. 623:257 – Bailithe ag Tadhg Ó Murchú (8/9/39) ó Bhríd Ní Shíocháin (69), An Fhéith, Gort Garbh (a rugadh agus a tógadh in Inis Fearann Ard).

[14] A. O'Connor, "Review – Women's Folklore, Women's Culture," *Béaloideas* 54-55 (1986-87): 302.

[15] Cuntas ar a seanamháthair, Máiréad Ní Mhionacháin, a scríobh Nóirín Bean Uí Éanaí (Ní Shúilleabháin) – a rugadh agus a tógadh ar an nGoirtín, Dhá Dhrom, Béarra – Nollaig 1991.

[16] Cuntas Ceannlae Thaidhg Uí Mhurchú – C.B.É. Iml. 637:62-63.

[17] M. Jane Young agus K. Turner, "Challenging the Cannon: Folklore Theory Reconsidered from Feminist Perspectives," in S. Tower Hollis, Linda Pershing agus M. Jane Young (eag.) *Feminist Theory and the Study of Folklore*, (University of Illinois Press, 1993): 10.

[18] Jordan and Kalcik, xi.

[19] A. O'Connor, 302.

Máiréad Ní Mhionacháin, Goirtín, 1950.
[Nóirín Ní Shúilleabháin (Bean Uí Éanaí) a sholáthair – ní fios cé a ghlac]

Cúlra Clainne agus Pearsuntacht

Mháiréad Ní Mhionacháin

Timpeall aimsir an Ghorta bhí beirt dhearthár agus deirfiúr amháin de Mhuintir Mhionacháin (Drisceolaigh) i nDoire Mhór, Cill Chaitiairn. Shocraigh Seán Ó Mionacháin síos ar an gCarraig i nDoire Mhór, agus phós sé Siobhán Ní Shé ó Chill Chaitiairn. Shocraigh Tadhg Ó Mionacháin, a nglaoilí Seana-Thadhg air, síos ag an mbaile i nDoire Mhór Thiar agus phós sé Nóra Ní Rathaile ó Chlaondoire (Ba iad seo athair agus máthair Mháiréad seo againne) Phós Cáit Ní Mhionacháin, Dónall Phártholáin Ó Murchú ó Dhoire Ulaidh, Cill Chaitiairn.

Do bhí naonúr clainne ag Seana-Thadhg agus Nóra: Seán (Eanáir 1851); Dónall (Meitheamh 1853); Máire (Samhain 1855); Tadhg (Feabhra 1858), a cailleadh ina leanbh; Tadhg (Meitheamh 1860); Máiréad 1861; Pádraig (Feabhra 1866); Micheál (Lúnasa 1868), a shocraigh síos sa bhfeirm ag an mbaile agus a phós Cáit Ní Shíocháin ón mBóthar, Cathair Caim; Coinleán (Meitheamh 1871), a mhair ag an mbaile.[1]

Ní mór an t-eolas atá againn ar óige Mháiréad i gCill Chaitiairn seachas an méid atá le rá aici féin san ábhar a bailíodh uaithi. Ach ar a shon sin, is léir óna mhinicíocht a dheincann sí tagairt dá háit dúchais go ndeachaigh a hóige i gCill Chaitiairn i bhfeidhm go hana-mhór ar a cuid seanchais agus ar a dearcadh ar an saol. Níor chuimhin le hiníon a mic, Nóirín Ní Shúilleabháin (Bean Uí Éanaí) – a raibh aithne ana-mhaith aici uirthi ó bheith in aontíos léi ar feadh fiche bliain – aon mhioneolas a chlos uaithi mar gheall ar a hóige i gCill Chaitiairn:

> Yes, she sometimes talked about her young days in Kilcatherine, and of her days in primary school there. Even though she didn't start school until the age of nine or ten she was an excellent reader and could write and spell very well. She often recited poems which she learned at school, her favourite being "The Brook" by Tennyson. She could remember and recite this from beginning to end, and she would always stand up to recite the words of "Casablanca". I can still remember her face as if it were yesterday as she started off:

'The boy stood on the burning deck' etc.

She also learned grammar at school, and the parts of speech were learned. She would say, adjective, noun, article, pronoun, verb, adverb, preposition, conjunction and interjection – and always in that order. She could not read Irish.

I cannot remember much of what she told us of her immediate family. She spoke of her father and the stories he had of famine days in Ireland. She mentioned an incident of a woman found dead at the side of the road, her mouth being full of grass which presumably she tried to eat before she died of hunger. She had stories of people eating weeds, nettles etc. but all in all she felt that areas close to the sea having access to fish, shellfish etc., like Kilcatherine, were not as badly affected by the famine as more inland areas would have been.

My grandmother seemed to dance a lot in her young days – mostly stepdancing. A dancing master came to Kilcatherine and they learned the various steps. These she never forgot and when we were children she taught us all the basic steps of jigs and reels. She was very light on her feet and she had a great sense of rhythm. She would pull up her long skirt – right up to her knees and dance round the kitchen for us. She would provide her own music for the dance by singing a little tune as she danced. She called this 'puss-music'. If you were awkward or not doing the steps very well she would say: 'You haven't got the *ciúta*'. That meant that you hadn't got that something which makes the difference between a good dancer and a bad dancer.[2]

Anseo chímid Máiréad mar sheanchaí gníomhach, ag scaipeadh an traidisiúin rince a d'fhoghlaim sí féin ina hóige. Ach is suarach ar fad an méid a chloisimid mar gheall ar a muintir féin, agus níor labhair sí riamh mar gheall ar a deirfiúracha:

I never heard my grandmother speak of her sisters but she often spoke of her brothers. She had one memory of a big brother pulling a shovel down a slope while she sat on the shovel, as a very small child.[3]

Nuair a bhí sí fiche bliain d'aois deineadh cleamhnas idir Máiréad agus Seán D. Ó Súilleabháin ón nGoirtín, Dhá Dhrom Amuigh. Tháinig athair Sheáin, Dónall Ó Súilleabháin (Breac), go dtí an Goirtín ó Dhoirín a' tSluaigh i mBun Áth i gCo. Chiarraí tar éis an Ghorta. Ó Chaladh Ros, díreach trasna na teorann i gCo. Chiarraí, ab ea Eibhlín Ní Shúilleabháin, a bhean chéile. Rugadh triúr de na leanaí a bhí acu – Máire, Peig agus Seán – i nDoirín a' tSluaigh agus rugadh Diarmaid, an ceathrú leanbh, ar an nGoirtín:[4]

> My grandmother married at the age of twenty one in 1882, being the same year that Ardgroom National School was built. She had met her husband only once before the wedding. A match was made for them as was customary in those days, even though she did mention having a boyfriend at some stage. She also said that the dancing master liked her a lot!
> Her husband was much older than she was. She called him Jack. She walked from Kilcatherine to Gurteen. Her husband's father Daniel lived in Gurteen for many years after she got married. She always spoke of him with great affection. He was a great storyteller and many people used to gather at their house at night to listen to his stories. While the storytelling was going on my grandmother would have a little stool which she placed on top of the long seat, and there she would sit knitting socks from the homespun wool. The reason for placing the stool in this position was to be near the oil lamp which hung high up on the wall.[5]

Bhí trí dhuine dhéag clainne ag Máiréad agus Seán: Máire (17 Feabhra 1884), a chuaigh go Salt Lake City, Utah; Dónall (13 Samhain 1885), a chuaigh go Park City, Utah, agus a múchadh sa mhianach agus gan é ach naoi mí thall; Diarmaid (17 Márta 1887), a chuaigh go Salt Lake City; Seán (22 Eanáir 1891), a chuaigh go Butte, Montana; Pádraig (22 Eanáir 1891), a chuaigh go Butte, Montana; Máiréad (24 Feabhra 1893), a chuaigh go Bostún, Mass.; Siobhán (20 Meitheamh 1894), a chuaigh go Bostún, Mass.; Mícheál – Mike John D. (16 Márta 1896), a chuir faoi sa bhfeirm agus a phós Nóra Ní Shúilleabháin, iníon le Séamus Ó Súilleabháin agus Máire Ní Shé, Drom Beag, Dhá Dhrom Amuigh. Bhí Micheál ina shaoiste i mBord na nOibreacha Poiblí, agus d'oibrigh sé ar

chóstaí ar fud na hÉireann, geall leis; Eibhlín (13 Meitheamh 1897), a
chuaigh go Bostún, Mass.; Bríd (13 Eanáir 1899), a cailleadh go hóg;
Eoghan (20 Feabhra 1901), a chuaigh go Bostún, Mass.; Peadar (29
Meitheamh 1902), a chuaigh go Bostún, Mass.; Tadhg (25 Samhain 1903),
a chuaigh go Bostún, Mass.[6]

Seachas tógaint na clainne, ba mhó cúram eile a bhíodh ar Mháiréad
istigh agus amuigh i rith a saoil phósta:

> They had some sheep and they carded their own wool. She had a spinning
> wheel with which she made the thread for knitting. That spinning wheel
> was still in the house when I was a child. They sold some of the wool in
> Kenmare which is about twenty miles from Ardgroom. I often heard her
> talk about the journey to Kenmare, leaving home in the dead of night,
> pony and cart and load of wool; the long tedious journey; getting out of
> the cart on the steep hills and pushing the cart to help the pony. They
> would stop for refreshments at 'Denny Island's'. This was a little wayside
> inn about four miles from Kenmare, thus named because it faced a little
> island in the Kenmare estuary. There they would stay until dawn when
> they would resume their journey to Kenmare for the market. That little
> building still stands, but it has been closed as a public house for many
> years.[7]

Mar gheall ar an gcúram ar fad a bhí uirthi, ní i gcónaí a bhí sí in áit
oiriúnach nuair a tháinig tinneas clainne uirthi:

> My grandfather had a little boat and he and my grandmother used to go
> out the harbour to collect seaweed to use as a fertilizer for the land. There
> is a little island (which becomes part of the mainland of Inward
> Ardgroom at low tide) called Cois. As she and my grandfather were
> rowing home with a loaded boat of seaweed she got into labour, and so
> they had to row home as fast as they could. They just about got there on
> time for her to have the baby. There was a local woman who used to be
> called to act as midwife. My grandmother was about thirty five years
> of age at that time.[8]

Cuid de chlann Mháiréad i Meiriceá – ó chlé: Eoghan, Máire, Tadhg, Siobhán agus Peadar.
Ba í Siobhán an t-aon duine amháin dá clann a tháinig riamh abhaile. Tógadh an pictiúr seo sna caogaidí.

[Nóirín Ní Shúilleabháin (Bean Uí Éanaí) a sholáthair – ní fios cé a ghlac]

Ach níorbh aon bhean Máiréad a bhíodh róthógtha suas lena cuid oibre chun go mbeadh cúrsaí an tsaoil mhóir ag imeacht i ngan fhios di agus thugadh sí ana-thacaíocht dá mic a bhí páirteach i gCogadh na Saoirse:

> She often spoke of the time of the 'troubles' and the Black and Tans. She was very involved as some of her sons were on the run, being Republicans. At that time her husband was very ill (he died in the early twenties) and she told us about how the Black and Tans came into his bedroom and pushed the guns under his bed lest somebody might be hiding there. The boys were often up on the mountain, and when the Tans left the area she would go out and stand on a high rock and whistle to give the signal that all was clear. Then they would come home. My uncle Eugene and my father Michael were captured and spent some time in Spike Island. My father was a great follower of De Valera, and had a great love for the Irish Language. He wore the *fáinne* all his life, and he taught Irish to some of the prisoners in Spike Island. We have an autograph album which he had in Spike.[9]

Agus bhí tuairimí láidre ag Máiréad mar gheall ar an bpolaitíocht i rith a saoil ar fad:

> She would be very definite where the voting was concerned, and she knew exactly for whom she wanted to give her number one. The various parties would send out cars to collect the older people from the outlying areas and take them to the school to cast their votes. She would make sure that she travelled only with the party for which she was going to vote.[10]

Máiréad Ní Mhionacháin ar clé, agus a cara mór Máiréad Ní Chruadhlaoich (Bean Roger Uí Shúilleabháin) ar dheis, Barra Coille, 1948.

Tógadh an grianghraf seo in Dhá Dhrom, Lá an Toghcháin, 1948. Bhíodh tuairimí ana-láidre ag Máiréad chomh fada agus a bhain le vótáil de. Chuireadh na páirtithe polaitiúla éagsúla gluaisteáin amach chun na seandaoine ó na háiteanna iargúlta a thabhairt go dtí an scoil chun a vótaí a chaitheamh. Dheineadh Máiréad deimhin de nach dtaistealaíodh sí ach sa ghluaisteán a bhain leis an bpáirtí a raibh sí féin chun vótáil dóibh.

[Nóirín Ní Shúilleabháin (Bean Uí Éanaí) a sholáthair – ní fios cé a ghlac]

Cé gur chaill sí an chuid is mó dá clann diaidh ar ndiaidh ag an mbás nó ag an imirce, sheas sí an fód go misniúil agus níor ghéill sí riamh don lagsprid. Chuir sí a croí isteach i dtógaint chlann a mic, Micheál:

My grandmother had thirteen children, eight boys and five girls, all of whom are now dead except for one daughter who I think is still alive and over a hundred years of age, living in the States. One girl, Brigid, died at the age of three from gastro-enteritis. A boy named Johnny died at sixteen, having complained of a headache after being out searching for the wren for St. Stephen's Day. He died almost instantly. In all probability it would have been a Christmas Day. All the others, apart from my father, went to America and lived there all their lives. Only one of them, Hannah, ever came home on a visit. She came for a brief holiday in 1926, the year my father got married. Dan died at a young age in America, but all the others lived to a good old age.

I would say that a day did not pass that my grandmother didn't speak of her family in America. She spoke of the sadness of their leaving – going to Castletown where a boat came and took them to Queenstown where they embarked for their voyage to the States. She always got very sad at Christmas time, and when letters and cards arrived (which didn't come in large numbers) the tears would flow freely. But she had a great capacity to regain her cheerfulness and she could be singing within half an hour.

I was twenty five years of age when my grandmother died in 1957. In fact she died only nine years before my mother passed away. As my father (who was a foreman in the Board of Works) spent much of his time away from home, a few months each year, my mother worked out on the farm quite a lot. So my grandmother was our 'nanny' in every sense of the word. We called her Nain. We all loved her, and when I think of my years in Gurteen, I feel that my grandmother was just as much part of it as were my parents. She would spoil us as children while my mother tried to keep control. She was very generous and everything would be shared. She laughed with us and she cried with us and our little world got her full attention. I think that the great interest which she had in our family helped her to overcome the loneliness and longing which she no doubt had for her own sons and daughters. She had a very outgoing personality and when people visited the house she would more or less take over. Sometimes she would complain about all the work she had to do and at those times she would call herself 'Peig Amadán'. Yet she would never rest even when she was asked to, but she liked the little bit of notice. I remember the day she told me that she was eighty one years of age. It suddenly struck me how very old she was, and I began to think of how dreadful it would be if she died. At that stage of my life I couldn't have imagined life without her.[11]

In ainneoin na seanaoise, chúraimí an lae, agus an uaignis, is léir gur bhean í Máiréad a raibh pearsantacht ana-láidir aici; nárbh fhearr léi rud de ná cuideachta na ndaoine agus go raibh a fhios aici go maith conas bús a bhaint as an saol, go mór mór nuair a bhíodh sí as baile:

My grandmother loved having visitors, and loved talking with people. She felt at ease with people whether they were young or old. A nephew of hers (her brother's son) from Kilcatherine visited her fairly frequently. He and his wife and family of two girls lived in the old home in Kilcatherine. She spoke English to him. He and his wife are dead for many years.

My grandmother's best friend was Mrs Roger O'Sullivan from Barrakilla. She was about ten years younger than my grandmother and had originally come from Kilcatherine also. Her maiden name was Margaret Crowley. Surprisingly it was all English they spoke. In fact I never heard that lady speak Irish. She and my grandmother would go out together occasionally on a day trip to Kenmare. A bus travelled from Castletown to Kenmare once weekly and they would go off and have a great day together. She loved her glass of whiskey and they often talked about Mrs Guihan, Mrs Mehigan and Mrs Murphy, all of whom had pubs in Kenmare. She would be saving for this trip for a few weeks in advance. The savings came from the ten shillings weekly pension and was put away in a locked chest which she had in her bedroom. We often tried as children to get a peep into that chest, but it was like a little ritual when it was being opened – all of the children were banished from the room. Roger O'Sullivan had a sidecar (like the present day jaunting cars) and sometimes he and his wife and my grandmother would go off on the sidecar for a day's outing. She loved these outings and she would be singing with delight.

Another regular visitor was Mike Sheehan (Micheál Ó Síocháin from Barrakilla, whom Tadhg Ó Murchú visited). They always spoke Irish to each other. We always listened to their conversations and were very pleased as we got older that we could understand what they were speaking about. They often spoke of the past, of the bad times, of their families and sometimes exchanged their health problems. If my grandmother complained of a pain or an ache Mike would say: *'Tánn tusa óg fós'*. Mike was about six years older than my grandmother, so he would have been very old indeed at the time I remember him. He was very deaf and his sight was bad, but he made his way with the help of a walking stick to our house. Because of his deafness he spoke in a very loud voice.[12]

Is léir ón méid píosaí seanchais a bailíodh uaithi a bhaineann leis an osnádúr, le nósanna a bhaineann leis an mbás, le féilte áitiúla, le pátrúin agus le turais srl. gur dhuine gurb ea Máiréad a bhféadfaí *homo religiosus* a ghlaoch uirthi – is é sin le rá, duine go raibh ana-shuim aici i gcúrsaí creidimh de gach sórt. Ní hé sin le rá, áfach, gur Chaitliceach cráifeach, coimeádach ab ea í sa chiall thraidisiúnta:

My grandmother said prayers every day and she would insist on the family rosary being said at night. She didn't go regularly to Sunday Mass in her old age, but she would say her prayers at home at Mass time. However, her interest in what was happening round her was so intense that she always found it hard to really concentrate on her prayers. A prayer could go like this:

'Hail Mary full of grace,
(Put out that devil of a dog)
The Lord is with thee,
Blessed art thou among women
(I hope the cows won't break into the meadow today).'

And it went on and on like that. Sometimes she prayed in Irish and other times in English. I would say she wasn't an over-devout Catholic in the traditional style but she lived her religion and to me she was a marvellous Christian woman. Good Friday, though, was very special to her. She always fasted, took black tea, no butter, meat or eggs. Her only food on that day would be dry bread. She was always willing to help a neighbour in distress; she regularly visited sick people, and never missed a funeral. I cannot remember this but she told us that in earlier years when a neighbour died she would always be sent for to lay out the body.[13]

An tuiscint a bhí aici ar an gcreideamh Caitliceach, bhí ana-chuid creidiúintí osnádúrtha measctha tríthi, rud nach mbeadh sagairt an lae úd rógheal dó, ar ndóin. Ach rud ab iontaí ná sin, i gcomhthéacs an ama sin, níor mhor go léir an eagla a bhí uirthi roimh na sagairt, faoi mar a theicimid ó eachtra amháin a thaispeánann nach raibh sí sásta glacadh le haon bhulaíocht uathu. Taispeánann sé chomh maith, dar liom, an chumhacht a bhí inti, agus an smacht a bhí aici ar a saol féin nuair ba ghá:

As I said before Hannah was the only one that ever came home on a visit. Hannah was a very good melodeon player even as a young girl. At the time that Hannah was in her early twenties there was a certain priest in Eyeries Parish whose name I cannot remember. He was very strict where young people were concerned and used to go out at night with a blackthorn stick chasing young courting couples. It was a custom at the time (and also much later in my young days) to have a 'ball night' in a house perhaps twice a year. The young people would get together to sing, dance and play some music. On a few occasions the priest came to these houses to break up the party and went as far at times as taking some of the girls' coats to the presbytery. He would keep the coats until they were collected by the owners. This priest didn't approve of people owning or playing musical instruments. He felt that by doing so they were getting people together to enjoy themselves. He publicly asked the parents to prevent their sons and daughters from playing music. My grandmother went to the priest and told him in no uncertain terms that her daughter had her full approval to play music, that in fact she herself had bought her the melodeon. She said she saw nothing wrong with what her daughter was doing and so it stood.[14]

Tugann iníon a mic cuntas beacht dúinn ar an éadach traidisiúnta a chaitheadh Máiréad, agus cabhraíonn sé seo go mór chun pictiúr níos iomláine a chruthú dá pearsantacht, dá chló agus dá cuma:

> My grandmother always wore traditional long dark skirts, a blouse and cardigan and a scarf on her head. I never remember seeing her go round bare-headed even in summer time. She wore a large black shawl when she was going somewhere. She never used a handbag but her money would be carried in her 'pocket'. This pocket, as she called it – was not part of her skirt but a small bag made from cotton material with two strings tied at the top which she put round her waist inside her skirt. There would be a small slit at the side of her skirt through which she put her hand to get to the pocket.
>
> She wore slippers round the house but when she was going out she wore what she called her 'Cork Uppers'. At the time I didn't know where this name originated but I found out later that in actual fact the upper parts of these shoes were made in Cork city. They would be bought and taken to the local shoemaker who would sew the uppers on to a leather sole, all neatly stitched. So Cork Uppers was a very apt name indeed. These boots were always black, of very fine leather, with a lot of lacing, as they reached high up on the shin.
>
> My grandmother had a few very colourful head scarves, one of which she wore inside her shawl when she was going out.[15]

Cuimhne eile ana-shoiléir a d'fhan in aigne Nóirín ab ea seomra a seanamháthar lena throscán agus lena mhaisiú simplí:

> My grandmother had a room downstairs in the old house. It was of average size, next to the kitchen. It was a very cold room having no fireplace. At that time a fire would be the only means by which a room could be heated, as it was a few years later that electricity came to the area. We did not move to the new house until December 1952 when she moved into a large bright room, also on the ground floor.
>
> In her old room, she had a large double bed with wooden ends. She always had two mattresses on the bed, one of which she called the 'tick'.

She would occasionally take out this tick in the open air and soften up the feathers, and needless to say, we as children would love to jump and play on it. She had many patchwork quilts which she and her daughters made. These were all hand-stitched and must have taken a considerable time to make. During winter she would have two or three of those heavy quilts, as well as a few blankets on the bed. Certainly this amount of bed clothes was necessary because of the coldness of the room.

She also had beautiful works of crochet which I think were mainly done by her daughters. Much of this crochet was used as trimming on white pillow cases and on a valance which was round the frame of her bed. This valance had a twofold purpose. As well as being very decorative it served to cover and keep from view the many articles which were stored under the bed. The walls of the room, which were generally painted white, were lined with holy pictures and one large photo of her son Tim which she treasured. There was no floor covering but plain wooden boards which had to be scrubbed every week but she usually had a mat at her bedside.

There was a large table in the room which was often used by us as a homework table when we had to get away from the noise of the kitchen. Under this table she had a large wooden chest in which were kept her little personal belongings, letters from her family and any small savings which she might have. This chest was always locked. There was also another chest in the room in which were kept her bedclothes, works of crochet and some items of clothing etc. She took pride in keeping her room clean and tidy and she loved to show off her colourful bed. There was a long mantlepiece on one wall where her ornaments and holy water were kept.[16]

D'fhan Máiréad i mbarr a sláinte go dtí go raibh sí ana-chríonna nuair a thosaigh an seananeart agus an fuinneamh ag ceiliúradh uirthi ar deireadh:

My grandmother was in very good health until she was well over ninety. She hadn't a pain or an ache but she gradually got very feeble. At the age of about ninety she started to go senile. We would often find her talking to herself and it was always about her young days in Kilcatherine, and very often she would be speaking in Irish, as she did when she was a child.

I remember my grandmother as a woman who loved life, and took a tremendous interest in what was going on all round her. She died peacefully in the Spring of 1957. Ar dheis Dé go raibh a hanam dílis. Ní dóigh liomsa go mbeidh a leithéid arís ann.[17]

[1] R. O'Dwyer, *Who Were My Ancestors – Genealogy (Family Trees) of the Eyeries Parish, Castletownbere, Co. Cork, Ireland* (Astoria 3, U.S.A.: Stevens Publishing Co. 1976), l. 101.

[2] Cuimhní ar a seanamháthair a scríobh Nóirín Uí Éanaí, Glasnaíon, Baile Átha Cliath [a rugadh agus a tógadh i nGoirtín, Dhá Dhrom, Co. Chorcaí] – Nollaig, 1991.

[3] Ibid.

[4] O'Dwyer, l. 6.

[5] Cuntas Nóirín Uí Éanaí.

[6] O'Dwyer, ll. 6-7.

[7] Cuntas Nóirín Uí Éanaí.

[8] Ibid.

B'fhéidir nach raibh sé ró-neamhghnách go mbeadh mná nó fiú amháin cailíní óga ag rámhaíocht. Tá fianaise air sin againn ó Bhríd Ní Shíocháin (69), ó Inis Fearann Ard, a dúirt an méid seo le Tadhg Ó Murchú an 8/5/39 [C.B.É. Iml. 623:255-56]:

> Agus gach aon taoide a thigeadh i ndeireadh na hoíche do bhíodh dhá bhád mhóna iomraithe istigh san oileán agam le breacadh an lae. Agus is mó bád móna a d'iomraíos féinig – agus ní haon bhréag an méid sin – agus mé im chailín óg. Agus nuair a iomraínn an bád, leis an iomradh, do chlogadh ceann an mhaide rámha mo lámha, agus tá na cloigeanna i gcónaí riamh orm – Féach iad!

[9] Ibid.

[10] Ibid.

[11] Ibid.

[12] Ibid.

[13] Ibid.

[14] Ibid.

[15] Ibid.

[16] Ibid.

[17] Ibid.

Tadhg Ó Murchú (An Bailitheoir), Ciarraí, 1936.

[Séamus Ó Duilearga a ghlac]

Tadhg Ó Murchú agus Máiréad Ní Mhionacháin

Nuair a bhí Tadhg Ó Murchú ag bailiú béaloidis timpeall Dhá Dhrom i Mí an Mheithimh 1950, bhuail sé isteach go dtí fear dárbh ainm Pádraig Ó Sé (Barley) i nGort a' Leasa, lámh le sráidín Dhá Dhrom. Tar éis cúpla eachtra a thógaint ó Phádraig chuir sé ceist air mar gheall ar aon lucht seanchais eile san áit:

> Scríos síos dó nó trí 'ghearra-eachtraithe uaidh – b'in a raibh aige – agus do chuireas tuairisc seandaoine eile air ansan – arbh eolach do aoinne ar fuaid an bhaill go mbeadh Gaelainn agus seanaimsireacht aige. Dúirt sé liom go raibh bean aosta thíos ar thaobh an bhóthair choitianta – theaspáin sé an tigh dom ón eatrainn – i mbaile go dtugtar an Goirtín air. Bean Sheáin Uí Shúilleabháin ab ea í: de Mhuintir Mhionacháin (Drisceoil) ab ea í sharar phós sí: aniar ó Chill Chaitiairn ab ea í: bhí sí ocht mbliana agus cheithre fichid agus do bhí ana-Ghaelainn aici, agus cheap sé go mb'fhé' go mb'fhiú dhom glaoch chuichi agus í a chaintiú.[1]

Tar éis tigh Phádraig Uí Shé i nGort a' Leasa a fhágaint [14/7/50] thug Tadhg a aghaidh ar thigh Uí Shúilleabháin ar an nGoirtín chun bualadh leis an tseanabhean:

> Bhí tigh na mná aosta tamaillín soir ón ngeata iarainn, anairde ar chnocáinín a bhí ar thaobh an bhóthair, ar leith na lá[imhe] deise agus mé ag gabháil soir – tigh breá cinn slinne – dhealraimh sé go raibh ana-fheisteas air, mar do bhí mórán bláthanna agus cranna beaga glasa ag fás timpeall air. D'fhágas an capall-maide ar thaobh an bhóthair agus do bhuaileas suas an cosán cóngair a bhí ag dul suas chun an tí ón mbóthar coitianta, agus do bhaineas an tigh amach agus do bhuaileas isteach san eatrainn. D'éirigh cailín óg amach sa doras chugham agus mé ag déanamh ar an dtigh – cailín breá dathúil ab ea í, fionna-rua, timpeall seacht mbliana déag; cailín scópúil, láidir, gealgháireach. Bheannaíos di – ní raibh aon choinne agam go mbeadh an Ghaelainn aici, ach do bhí – agus d'fhiarthaíos di an anso a bhí cónaí ar a leithéid seo de mhnaoi aosta.

Dúirt sí liom gurbh ea, ach ná raibh sí istigh i láthair na huaire – go raibh sí lasmuigh i dtaobh éigin ag féachaint i ndiaidh na gcearc agus na dturcaithe, ach gur gearr go mbeadh sí chugham. Dúirt sí liom bualadh isteach agus suí. Bhuaileas, agus do bhaineas an raca amach agus do shuíos. Cistin bhreá fhairseag a bhí ann, agus í go deas glan feistithe.

Bhí an cailín óg ag bácáil aráin – do bhí *range* ana-mhór ann agus do bhí an chistin ana-mhúchta, ana-bhrothallach le teas na tine agus brothall na huanach.

Iníon mhic don mhnaoi aosta ab ea an cailín óg. Bhí sí i gColáiste Íde i mBaile an Ghóilín, a dúirt sí liom, ach go raibh sí age baile ar saoire an aimsir seo. Fear feadhma fé Roinn na nOibreacha Poiblí ab ea a hathair agus do bhí sé as baile i láthair na huaire ag gabháil do scéim éigin oibre. Bhí a mháthair agus an chuid eile acu amuigh sa mhóinfhéar ag gabháil d'fhéar, a dúirt sí. Cailín ana-chainteach ab ea í – ní raibh aon scáth uirthi roimis an stróinséar.

Ba ghearr dúinn gur bhuail an bhean aosta chughainn isteach. Bean fhada, chaol, dubh, ab ea í, caol-shnódhach, lasanta ina ceannachaibh, agus í go seabhrach agus go seolta. Bhí ionadh uirthi cérbh é an stróinséar fir seo a bhí tagaithe chun an tí, ach nuair a chuir an cailín óg an scéal i dtuiscint di, do chuir sí céad fáilte romham. Do bhí an Ghaelainn go pras aici – an seana-aighneas breá úd gan giobaill gan scothoga a fuair sí ón tseana mhuintir a tháinig roimpi – agus do bhí eachtraithe, leis, aici – mórchuid, dar liom. Scríobhas síos ábhar des na heachtraithe uaithi, agus ba mhaith an cúnamh agam an cailín óg chun san a dhéanamh. Deireadh sí leis an seanamháthair gan a bheith ag labhairt ró-thapaidh, agus aimsir a thabhairt dom chun na rudaí a scrí síos sa leabhar – cailín éirimiúil tuisceanach ab ea í.

Ach do bhí ana-thráthnóna agam i dteannta na mná aosta – ba bhreá liom bheith ag éisteacht leis na nathanna aighnis a bhí aici, agus leis na heachtraithe a chualaigh sí i dtaobh an Drochshaoil. Bhí smut den leabhar nótaí breacaithe agam uaithi sharar scaras léi. Brothall na cistean is mó a bhí ag cur orm an fhaid a bhíos ag breacadh síos uaithi – do bhíos im ríobal allais. D'fhágas slán agus beannacht age an mbeirt timpeall a sé a chlog, t'réis geallúint don mnaoi aosta go dtiocfainn féna déin arís lá eile agus go dtógfainn a pictiúir.[2]

Dhein Tadhg amach dá gheallúint, mar thug sé cuairt eile ar an nGoirtín an 15/7/50:

Do shroiseas an Goirtín timpeall a haon a chlog agus bearaga fáilte romham age an mnaoi aosta, agus age an gcuid eile den lín tí chomh maith – máthair an chailín óig – bean fhial fháiltheach ná raibh ró-ard. Bheadh sí timpeall chúig bliana agus dachad, a cheapas – bean chumtha chórach, dathúil: gruaig dhonn uirthi agus aghaidh chruinn aici. Bhí sí ar thaobh Bhaile an Bhogaigh oíche amháin, a dúirt sí, sharar phós sí, i dtigh dhuine mhuinteartha dhom a bhí ann. D'éirigh farraige orthu agus b'éigin dóibh fanúint le calm. Cuireadh ana-chóir orthu sa tigh, a dúirt sí, agus do bhí rince agus caitheamh aimsire go maidin acu ann. Do bhí driofúr den chailín óg, leis, ann, ab óige ná í féin – cailín breá dathúil, leis – agus beirt bhuachaillí óga: duine acu a bhí éirithe suas ina chorránach buachalla, agus duine eile acu a bhí ag dul ar scoil fós – buachaillí deasa muinteartha ab ea iad – dathúil. Bhíodar díreach t'réis teacht ón móinfhéar agus iad ag ól té nuair a shás isteach orthu. B'éigin dom luí isteach leo agus cupa den té a bheith agam ina dteannta – té bhreá bhríomhar agus arán álainn bácúis.

Nuair a bhí an té ólta againn ansan, cheapas gur mhaith an gnó le déanamh é cúram an phictiúra a chur díom an fhaid a bhí an ghrian ann agus shara scaipfeadh an chuileachta – bhí deabhadh amach chun an fhéir orthu agus ba mhaith liom pictiúir den lín tí a thógaint i bhfochair a chéile.

Ach nuair a tairigeadh anuas an scéal chun na mná aosta, chuir sí cos i dteannta láithreach gan a dhéanamh – bhí sí féin ró-chríonna agus ró-dhroch-shnódhach anois, a dúirt sí, chun a pictiúir a thógaint. Ach do chuamair go léir chun achainíochais uirthi bheith páirteach sa phictiúir, agus do ghéill sí dhúinn sa deireadh t'réis ana-thathant a dhéanamh uirthi. Ghléas sí í féin suas agus do ghluais sí amach thar doras i dteannta na coda eile agus do tógadh an pictiúir.

Bhí sí ana-shásta léi féin ansan.

D'imigh an mháthair agus na buachaillí fé dhéin an fhéir ansan, agus d'fhan an bheirt chailíní istigh ag gabháil de chócaireacht.

Thugas an braon don mnaoi aosta agus ba mhór aici é agus fuaireas a dhá luach déag de dhea-bheannachtaí agus de ghuíte uaithi.

Bhí ana-fhuadar aighnis ansan fúithi, agus do thug an bheirt againn

as san go dtí timpeall a sé a chlog tráthnóna ar sheanaimsireacht agus ar
eachtraithe. Bhreacas síos ábhar maith d'eachtraithe deasa uaithi ar an
bhfeadh san, agus ba mhaith an cúnamh agam na cailíní óga chun cúrsaí
a chur ar bun di, agus ana-shuim acu san obair a bhí ar siúl againn. Ach
do bhí ana-thráthnóna againn, agus do bhíos féin ana-shásta le toradh
mo chuid saothair. D'fhágas slán age an mnaoi aosta ansan – bean bhocht
ana-dheas ab ea í, agus bean go raibh mórán seana-thuairiscí agus
seaneolais ina ceann – agus ag an mbeirt chailíní – daoine breátha galánta
ab ea iad thrína chéile – agus do chuireas díom soir chun Bun Áth.[3]

Dá chríonnacht a bhí sí is amhlaidh a d'éirigh ar an meas a bhí ag
Tadhg ar Mháiréad mar sheanchaí nuair a bhuail sé arís léi an bhliain
ina dhiaidh sin ar an 9 Bealtaine, 1951 agus í láidir folláin roimis:

> Sí a bhí go cruaidh agus go seabhrach romham, an bhean bhocht, agus na
> trucailí fáilte aici féin agus age bean a mic agus a clann romham – fámaire
> de chailín breá óg – is dóigh liom go bhfuil beart aici in oifig an phoist i
> mBaile Átha Cliath; an garsún críonna – buachaill deas geal, timpeall chúig
> mbliana déag; agus beirt eile garsún atá féna bhun. Ní raibh an t-athair
> in aon chor ann – dáltha Liam Uí Dhuibhir bíonn seisean as baile formhór
> na haimsire i mbun oibreacha a bhíonn ar siúl ag Coimisiún na Talún. Bhí
> ana-áthas orthu go léir mé a fheiscint arís, agus b'éigin dom nach aon
> tuairisc a thabhairt don mhnaoi aosta i dtaobh conas a chaitheas an saol
> agus an aimsir ó chonacamair a chéile cheana an July seo 'ghaibh tharainn.
> Chuir sí féin an dubhluachair di gan aon fliú ná slaghdán ná tinneas
> á taobhú, a dúirt sí, agus do bhí sí ag obair is ag gnó chomh maith agus
> bhí sí riamh.
> As san gur thairigeamair chughainn na seana-chúrsaí, agus do chuireas
> a lán ceisteanna uirthi i dtaobh gnéithe áirithe den bhéaloideas, agus is beag
> ceist acu ná go raibh eachtra nó solaoid éigin aici ina thaobh. Sí an bhean
> is eolgaisí í ar na seanachúrsaí seo 'ár chasadh fós orm, agus do bhreacas
> síos a lán eolais agus eachtraithe uaithi as san go dtí timpeall a seacht a chlog.
> Creid mé leis go rabhamair araon ag fáil cortha dá chéile – nó mé fhéin,
> pé scéal é – mar chun na fíorainne a insint, n'fhéadfaí an bhean aosta a
> chor – bhí ana-fhoidhne age an mnaoi bhoicht agus níor mhaith léi aon

ní á raibh aici a cheil[t] orm. Ach do bhíos féin leath-shuaite ón síor-cheistiú agus ón mbreacadh síos. Fógraíodh sos cómhraic ansan, agus do thóg an bhean aosta pins snaoise – caitheann sí snaois – agus do bhí cupa té ullamh age bean an tí dhomhsa – té álainn agus arán rísíní a bácáladh san oighean. Thugamair tamall eile ag rannscéalaíocht ansan t'réis an té a ól. Bhí sé ag tarrac ar a hocht a chlog nuair a fhágas slán acu, agus dúrathas liom go mbeadh fáilte romham aon uair in aon chor 'ár mhaith liom glaoch chuchu.[4]

Ghlaoigh Tadhg arís uirthi an 11/9/51[5] , an 13/9/51[6] , an 18/9/51[7] agus an 21/9/51[8] agus de réir dealraimh bhí ana-spéis ag an tseanabhean sa chúram faoin am seo:

Deir bean a mic liom go mbíonn súil anairde anois na' haon lá aici, féach' an mbím ag teacht – is fada léi go dtí go mbím chuichi.[9]

Agus nuair a chuaigh Tadhg chuichi chun slán a fhágaint aici ar an 24 Meán Fómhair 1951[10] bhí ana-uaigneas uirthi, dar leis:

Nuair a bhí sé in am scarúint lena chéile ansan againn, dúirt sí liom go mbeadh uaigneas anois uirthi im dhiaidh, mar gur mhór an ciorrú ar an lá agus ar an aimsir na cúrsaí a thugainn uirthi, agus gur bhreá léi mar chaitheamh aimsire é a bheith ag cur síos ar chúrsaí an tseanashaoil dom leithéidse go raibh suim agam iontu, ach go mb'fhé' go bhfeicimís a chéile arís sara fada le cúnamh Dé.[11]

Nuair a bhí Tadhg i mBéarra an bhliain ina dhiaidh sin chuaigh sé chuichi arís [4 Meán Fómhair, 1952] agus bhailigh sé 'ábhar seana-thuairiscí' uaithi.[12] Is dóichí gurbh í sin an uair dheireanach go bhfeacadar a chéile.

Cuimhní ar Chuairteanna Thaidhg Uí Mhurchú

Ba í Nóirín Ní Shúilleabháin (Bean Uí Éanaí), iníon mhac Mháiréad an cailín a bhí i láthair nuair a thug Tadhg Ó Murchú an chéad turas uirthi agus is cuimhin léi go maith na seisiúin a raibh sí féin i láthair dóibh:

Yes, I remember the sessions with Tadhg Ó Murchú. Perhaps, not all of them, as I would have been in Gurteen only during holiday time from school. She also had a few visits from Seán Ó Súilleabháin, who was a native of Ardea in the Tuosist Parish. I cannot remember whether these visits took place before or after Tadhg's visits. I remember the day (which is mentioned in the notes by Tadhg) when I was in the kitchen baking bread, and they had a great long session together.

She loved these visits and always looked forward to the next one. She was a born storyteller, and to find somebody who not only listened, but also wrote what she had to say must have been absolutely great for her. She loved having people round her and enjoyed the attention which these visits offered her. Telling ghost stories was her favourite pastime, but where the family was concerned she didn't get the attention to these stories which she would have liked. No doubt we loved listening to them but my mother felt that we as children should not be listening to all these scary stories. She herself was terrified in the dark as a result of hearing the same stories over and over again. This is why Tadhg Ó Murchú has a footnote saying that my grandmother would not tell where the graves of the dead were '*ar eagla go scéithfeadh an gearrchaile uirthi.*'

There was a distance of about two miles between our house and the village. There were several haunted spots along that road according to my grandmother. We often had to cycle this distance in the dark of night. I can still feel the terror which I had in my heart as I pedalled furiously to get past all these haunted spots, where the dead were seen or where strange sounds were heard. First of all there was the place where the black hare ran under the horse's legs as he carried the priest to give the last rites to a dying person. Then there was the haunted gravel pit, and as you broke out in perspiration you thought that if you got past Hartnett's gate where all the weird noises were heard that the worst was over.

There was a hollow between rocks not far from our house which was called *Poll Mór*. My grandmother told us that many people were buried together there at the time of the Famine. She had many many stories of haunted houses, but I wouldn't think she told many of those stories to Tadhg. She believed, as did many old people, that if a house was built on an old path that it was haunted.

When Tadhg Ó Murchú visited our house he always sat at the table where he had a comfortable position for writing. She sat fairly close to him on a high chair with her back to the wall beside the fire. I remember this very well, as my grandmother had a special chair at the other side of the fireplace but she always changed her position when Tadhg came in order to be closer to where he sat.

When Tadhg started taking notes from my grandmother she was inclined to ramble on without stopping – at the beginning. You would have to ask her to stop so that he could get it all written. He would ask her questions, and usually the answers came pretty fast. Sometimes she would stop and think for a minute or two and then proceed. As time went on she knew exactly when to stop, and she would be watching him write and would wait until he was ready to continue further.

What I remember most about these visits was the joy it gave my grandmother to sit there and relate all these stories. My grandmother was very sad indeed when Tadhg's visits were over.[13]

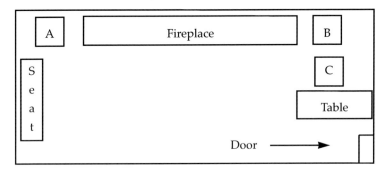

A. My gran's usual position.
B. Here she sat when when speaking to Tadhg.
C. This is where Tadhg sat at the table.[14]

1 C.B.É. Iml. 1288:84-5.

2 C.B.É. Iml. 1288:86-92.

Taispeánann Debora Kodish [D. Kodish, "Absent Gender, Silent Encounter," in S. Tower Hollis, Linda Pershing and M. Jane Young, (eag.) *Feminist Theory and the Study of Folklore*, (University of Illinois Press, 1993): 42] go bhfuil sé de nós ag béaloideasóirí a chur ina luí orthu féin gurbh iad féin a d'aimsigh an faisnéiseoir an chéad lá:

Like some wonder tales, folklorists' accounts of their own first encounters with traditional artists emphasize the magical or marvellous character of the event. The openings of such personal narratives often describe the difficulties of the search, the obstacles overcome on the quest. Once encountered, the traditional singer or storyteller often testifies to the special quality of the meeting. Thus, it is often noted that storytellers as well as singers seemed to have been preparing for a folklorist's visit for decades.

Dar léi gur cheart féachaint ar choimhbhinsiúin mar sin mar 'significant features of folklorists own narratives.' [Ibid.]

3 C.B.É. Iml. 1288:150-55.

4 C.B.É. Iml. 1288:671-75.

5 C.B.É. Iml. 1288:687-88.

6 C.B.É. Iml. 1288:698-99.

7 C.B.É. Iml. 1288:729-31.

8 C.B.É. Iml. 1288:744-46.

9 C.B.É. Iml. 1288:698-99.

10 C.B.É. Iml. 1338:5-8.

11 C.B.É. Iml. 1338:6-7.

12 C.B.É. Iml. 1338:499.

13 Cuntas Nóirín Uí Éanaí.

14 Ibid.

Tógadh an grianghraf seo sa bhliain 1952 nuair a bhí mac mic do Mháiréad tagtha ar cuairt
ó Mheiriceá. Tógadh é ag an seanathigh, cúpla mí sular aistríodh amach as. Cara do mhac
mic Mháiréad is ea an sagart agus cara eile, de bhunadh na hIodáile, is ea an fear ar dheis.

[Nóirín Ní Shúilleabháin (Bean Uí Éanaí) a sholáthair – ní fios cé a ghlac]

Seanchas Mhairéad Ní Mhionnacháin

1. Seanchas Áitiúil

A. TREIBHEANNA AGUS DAOINE

1. Coastguards i mBéal a' Chrobháin

Do bhí coastguards thiar ansan i mBéal a' Chrobháin lem chuimhne. Cheithre feaimlí acu a bhí ann lem chuimhne. Bhíodh toicí aimsire acu ag aoireacht na leanbh: fir óga agus mná óga ab ea iad (na lín tithe a bhí ann). Théadh dhá fheaimlí acu chun an Aifrinn, agus ní théadh an dá fheaimlí eile : is dócha gur Sasanaigh ab ea iad Well, iad san ná téadh go dtí an tAifreann, nídís na prátaí agus dheinidís na' haon ghnó Dé Sathairn, agus na daoine a théadh, ní rabhadar leath comh cáiréiseach leo (i dtaobh na saoire).

B. CEITHEARNAIGH AGUS MÁISTRÍ TALAÍMH

1. Máire Ní Ghearail' agus Mac Finín Duibh

Máire Ní Ghearail' – n'fheacasa riamh í – bhí sí bailithe léi blianta sarar thána go h'Á Dhrom. Bhí sí ina cónaí ar Chathaigh, an baile is giorra dhúinn (anso) ar theora Chiarraí, agus do chuir sí mála anairte, a chuala, go raghadh chúig clocha plúir nó mine isteach inti. Bhí sí á dhéanamh ar feadh seachtaine agus n'fheadair aoinne cad a bhí ar siúl aici. Bhí a fear curtha le fada (roimis sin): baintreach ab ea í. Do bhí driofúr di theas in Eadargóil agus tháinig a mac a d'iarraidh trí púint airgid uirthi.

'Téir isteach sa chróitín atá dtaobh thiar 'e thigh,' a dúirt sí, 'agus tabhair amach an rámhann athá ann.'

Chuaigh . . .

Thug sí léi dtaobh thiar 'en tigh an buachaill agus an rámhann aici.

'An bhfeiceann tú an ball san ansan?' a dúirt sí. 'Réab ansan leis an rámhainn, agus nuair a bhuailfidh an leac leat, tóg an leac,' arsa ise. 'Tá sé fé sin.'

Dhein an buachaill mar a dúirt sí. Ór ar fad ab ea é – ór a bhí aici – ní raibh pláta ná páipéar aici ach ór buí.

Chuir sí isteach a lámh fén lic nuair a thóg sé cúinne na lice: chuir sí a lámh isteach agus do thóg sí amach trí shabhran.

'Bíodh an méid sin agat,' arsa ise, 'agus b'fhéidir ná beadh a thuilleadh 'á bharr agam.' – i dtaobh é a theaspáint d'aoinne, thá fhios agat. Bhí sí in aithreachas. 'Nó cad a bhí orm,' arsa ise, 'agus é a theaspáint d'aoinne?'

Amáireach, do dhein sí an mála agus do chuir sí an t-ór go léir isteach ann (agus) nuair a tháinig an oíche, bhí sí ag faire chuichi ar eagla go bhfeicfeadh aoinne 'es na comharsain í. I lár na hoíche amach bhí an mála socair amach aici agus chuir sí a clóca timpeall (air) i slí ná feicfeadh aoinne í – Máire Ní Ghearail' – agus d'imigh sí léi agus chuaigh sí gach bóthar gur dhei' sí ag triall ar Mhac Finín Duibh agus thug sí dho an mála óir.

'Dóbair ná béarfá orm,' arsa eisean. 'Táim ag imeacht i mball eile.' D'aithin sé í. Is dócha go bhfeaca sé roimis sin í.

'A Mháire Ní Ghearail' na n-áran, conas a dheinis an t-airgead?' (arsa eisean).

'Níor ghoideas agus níor fhuadaíos áinní (aon ní) dhe,' a dúirt sí – rud ab fhíor di.

Ach chuir sí a mála airgid ansan chuige agus n'fheaca sí aon ní ó shoin de, mar do maraíodh é, an fear bocht – Mac Finín Duibh – agus caitheadh *collection* a dhéanamh ina dhiaidh san chun an chómhra a chur uirthi. Sin é a dúirt seandaoine a bhí timpeall na mball – t'réis í á chimeád comh daingean san, a lao ghil!

Bhí eagla uirthi i gcónaí go robálfaí í, thá fhios agat, (agus b'in é fé ndeara dhi é a chur ar lámhaibh Mhic Fhinín Duibh – chun sábháltacht).

C. AN DROCHSHAOL

1. Uaghanna cois claí sa Drochshaol

Dá neosfainn-se dhuitse cá bhfuil uaghanna daoine atá curtha (a cailleadh sa Drochshaol), ní raghfá thar doras amach (istoíche le barr eagla).[1] Táid siad san tamall soir uainn, idir sinn agus an bóthar thoir. Táid siad ann, a stóraigh (curtha) . . . titim leis an ocras agus do cuireadh iad san áit gur thiteadar.

2. Ag priocadh na bpréachán sa Drochshaol (i)
Ní raibh aon ní le n-ithe ages na daoine bochta ach cnósach na trá, agus
ní raibh aon ní le fáil (ar an dtráigh féin) acu ach na piacháin (préacháin)[2]
bhána.

3. Ag priocadh na bpréachán sa Drochshaol (ii)
Bhídís sa tráigh ag bailiú na bpiachán bhána: ní raibh na préacháin
dhubha le fáil acu, mar do bhíodar bailithe, agus a síol bailithe.

4. Praiseach bhuí á hithe sa Drochshaol
Bhídís ag imeacht ansan, ag stracadh an phraiseach bhuí. Thugaidís
abhaile an phraiseach bhuí agus ghearraidís le sciain í, mion, agus
bheirídís í agus d'ithidís í.

5. Ag faire an gharraí sa Drochshaol (i)
Thuaidh i gClaondoire, i nDroinn a' Bhogaigh, chaithfidís, ar a meon
féin, a bheith ag faire an gharraí – duine (sa turas) i gcónaí – aimsir an
Drochshaoil, shara ngoidfí na prátaí uathu. Mo mháthair féin, agus í
ina toice, is minic a dúirt sí gur mó oíche a thug sí ag faire an gharraí.

6. Ag faire an gharraí sa Drochshaol (ii)
Tháinig Drochshaol orthu roimis sin go raibh na daoine ag faire an
gharraí agus ag faire na n-ainmhithe istoíche. Ghlaoidís na Buachaillí
Bána orthu – na daoine a bhíodh ag goid sa Drochshaol.

7. Ag ithe na feamnaí
Agus fear eile a bhí ag obair sa pháirc agus tháinig a bhean chuige aimsir
dinnéir – tháinig sí ag triall ar an bhfear agus é ag obair – ag cur, is dócha
– agus áras lán de f(h)eamnach a bhain sí sa tráigh. Agus bheirigh sí é
agus thug sí chun a fir é mar dhinnéar. Nuair a tháinig sí ag triall ar an
bhfear leis an bhfeamnaigh beirithe, n'fhéadfadh sé é a ithe: chaith sé
isteach san iomaire é.

8. Ag obair ar na bóithre sa Drochshaol
Well, an bhliain a deineadh an bóthar san thíos – bóthar an Rí – ní raibh

tigh len fháil ná go raibh duine éinig ag obair as an dtigh ar an mbóthar ar dhá thuistiúin sa ló, mo ghraidhin iad. Bóthar an *Phublic Work* a thugaidís air.

Well, bhí athair mo chéilese ag obair ann, a dúirt sé, ina fhear óg, agus do ghearán duine éigint é, go bhféadfadh sé sin mairiúint sa bhaile, agus briseadh as an obair é.

D'fhan sé sa bhaile ansan agus do chuir sé písín garraí, agus le grásta Dé, a dúirt sé, gur fhásadar ar nós na gcloch ann. Go bhfóire Dia orainn, an mhuintir nár fhan sa bhaile agus nár chuir aon ní, do cailleadh leis an ngátar iad.

Well, bhí fear ina chónaí thiar taobh linn (i gCill Chaitiairn) a bhí ag obair ann agus is cuimhin liom é sin.

9. Spike

Nuair a deineadh an bóthar so thíos (an bóthar poiblí) ó Bhaile Chaisleáin go dtí Neidín, ocht bpigine sa ló ab é an pá, agus mórán fear ag obair ann. Sin é an pá a bhí dhóibh. Ach do bhí fear ag obair ann agus tháinig bean bhocht chuige tríd an mbóthar, agus beirt pháistí. Agus bhí *relief* á thabhairt amach ó Bhaile Chaisleáin go h'Á Dhrom, agus an fear a bhí ag tabhairt an *relief* ó Bhaile Chaisleáin go dtí 'Á Dhrom, capall a bhí aige, agus do bhí an mála aráin i (n)drom an chapaill aige á chimeád.

Ach nuair a tháinig an bhean bhocht orthu ansan, dúirt fear acu greim don arán a bhí aige a thabhairt don bhean bhocht; go raibh sí ag gol leis an laige agus an t-ocras.

'Caith blúire aráin as an mála,' a dúirt sé le fear an chapaill, 'chun na mná boichte atá ag fáil bháis leis an ocras.'

'Go deimhin ní thabharfad, amhuise!' arsa eisean.

'*Well*, mara dtabharfair, tabharfair gan baochas bhuait é!' arsa fear na hoibre go dána.

Sea, ní thabharfadh sé bhuaidh é, agus do bheir sé ar an mála agus do thairig sé chuige é 'á ainneoin, agus do thóg sé punt aráin as an mála agus do thug sé don bhean bhocht é. Chuaigh sí isteach thar claí ansan, agus do shuigh sí síos ann agus d'ith sí an punt aráin, í féin agus an bheirt pháistí, agus do bhí sí marbh ar maidin. Agus an fear gur bhain sé an arán de, thug sé sa dlí é agus thug sé *summons* air agus do cuireadh seacht mbliana go Spike Island é: fuair sé an méid sin 'e bharr an aráin a bhaint de.

Bhí garsún ansan an lá a leogadh amach é, agus sin é an chéad gharsún riamh a thug Spike air – garsún a bhí ar an oileán – agus do bhuail an fear é ansan: thug sé, is dócha, buille maith dho. Ach bhuail sé é, pé scéal é. Ach fuair sé bliain eile de bharr an buille a thabhairt don gharsún.

Ón lá a tógadh suas é, agus do cuireadh an méid sin (príosúin) air, níor scríobh sé focal chun a mhná, ná ní raibh aon tuairisc beo ná marbh air. Tháinig sé abhaile, agus bhí sí chun pósadh i gcionn seachtaine (an bhean) nuair a tháinig sé abhaile chuichi: níor scrígh sé aon líne chuichi an fhaid a bhí sé i Spike.

---

1 Le hiníon a mic a dúirt sí é seo – cailín aibidh, geal, a thug ana-chúnamh dom chun ruidaí a chur i gcuimhne dhi. Dúirt sise léi insint dom i dtaobh uaghanna áirithe a bhí i gcóngar an tí – daoine a cailleadh sa Drochshaol – cé a bhí curtha iontu agus conas a cailleadh iad, agus rl., agus b'shiúd an freagra a thug sí uirthi – T. Ó Murchú.

2 piacháin agus préacháin sa ls.

2. Slí Bheatha na nDaoine

A. RAIC AGUS CNÓSACH TRÁ

1. Ag bailiú raice ar an bPointe

Ball mór raice ab ea an Pointe (Pointe Chill Chaitiairn) fadó, mar bhí
mórán árthaí ag dul go tóin an phoill, a lao, an uair sin. Is minic a bádh
fir mhaithe léi, mar ní bheadh an raic in aobhal[1] ach in áit go mbeadh
na tonnta.[2]

2. Garsún a bádh ag gabháil do raic

Bhí bean ansan in 'Á Dhrom Istigh. Máire Ní Uallacháin ab ea í, agus
beirt iníon agus mac a bhí aici. Agus d'éirigh sé seo moch ar maidin (an
mac), agus ghaibh sé amach i gan fhios di, agus n'fheadair sí cár ghaibh
sé go dtí go dtáinig scéala isteach chuichi go raibh sé báite. Pé scéal a
tháinig chuichi do chaith sí í féin as an leabaidh, agus pé ainm a thug sí
air:

'An bhfuil sé báite?' a dúirt sí.

'Tá,' a dúirt an iníon. 'Tá sé ar an dtráigh sin thuaidh agus tá déil in
aice leis.'

Ní raibh aon ribe gruaige 'á raibh ar a ceann ná gur strac sí di féin,
agus níor fhás uirthi go dtí gur chuaigh sí san úir.

3. Mí-ádh a leanann raic

Tadhg Ó Murchú: An raibh sé mar chreideamh anso acu ná leanadh aon
rath an raic?

Máiréad Ní Mhionacháin: Chloisinn mar gheall ar an rath go maith; an
té ná fuair scolb riamh di go raibh an scéal comh maith aige leis an té is
mó a fuair riamh í, mar deiridís an té a raghadh i gcoinnibh an raic gur
ag dul i gcoinnibh a bháis a bhí sé, mar bhí an dainséar sa raic.

Bhí breis insithe i dtaobh na raice dom báthair[3] age Máire Ní
Mhurchú[4] agus ní leogfadh sí duine 'á clainn dul ina ghaobhar. Bhíodh
Máire ag bagairt orthu go raibh an dainséar sa raic.

4. Iasc beo Lá 'le Pádraig

Lá 'le Pádraig, bhí sé siúráltha in aon tigh a bhí achomair don fharraige, 'an t-iasc beo' . . . cnósach [trá], gan dabht. *Well,* théidís, fir an tí, théidís am éigin den lá sa tráigh agus chnagaidís cúpla bárnach. 'Bágún na Farraige' a thugadh na seandaoine anso fadó orthu (ar na bárnaigh).

Well, nuair ná raghadh aoinne chun iad a bhaint agus a bheiriú agus a phiocadh amach, do théadh fear an tí am éigin den lá agus thabharfadh sé leis cheithre bhárnach – cheithre cinn – agus chaithfeadh sé ceann acu i's gach cúinne den tigh – thuas ar an lochta. Thugadh sé leis abhaile ina phóca iad, agus is minic a deineadh anso é – anso mar thigh. 'Iasc beo Lá 'le Pádraig', ach d'fhiarthaíos-sa dem fhear fhéin a bhí anso, gadé an bun a bhí leis. Ach dúirt sé liom go raibh duine éinig fadó ann a dúirt, aoinne do thabharfadh iasc beo isteach Lá 'le Pádraig, go mbeadh rath éisc ar feadh bliana ar an dtigh sin.

Sin é freagra a bhaineas uaidh, pé scéal é: níor chuas níos sia air.

B. IASCAIREACHT – GNÁTHEOLAS

1. Ag baint phortán

Bhíodh fuaithisí[5] insa tráigh acu go bhfaighdís na portáin mhóra agus, mo dhá mhíle trua thú, aoinne go bhfaigheadh sé greim air, do bheadh earra air!

B'in é an cruacheist, an portán a thógaint as an bhfuaithis. Thugaidís gatha leo, ach thugadh cuid acu, ná bíodh an gatha acu, thugaidís maide caol leo agus sháidís isteach sa phluais chuige é le seans go mbéarfadh sé ar an maide. Agus is minic a bheireadh.

Tadhg Ó Murchú: An n-ití na portáin anso?

Máiréad ní Mhionacháin: Dá mb'áil leatsa a rá go n-ithidís go milis!

C. BÁ AGUS EACHTRAITHE FARRAIGE

1. Beirt a bádh go cinniúnach

Do bhí beirt bhuachaillí thiar ansan, is dócha go bhfuil sé os cionn deich mbliana anois,[6] i gCathair Caim. Siúinéir ab ea duine acu, agus thug sé buachaill in aonacht leis, a tháinig ó Mheirice, a bhí lán d'airgead, agus thugadar bád leo go Ciarraí (go Cill Macallóg) fé dhéin adhmaid – Fenton. Thug Fenton bád leis, agus thug sé an buachaill in aonacht leis agus do chuadar soir go dtí Bun Áth. Do shéid an tráthnóna glas, agus dúirt fear an ósta ar an mBun Áth (leo) fanúint mar a raibh acu go lá; go raibh an bóthar (an cúrsa farraige) ana-fhada rompu agus go raibh an t-ualach ana-ghuagach. Agus do lean sé síos go dtí an piara iad a d'iarradh iad a stop, agus ní stopfadh fear an adhmaid do.

Sea, amáireach, níor thánadar, agus bhí ionadh ar gach aoinne cad a bhí á gcimeád. Chonaic fear éigint a bhí suas go dtí an cnoc le ba an amhail dhubh i lár an Ribhéara ag teacht isteach go Cathair Caim: bhí an ghaoth aduaidh. Tháinig sé anuas agus do 'nis sé an scéala, agus cad a bhí ann ach an bád a bhí acu, iompaithe ar a béal fé, agus ní raibh aon tuairisc ar an mbeirt fhear. D'imíodar síos, triúr nó ceathrar acu, chun na trá – ní raibh an tráigh i bhfad bhuathu – agus do shádar bád agus do chuadar amach, agus do bhí an bád ann rompu. Tháinig an bád agus n'fheacathas iadsan riamh ó shoin, marbh ná beo. Do bhí dhá mhíle punt age mac Mhaidhc o' The Strand (an buachaill seo a tháinig anall, agus a bhí le cois Mhac Uí Fhiannachtaigh).

Deir siad nach ceart a bheith ródhána ar an bhfarraige.

2. Mar a bádh bád ón gCróchán

Ó, chualag mar gheall ar sin, leis – an bád a bhí ag teacht ó Chróchán.[7] Bhí sé i Meirice agus bhí sé ar an mbád a bhí ag teacht ó Chróchán. Chuaigh an t-árthach ar an mbanc agus léim sé seo sa bhfarraige agus thóg bád eile é – bhí sé ar barr uisce.

Is dócha go raibh snámh aige: mara mbeadh go raibh bheadh sé comh báite leis an gcuid eile. Ach shaor an bád é pé scéal é. Ach do bhí bean a bhíodh ag gabháil timpeall (Ollthach mná, is dócha) – deirithí go mbíodh sí in aonacht leis an ndream ón saol eile – ach dúirt sí lena mháthair:

'Níl aon lá fad a mhairfidh sí ná go bhfeicfidh sí leabaidh a bháis.' – Nach aon lá a éireodh sí dá leabaidh (an fharraige).

Bádh ina dhiaidh sin é agus é ag teacht ón Snaidhm. Bhí an oíche doirche (dorcha) agus chuadar suas ar charraig éigin agus bádh iad.

3. Micil an Oileáin[8]

Micheál Ó Súilleabháin an Oileáin . . . bhí sé ina chónaí san Oileán – Inis Bhun Ard[9] – agus tháinig árthach aniar béal an chuain – an Ribhéar aniar – strannséarach árthaigh, agus bhí sí ag glaoch ar phíolóit. Agus chualaigh sé seo i, agus d'aithin sé go raibh sí . . . gur mhaith léi píolóit. Do ghlaoigh sé ar a mhac as an leabaidh, agus dúirt sé leis go raibh árthach ag glaoch ar phíolóit amuigh i mbéal an Ribhéir, agus [d']éirigh sé ina shuí.

D'éirigh an mac agus thógadar leo bád beag, iad araon, an t-athair agus an mac. Chuadar amach go dtí an t-árthach.

'Gadé an trioblóid athá oraibh,' a dúirt an fear a chuaigh amach, 'go bhfuileann sibh ag glaoch ar chabhair?'

'Táimid ag dul amú,' a dúirt an máta, 'agus an dtabharfá aon chabhair dúinn,' a dúirt an máta, 'a thabharfadh chun aon chuain sinn? Má thugann tú,' arsa eisean, 'gheobhair chúig phuint isteach id dhorn.'

'Gadé an cuan athá bhuaibh?' a dúirt Mac Uí Shúilleabháin an Oileáin.

'Snaidhm,' a dúradar. Chuaigh sé ar bord agus do chuaigh sé ar an eilim – ar an stiúir – agus thug sé leis í aniar an Ribhéar. Nuair a chas sé suas chun dul go dtí an Snaidhm, do chas sé ró-thapaidh: do bhí an pointe ag rith fé uisce, do rug ar an árthach, agus d'fhan sí ansan . . .

'An bhfuil fhios agat cad tá le himeacht ort anso,' arsa an máta, 'mara ndéanfair do ghnó i gceart? Féach an bloc san ansan agus an tua air. Tá do cheann le cuir ar an mbloc san agus an ceann a bhaint díot!'

Nuair a iompaigh sé ar an stiúir chun casadh suas chun na Snadhma – an máta a chuir ar an stiúir é, thá fhios agat – Micil . . .

'Tabhair aire mhaith dhuit féin,' arsa an máta, 'agus dein do ghnó i gceart.' Nuair a bhuail an t-árthach an charraig . . . 'Gadé seo?' arsa an máta.

'*Rock to be sure*,' arsa Micil.

'Bhfuil fhios agat cad a dhéanfair anois?' arsa an máta leis. 'Caith dhíot do chuid éadaigh agus léim sa bhfarraige, agus má tá snámh agat bain an talamh amach.'

Fear maith ab ea an máta, a dúirt sé. Is minic a chualag ag seanchaíocht air é (Micil). Chaith sé dhe a chuid éadaigh, agus tháinig triúr eile ar a scáth sara bhfeicfeadh an búistéar é, a bhí chun an chinn a bhaint de. Tháinig an fear i láthair mar a raibh an tua agus an bloc – an fear a bhí chun an ceann a bhaint de – agus d'fhiarthaigh sé díobh cá raibh sé.[10] Bhíodar ag cuardach de, agus bhí fhios age cuid des na mairnéalaigh go raibh sé imithe – níor mhaith leo a bheith ag féachaint air ag caitheamh an chinn de. Agus bhí an t-árthach ar a cliathán ar an bhfaill – d'iompaigh sí ar a cliathán. Agus bhíodar ag cuardach d'eisean, mar dhea, agus bhí fhios age ceathrar acu cár ghaibh sé – an máta agus triúr eile. Bhíothas ag cuardach do Mhac Uí Shúilleabháin, agus má bhíothas ní bhfuarthas.

Dhein sé amach an talamh ag snámh, ó thuaidh, agus 'nis sé a scéal dos gach aoinne, agus do cuireadh i bhfolach é. Agus do bhí tóir ina dhiaidh amáireach – bhí an t-arm á chuardach – agus chualag gur deineadh tigh fé thalamh do – agus do bhí sé ag imeacht ó áit go háit. Do dhein muintir Chiarraí díon do, agus do dhéanfadh sé laethanta saoire do mhuintir Chiarraí ina dhiaidh san: do shaoradar a anam do. Ní raibh ribe liath ina cheann an oíche sin, agus do bhí sé chomh geal le sneachta ar maidin: do bhí ceann bán air leis an scanradh, mo ghraidhin é.

Ó, is cuimhin go maith liom é gan dabht (Micil). Bhí lán tí' pháistíbh aige san Oileán. Agus do bhí trí thigh eile ann.

4. Iascairí báite a chonacthas ar an dtalamh
Well, do bhí fear ag teacht ó Bhaile Chaisleáin, lá, agus bhí sé ag teacht doirche sa tráthnóna air ag dul siar abhaile go Gort Achaidh.

Pé scéal é, do casadh cúigear fear air – thánadar ina choinnibh aniar – agus do bhí asal agus trucail aige, agus pé ní a bhí sa trucail aige, n'fheadar . . . agus thairig sé isteach an t-asal agus an trucail ar thaobh an bhóthair nuair a chonaic sé na fir ag teacht air.

'Well,' a dúirt sé, 'tráthnóna breá, a chomharsana,' arsa eisean: cheap sé gurb iad a chomharsana iad, agus n'fheadair sé cá rabhadar ag dul go dtí amáireach.

Níor thug aoinne (acu) aon fhreagra air nuair a labhair sé leo (arís).

Stad sé an t-asal agus d'fhan sé ansan ag féachaint ina ndiaidh.
Tadhg Ó Murchú: N'fheadair sé cérbh iad féin, is dócha?
Máiréad Ní Mhionacháin: Sea, go (dtí) go ndeaghaidh sé abhaile. Nuair a dheaghaigh sé abhaile do bhí an tóir roimis gur bádh an bád an tráthnóna roimis sin – an tráthnóna céanna. Ní thabharfadh sé aon chreidiúint go rabhadar báite, mar casadh air iad sa bhóthar.

'Ragham ag cuardach dóibh amáireach,' arsa eisean. 'Do dheineadar san talamh éigint amach,' arsa eisean, 'mar do bhuaileadar san liom mar fhearaibh ina leithéid seo 'bhall sa bhóthar.'

Chuathas á gcuardach, gan dabht, timpeall i's gach aobhal gur dhóigh leo go dtiocfaidís i dtír, agus fuarthas an bád briste i mball éigin.[11]

D. PISEOGA IASCAIREACHTA

1. An Choróin Pháirteach á rá ag dul isteach sa bhád saighne
Nuair a bhíodh na saighní ag dul amach in aonacht, do bhí fear sa bhád agus chuireadh sé iachaill orthu an Choróin Pháirteach a rá ag dul isteach sa bhád, nó istigh sa bhád. Bheadh sé ar buile chun aoinne ná beadh ann in am, agus bhíodh a bhuidéilín 'en uisce choisreaca aige ina phóca.

2. Cosc ar chorp an duine bháite a chuir[12] sa bhád
Bhídís á rá ina gcómhrá féin (na seandaoine) nár cheart an corp a chuir sa bhád (duine a bháfaí). Chualag gur deineadh anso é agus níor mharaíodar aon iasc an bhliain sin.

3. Punann tuí chun corp an duine bháite a aimsiú
Tadhg Ó Murchú: Ar chualais riamh go mbeannaíodh an sagart punann tuí chun corp an duine bháite a aimsiú?
Máiréad Ní Mhionacháin: An phunann tuí? Do chualag gan dabht.

4. Lá 'le Pártholán
Do bádh bád amuigh ansan i mbéal an chuain Lá 'le Pártholán . . .

'Níl aon ghairíocht[13] fós ann ach tufóg ó Phártholán,' a dúirt fear an bháid. Dúirt fear na stiúrach leo tarrac ar a ndícheall, mar do bhí sé ag éirí garbh . . .

'Níl aon ghairíocht fós ann ach tufóg ó Phártholán,'' a dúirt fear an bháid.

5. An bhrúch agus Peaidí na mBó
Well, níor chualag go bhfeacaigh aoinne riamh í, ach fear a bhíodh ag iascach i gcónaí: ní raibh sé (ina chónaí) in aice na farraige in aon chor ach i ngleann

cnoic. Peaidí na mBó ab ainm do. Chonaic sé an bhrúch. Bhí sé ag iascach i gCaladh Ros, anso thoir thuaidh – cleith aige, agus é ag iascach uaidh amach. Tháinig sé lá, agus níor mhairbh sé áinní, agus shamhlaigh sé go meireodh [maródh] sé strupa éisc shara raghadh sé abhaile, mar bhí an lá go breá. Ach níor mhairbh. Chuaigh sé abhaile is tháinig sé arís (lá arna mháireach) sa bhall céanna ag iascach: níor shamhlaigh sé áinní, thá fhios agat, ach cheap sé gurbh amhlaidh ná raibh aon bheochaint ar an iasc. Sea. Nuair a tháinig sé amáireach, chaith sé amach a bhaighte agus a dhrae[14] agus ní raibh sé ag marú áinní arís. D'fhéach sé timpeall air agus chonaic sé an bhean ina suí ar an bhfaill, thíos, mar a raibh sé ag caitheamh a dhrae agus a bhaighte agus a luaidhe . . .

'A Dhia Mhór Ghlórmhar,' arsa eisean, 'ní fheadar cé hé tú, nó cad athá ann?' arsa eisean.

Tháinig sí aníos ag triall air.

'Cad ina thaobh ná fuileann tú ag marú éisc?' arsa ise.

'N'fheadar, a mháistreás,' arsa eisean – clóicín liath timpeall uirthi, a dúirt sé, agus caipín liath ar a ceann.

'Trom do dhubhán go bhfeicfead é,' arsa ise – 'an dubhán athá agat, agus an drae.'

Tháinig sí ana-achomair do, a dúirt sé. Thug sé dhi an dubhán is an drae agus bhíodar aici tamaillín ina dorn, a dúirt sé.

'Sea. Imeodsa bhuait anois,' a dúirt sí, 'agus caith amach do dhrae agus do dhubhán agus an luaidhe,' arsa ise, 'agus imeodsa bhuait,' arsa ise, 'agus ní raghaidh tú abhaile folamh.'

Ar neomat an chloig ní raibh radharc le fáil aige uirthi. Nuair a bhí sí ag iompáil bhuaidh . . .

'Fear bocht macánta is ea thú,' arsa ise, 'agus cimeád an slí athá agat go brách.'

Nach aon lá a thagadh air as san amach gur mhaith leis dul ag iascach – ach ní fhanadh sé rófhada ann – mharódh sé an oiread éisc agus a chimeádadh ar siúl i gcaitheamh na bliana é.

'Leanfaimid Peaidí na mBó,' a deireadh na daoine óga, 'féach' an bhfeicimís an bhrúch.'

Deireadh na comharsain, a bhí istigh sa chúm[15] go raibh sé – níl aoinne 'á mhuintir anois ann – deiridís:

'Do bheadh iasc ár ndóthain againn 'á mbeadh Peaidí na mBó againn.'

N'fheaca sé riamh as san amach í, ach do théadh sé ag iascach agus do mharaíodh sé a mheon: ba chuma leis cad é an lá sa mbliain a bheadh aige, do mharódh sé an t-iasc. I nDoire Droinne, dtaobh thoir 'en chnoc, soir ó scoil Chaladh Rois, a bhí cónaí air (de Mhuintir Shíocháin ab ea é).

F. FEIRMEOIREACHT – AINMHITHE FEIRME AGUS TÍS

1. Breith na bó – salann á chimilt don ghamhain

Do chonac an salann á chimilt don ghamhain nuair a béarfaí é, chun go slíobfadh an bhó é (salann) garbh nó mín. Deinthear é.

2. Coinneal bheannaithe a chuir fén mbó

Tadhg Ó Murchú: An lastaí coinneal bheannaithe fén mbó nuair a bhéarfadh sí?

Máiréad Ní Mhionacháin: Chonac á dhéanamh é – an choinneal bheannaithe. Do chonac.

3. An mhaothal á cuir os cionn na tine

Nuair a crúfaí an bhó trí huaire, chuirfí os cionn na tine é (an mhaothal) agus é sa bhuicéad ina láimh age an mnaoi. Sara ligeadh sí as a láimh an t-áras bhaineadh sí Fíor na Croise trí huaire os cionn na tine leis an dtrí chéad bhainne a chrúfaí ón mbó.

4. Crúba na mba

Na ba a mharaídís i gcomhair na Nollag, do chuiridís na crúba os cionn an deataigh anairde sa tsimné.

5. Stoc á thiomáint chun cnoic

Chonac é i gCill Chaitiairn. Chuiridís na ba . . . bhíodh cúpla ceann acu i dteannta an méid a bhíodh acu, gamhnacha ná tógadh an tarbh in aon chor. Chuiridís ar an gcnoc iad san (sa tséasúir) agus chrúidís maidin is istoíche iad, agus thugaidís an bainne abhaile leo.

6. Maitheas na bó cróine

Bó chrón – maitheas na bó. Deiridís ná raibh aon mhaitheas ann ach bó chrón – 'Maitheas na bó cróine,' a deiridís.

7. An chéad sniogadh

Well, do chualasa trácht thairis sin, leis (an chéad srabh[16] ón mboin a chrú ar an dtalamh), agus an sniogadh a imíodh ón mbó nuair a bhíodh an bhean ag crú na bó (nár cheart bheith ina dhiaidh, mar go mb'fhé' go raibh sé ag teastáil ó dhuine éigin ar an saol eile).

8. Cosc ar bhainne a scaoileadh amach as an dtigh

Agus ní leogaidís braon bainne amach thar doras Oíche Bhealthaine ná Maidean Lae Bealtaine.

9. Fíor na Croise a bhaint den bhó

Dheinidís Fíor na Croise a bhaint de mhaothán na bó – Fíor na Croise trí huaire – Oíche Bhealthaine agus Maidean Lae Bealtaine.

10. Bualthú

Ó, dheinidís: dheinidís na ba a bhualthú (na bualthaí a chimilt dá n-úth) Oíche Bhealthaine.

11. An bhó a chuaigh i ndísc agus a cailleadh

Ó, bhí fear thoir ansan ar Chuthaigh, uair, agus bhí na ba ina luí chun na hoíche taobh leis an dtigh. Agus chuala sé an bhó ag géimrigh t'réis dul a chodladh dho, é féin is a bhean is a chlann . . .

'Ní fheadar cad tá ar an mbó?' a dúirt sé. 'Is dócha go raibh sé ceart agam dul amach ag féachaint uirthi sarar thána a chodladh.'

Shamhlaigh sé gur fé dháir a bhí an bhó.

Sea. D'éirigh sé le fáinne an lae agus bhí an bhó ann, agus na ba – an méid ba a bhí ann acu. Ach d'aithin sé géim na bó: bhí sí ina seasamh agus í ag cogaint a cíorach, a dúirt sé. An oíche ina dhiaidh sin ansan – istoíche amáireach – do chuala sé an bhó ag géimrigh (arís) – an bhó chéanna. Do bhí sí ag géimrigh, agus do chuala sé ag géimrigh ag gabháil síos ón dtigh í, ó mhacha na mba.

D'éirigh sé ina shuí agus do chuir sé a cheann amach sa bhfuinneoig
– fuinneoigín beag a bhí ann – agus do bhí sí ag imeacht síos ón dtigh.
Ach im briatharsa go raibh sí ar an macha roimis ar maidin, agus más
ea, bhí sí breoite agus ní raibh aon bhainne aici. Agus dúirt sé go raibh
rud éigint bunoscionn . . .

'Is cuma dhuit,' a dúirt a bhean. 'B'fhéidir gurbh fhearra dúinn í
imeacht ná duine des na páistí – í imeacht thar a cheann.'

Ach bhí sí sa tsíoraíocht ar maidin amáireach.

12. Giorré ag crú bó

Ó, bhí fear anso, leis, thiar ansan age an nDroichead (Droichead 'Á Dhroim),
agus bhí sé pósta thuas in Ucht Saighde, agus d'éiríodh sé gach aon
mhaidean: chualag á rá é gan dabht, beannacht Dé lena anam.   *Well*,
maidean [d']éirigh sé ansan. Dhein sé amach gur giorré nádúrtha é – gurbh
amhlaidh a bhí sé mar eolas aige – agus do chaith sé leis, agus má chaith
– méaróg – d'imigh sé leis agus bhí sé ag féachaint is ag iniúchadh air . . .

'Tá aithreachas anois orm caitheamh leat,' arsa eisean. 'M'fhéidir nach
aon ghiorré cheart thú,' a dúirt sé.

D'imigh an bhó uaidh i gcionn caecís ina dhiaidh san. Ó, bíonn ba
ar an síoraíocht. Bíonn.

13. An searrach

Aon searrach ná feiceadh aon tsúil (peacaigh) á bhreith é, go raibh
leigheas age sin. Ach 'á mbeadh aoinne ann le linn é theacht ar an saol,
ná raibh aon leigheas ann.

14. Fear an asail

Bhí fear bocht ag teacht ó Bhaile Chaisleáin, agus do bhí asal agus trucail
aige, agus thug an t-asal suas air agus bhí sé ag tabhairt maide don asail
– ag gabháilt den mhaide uirthi.

Agus é ansan aniar ansan ar an dtaobh thiar de scoil 'Á Dhroim, do
labhair an guth istigh i scairt . . .

'Ná mairbh an t-ainmhí beannaithe, nó má mharaíonn tú, díolfair as.'

Ó, níor bhuail sé an t-asal as san amach, a dúirt sé, go ndeaghaidh sé
abhaile.

15. Caint na n-ainmhithe

'Tá sé ag fearthainn,' arsa an capall.

'Tá sé ag glagar,' arsa an bhó.

'Lá breá aoibhinn,' arsa an chuíora.

'Agus léim an claí liom,' arsa an gabhar.

16. Cosc ar chat a athrú ón seanathigh

Tadhg Ó Murchú: Ná raibh sé ráite nár cheart an cat d'athrú ón seanathigh nuair a bheifí ag dul chun cónaithe sa tigh nódh?

Máiréad Ní Mhionacháin: Ní raibh imbasa (sé rathúil é a dhéanamh), ach dá leanfadh sé ar aon tslí thú (dá leointe féin) ná raibh aon chruthna air.

17. Cosc ar ghadhar a chuir i ndiaidh ainmhithe istoíche

Deir siad nách ceart, 'á mbeadh gadhar ag amhastraigh amuigh istoíche, agus 'ábur ainmhí capaill ná aon ní a thagfadh ón gcnoc (timpeall an tí) nár cheart duit an gadhar a chuir ina diaidh istoíche.

Beannacht Dé lena hanam, an bhean úd ó chianaibh (gur cailleadh an gearrchaile uirthi), bhí gadhar aici, agus b'é a ghnó ó thiteadh an oíche a bheith ag amhastraigh ar fhaill a bhí ón dtaobh amuigh 'e thigh – cóngarach den tigh. Agus do bhí sí oíche agus nuair a bhí sí ag cuimhneamh ar dul a chodladh – do bhíodh capaill ag teacht anuas ón gcnoc – agus do bhraith sí rud éigin ag teacht timpeall an tí. Sea. Do ghríosaigh sí an gadhar soir an pháirc ón dtigh agus chuala sí an duine á rá:

'*Don't set the dog,*' – an Béarla.

Duine éigin is dócha a bhaineas léi féin (ón saol eile) a bhí ag déanamh maithe[17] di.

Ach, im briatharsa, cúpla oíche ina dhiaidh san gur cailleadh an gadhar, slán mar a n-instear é. Bean mo dhriothár ab ea í.

18. 'Cearca go tiubh agus coiligh go fánach'

Ó, cladhaire ab ea é sin a bhíodh ag leogaint air go raibh fios aige, mar dhea. Ach do bhí sí seo mar bhean ann agus do bhí cearc ghoir aici agus bhí sí chun í a leogaint síos – uibhe a chuir fuithi. Do bhuail sé seo léi agus dúirt sí leis go raibh sí ag cuimhneamh ar an gcirc a leogaint síos agus gur mhaith léi go mbeadh na sicíní ar fad ina gcearca . . .

'Cuir na huibhe a chuirfir síos i mbáisín,' a dúirt sé, 'agus cuir iarraidh ormsa agus tiocfadsa féd dhéin agus cuirfeadsa na huibhe fén gcirc.'

Chuir sí fios air agus do tháinig sé, agus do thug sí dho an báisín agus leag sé na huibhe fén gcirc: dhá cheann a thóg sé i gcónaí (dhá cheann san iarracht).

'Sea anois,' arsa eisean le bean na circe, 'abairse, "cearca go tiubh," agus déarfadsa, "coiligh go fánach." Sea. Cuirfidh mé ceann cóir (corra) leo anois,' a dúirt sé. 'An mó ubh a chuireann tú fén gcirc?' arsa eisean.

'Deich gcinn,' arsa ise.

'Ó, cuir ceann cóir leo,' a dúirt sé: b'in aon cheann déag. 'Má leogann tú síos cearc go brách,' a dúirt sé, 'cuir ceann cóir leis na huíbh.'

Ach ní raibh aon rath orthu (ar an ál), ach cearca agus coiligh fé mar a bhídís riamh aici.

19. Ubh an tsicín duibh

An chéad ubh a bhéarfadh an sicín dubh, bhí sé go maith chun guth. Sicín dubh ar an gcéad ál, aoinne a ólfadh fuar é, gan beiriú, (deirtí) go mbeadh guth aige. Chualag é sin go maith – trí maidneacha, an chéad trí ubh a bhéarfadh sí, iad a ól fé mar a thiocfaidís ort.

20. 'Comh daor le dhá ubh ar an bpigin.'

Bhíodh nithe acu á ndíol insa chliabháinín ar a ndrom – misleáin agus úlla, agus m'fhéidir go mbeadh tigh ann ná beadh aon phigin (airgid) sa tigh, agus thugaidís úll do nó úrnín[18] snáith nó lásaí na mbróg ar na huíbh in ionad na pigine . . .

'Comh daor le dhá ubh ar an bpigin.'

21. An coileach Márta

Do bhí bean fadó ann a níodh cosa an choiligh ar dtúis sara gcuireadh sí a cosa féin isteach ann (san uisce). Bhíodh an coileach istigh agus ní chuiridís isteach in aon p[h]lúiséad[19] go mbeadh na cearca (é), ach é a scaoileadh fruíálta ar fuaid an tí.

Deiridís gur mhaith é an coileach a bheith sa tigh, agus is minic a chualag é sin: 'á mbeadh aon drochní ag gabháil an bóthar, 'á mbeadh coileach Márta sa tigh ná leogfadh sé aon ní isteach thar doras. Agus do bhí cuid acu go gcimeádaidís coileach Márta: an coileach a leogfaí amach as an ubh i Mí na Márta – é sin a chimeád leis na cearcaibh. Agus nuair a leogfaí síos ál sicíní a thagfadh uaidh sin, go mbeadh seans ar aon tigh go mbeadh sé sin – ná tiocfadh aon drochní air. Ní thabharfaí aon scian dóibh:

'Meireoir é sin i gcomhair na Nollag,' (a déarfadh bean le bean eile). 'Ó,' a deireadh sí, 'níor mhaith liom an scian a fheiscint a mheireodh é. Dhéanfaí mé a dhíbirt!'

22. Glao an choiligh
'Á gcloisfá coileach ag glaoch am áirithe san oíche ná beadh ceart, deiridís nárbh aon tseans é ar dhuine éinig sa tigh – in aobhal go dtiteadh sé sin amach – 'á mbeadh duine aosta ann . . .

'Tá an fear aosta le himeacht: tá coileach ag tabhairt bhárnáil,[20]' (a déarfaí).

F. FEIRMEOIREACHT – CURADÓIREACHT,
RÓMHAR AGUS RÁMHAINNÍ

1. Cur na bprátaí
Níor mhaith leo é a dhéanamh – sciolláin a chur[21] Dé Luain, agus níor mhaith leo a chur Dé Sathairn . . .

'Tosnú an tSathairn, is fada go gcríochnaítear.'

Ní raghaidís ag rómhar an gharraí ná sciolláin a chur gan tosnú tráthnóna Dé Sathairn (ach tosnú i dtosach an lae) – beagáinín éigin a chur. Deir siad:

'Ná bris acht agus ná dein acht.'

2. Dubhachtaint na bprátaí
Dúbhadh na prátaí – dhubhaidís go minic fadó orthu, agus deireadh buachaill:

'The nails of my fingers is worn indeed,
from peeling the skins of black preities.'

3. Iomaire na Nollag (i)
Ó, bhí sé anso mar acht, leis – bhí gan dabht – smut beag den gharraí a

bhíodh acu á mbaint . . . d'fhágaidís smut den iomaire ansan gan baint i gcomhair na Nollag. Chonac é sin.

4. Iomaire na Nollag (ii)

D'fhágaidís – nach aon Chríostaí acu – d'fhágaidís písín d'iomaire, faid an raca ansan, i gcomhair Oíche Nollag. Agus níl aon Oíche Nollag – chun iad san a bheiriú – ná go gcuirtí píosaí giúiseach . . . bheadh píosaí giúiseach fén dtaobhán acu agus chuiridís fés na prátaí é.

Agus nuair a bheadh na prátaí beirithe, thógaidís as an dtine é agus mhúchaidís leis an uisce é, agus do chuirfí fén dtaobhán arís é agus d'fhágfí ansan é go ceann bliana. Bloc na Nollag a thugaidís air. N'fheadar an á spáráil ar eagla go mbeidís rite as phrátaí a dheinidís é nó nárbh ea (an smut prátaí a fhágaint gan baint).

5. Piseoga a bhaineann leis an rámhainn (i)

Do bhí sé ann go háirithe gur cheart duit, nuair a stadfá, tráthnóna, marar mhaith leat an rámhann a thabhairt abhaile leat, í a chaitheamh sa chlais.

Agus bhí sé mar nath acu, leis, nuair a raghaidís sa gharraí nó ag rómhar, nuair a thairigidís an rámhann chuchu – an rámhann ina ndorn acu – bhainidís Fíor na Croise dhíobh féin agus an rámhann, ag tosnú na hoibre.

Thugaidís leo isteach an rámhann agus chuiridís dtaobh istigh de dhoras é. Agus 'á ngeobhaidís amach chun tigh na gcomharsan nó in aobhal (istoíche ag máirseáil), thairigidís an rámhann ina ndiaidh, agus í a chuir ar an ngualainn ansan nuair a bheidís ag teacht abhaile – 'á mbeadh sé déanach san oíche – ar eagla go mbuailfeadh aon sprid leo.

6. Piseoga a bhaineann leis an rámhainn (ii)

Tadhg Ó Murchú: Deireadh na seandaoine ná raibh sé ceart an rámhann a chur ar do ghualainn istigh sa tigh. An raibh sé sin mar chreideamh acu ar fuaid na mball so?

Máiréad Ní Mhionacháin: Ó, im briatharsa go bhfuil sé sin ar siúl inniu comh maith leis an lá san – an tua nó an rámhann nó aon arm go mbeadh an t-iarann ann, tá sé coiscithe gan é a chuir ar do ghualainn istigh sa tigh. Ach aon arm go bhfuil an chruaidh ann – tá an chruaidh sa rámhainn – dá siúlófá Éire agus í ar do ghualainn agat, n'fhiucfá (n'fheicfeá) aon ní ná ní bhainfeadh aon ní dhuit.

Bhí fear anso scaitheamh d'aimsir ó shoin, timpeall an bhaill seo, agus bhí sé ag rómhar ag duine muinteartha, agus bhí sé deireanach ag teacht abhaile san oíche, agus d'fhág sé an rámhann sa tigh go raibh sé ag obair, ina dhiaidh. Agus, más ea, do chonaic sé rud éigin a chuir eagla air agus buaileadh breoite amáireach é: bhí sé ana-bhreoite. D'imigh an mháthair ag triall ar Mháire Ní Mhurchú agus 'nis sí a scéal di . . .

'Agus an bhfeaca sé áinní?' a dúirt Máire Ní Mhurchú. 'Ha há!' arsa ise, 'níor thug sé a rámhann leis. D'fhág sé an rud a shaorfadh ar a namhaid é, d'fhág sé ina dhiaidh é. *Well*, déanfadsa mo dhícheall do,' arsa ise, 'ach beidh sé breoite go fóill. Déanfaidh mé mo dhícheall do, ach tar chugham arís i gcionn seachtaine.'

Bhí sí ar buile nuair nár thug sé an rámhann leis – Máire Ní Mhurchú. 'Bheadh a shaoradh ar a ghualainn aige,' a dúirt sí.

7. An líon

Ó, im briatharsa gur chuireas féin anso cúpla bliain é, agus sin é an líon go bhfaightí a dhua.

Tadhg Ó Murchú: Is dócha gur chun barlíní[22] a bhíodh sé agaibh?

Máiréad Ní Mhionacháin: Barlíní gan dabht. Cuirithí aoileach mar leasú leis. Do rómharaidís dos na scioltháin, agus bhainidís na clasa air – é sin a leathadh ar na hiomairíbh ansan, agus é a chlúdach ar nós an gharraí.

D'fhaighdís síol i mBaile Chaisleáin, pota agus dhá phota – an méid a oilfeadh duit. Chaithfeadh na páistí teacht ansan nuair a bheadh sé sin clúdaithe agus gach aon phúróigín a phiocadh den iomaire, sara dtiocfadh an síol fúthu aníos (go múchfaí é).

Bhuailidís le drom na sluaiste é agus dheinidís comh leibhéalta leis an urlár é: t'réis é a chrothadh a deintí an bualadh, agus na púróga a phiocadh ansan. Nuair a bheadh sé taoscaithe acu, an méid cré a bheadh ins na clasacha – nuair a bheadh an síol croite – chuiridís anairde ar an iomaire é.

G. CREIDIÚINTÍ MAR GHEALL AR THITHE NA NDAOINE

1. An doras iata

Tadhg Ó Murchú: Ná raibh seana-chreideamh éigin i dtaobh dóirse na cistean, leis – an doras go dtiocfá isteach, nár cheart duit gabháil amach é sin mar dhoras nuair a bheifeá ag imeacht . . . nó a mhalairt, n'fheadar ciacu?[23]

Máiréad Ní Mhionacháin: Bhí sé sin mar nath ann *ulright*. Chuala seanduine – fear aosta[24] – á rá san . . .

'Ó, doras na gaoithe aniar . . . níor tháinig an drochní riamh anoir.'

An doras iata nó doras na gaoithe . . . bhí sé coiscithe dul amach é sin mar dhoras. Bean a bheadh ag iompar linbh, ní leogfaí amach í ach sa doras go dtiocfadh sí isteach.

2. Fód dearg a thabhairt timpeall ar thigh nua

Thabharfaidís fód dearg amach as an mbothán a bheadh acu agus gheobhaidís timpeall leis an ngréin, le luí na gréine, tráthnóna Dé Sathairn – timpeall an tí nódh – nuair a bheidís ag athramh ón seanathigh go dtí an tigh nódh.

3. Ag aistriú tí ar an Satharn

Ach bhí nath eile acu ná raghaidís isteach in aon tigh nódh aon lá den tseachtain ach tráthnóna Sathairn.

4. Ag codailt sa tigh nua

Agus an chéad oíche a chodlóidís sa tigh nódh . . . duine eile 'es na comharsain – cailín nó buachaill nó fear nó bean des na comharsain amuigh – a chodailt sa tigh an oíche sin in aonacht leo. Táthas á leanúint san i gcónaí – duine ná beadh aon ghaol agat leis a chodailt in aonacht leo an chéad oíche.

5. Píosaí airgid fé chúinníbh an tí

Chonac é sin gan dabht, píosaí airgid á chur fé chúinníbh an tí. Do bhíos-sa anso nuair a deineadh an tigh seo, agus bhí na saoir . . . bhí na clocha tairigthe acu, agus nuair a thosnaigh na saoir á dhéanamh, d'fhiarthaigh duine 'es na saoir díom an raibh aon airgead bán agam . . .

'Dá mbeadh leath-raol bán agat, nó raol a chuirfimís fés na clocha cúinne,' a dúirt sé.

Well, bhí dhá raol age an seanduine, a bhíodh aige chun an tobac: bhí dhá raol bhána agus tuistiún bán – bhíodar ag imeacht an uair sin – bhíodar aige. Agus ní raibh an ceathrú píosa aige in aon chor, ach do bhí scillin aige, agus cuireadh siar leis an scillin mé agus fuaireas dhá raol uirthi.

Bhíos soir ón dtigh nuair a chuala an fhead. Do bhí raol aige (ag eisean) agus loirg sé (an fear aosta) an raol air agus thug sé dho í, agus chuireadar fés na cheithre cúinne iad – dhá raol agus leath-raol agus píosa tuistiúin – chun rath airgid a bheith ar an dtigh.

D'fhiarthaíos den tseanamhnaoi a bhí anso gadé an bun a bhí leis . . .

'Ó, chun go mbeadh rath airgid ar an dtigh,' a dúirt sí.

Ní fheaca é i gCill Chaitiairn (nós so an airgid) pé scéal é – ní cuimhin liom é.

6. Tigh ar sheanachosán

Ó, ní dhéanfaidís tigh ná seomra ná cró na gcearc in aobhal go mbeadh aon tseanachosán. Bhí fear thiar ansan i nDroinn a' Cheapaire, mar a bhfuil an bóthar ag iompáil ó thuaidh, dtaobh thiar de thigh na scoile, bhí fear des na Reachtairibh ina chónaí i mbotháinín ann – é féin agus a bhean is a chlann – go raibh an doraisín comh beag air is gur ar éigin a thagaidís isteach ann. Chuaigh sé chun oibre agus do dhein sé tigh ann, san áit go raibh an leibhéal – do bhí ball garbh ann, a leis – agus do dhein sé an tigh agus d'fhág sé an botháinín.

Ghaibh fear éigint do bhí cuíosach aosta[25] . . . do ghaibh sé an bóthar chuige . . .

'Cad tá á dhéanamh ansan agat?' arsa eisean.

'Táim ag déanamh tí ann,' arsa eisean.

'Ná dein,' arsa eisean. 'Sin é cúinne an tseanabhóthair atá ag gabháil ansan, agus ná dein aon tigh ann.'

'Áit! *Nonsense*!' arsa eisean. 'Is fadó atá na seanabhóithre sin imithe as an saol.'

Ní dhein sé rud air, pé scéal é. Sea. Do dhein sé an tigh ann, agus d'fhág sé an ball thíos – an bothán. Níl aon oíche ó chuir sé chun oibre ann ná go bhfeicithí an solas ann ó bhóthar an Rí – na daoine a bhíodh ag gabháil thar bráid. Sea. Nuair a bhí an scéal ag dul rothada dúirt an fear so (a thug an comhairle dho):

'Dá mb'áil leis fanúint mar a raibh aige, ach do bhí sé ró-dhána, ach leanadh sé a shrón anois,' arsa eisean – an fear aosta.

Dhein sé an tigh, agus ní raibh an tigh éiritheach leis, slán mar a n-instear é! Agus n'fheadarsa an bhfuil aon tsolas á fheiscint ann i gcónaí, ach is gearr ó bhíothas. Buaileadh breoite é féin, agus ní fada a bhí sé breoite nuair a thug sé a bhóthar air agus bhí ochtar clainne ina dhiaidh.

7. Ag cur le tigh

Ó, 'ár mhaith leat aon ní a dhéanamh leis an dtigh, é a leogaint chun cinn – suas as an dtigh i gcónaí.

8. *Linny* ar sheanabhóthar

Do bhí an fear a bhí anso agamsa, do bhí sé chun *linny* beag a dhéanamh i gceann an tí – *linny* beag go gcuirfimís na cliabháin is rudaí isteach ann, thá fhios agat. Agus tháinig fear anso isteach, lá – fear a bhí go mór linn agus go maith dhúinn, aon achainí a chuirimís chuige . . .

'An bhfuileann tú chun *linny* a dhéanamh i gceann an tí?' (arsa eisean le fear an tí).

'Táim,' arsa eisean.

'Ná fuil fhios agat,' arsa eisean, 'go bhfuil seanabhóthar ag g[abh]áil ansan, agus ná dein aon *linny* ann shara bhfeacaís riamh,' arsa eisean.

Ach do dhein sé an *linny* thiar anso, dtaobh thiar 'e thigh.

Níl sé ach bliain ó shoin, agus níor 'niseas d'aoinne riamh é – do chualag an ceol agus an fothram ag g[abh]áil anso soir. Tá sé ansan, an seanabhóthar.

Chualag an tiomáint agus an raicit agus an ceol agus an chaint – ó do bhí – ag gabháil soir. D'fhiarthaíos de bhean an tí thoir anso ar chuala sí aon cheol ag g[abh]áil soir thar ceann an tí arbhú aréir . . .

'Níor chualag,' arsa ise.[26]

H. CEARDANNA

1. Slata a bhaint le linn ré na Samhna
Bhídís ag faire ar ré na Samhna chun slata a bhaint, agus nár dhiail an bheart ná féadfaidís aon chliabh a dhéanamh leis na slata a bainfí ar aon ré eile. Ní hoibreodh na slata i gceart dóibh: bhídís ag cnagarnach orthu.

2. Poll an Duibh
Tá ball thíos ansan i mbruach na farraige agus tá poll ann go nglaoid siad Poll an Duibh air, agus thugaidís mórán de stuif an phoill leo chun dathúcháin.

3. Dathúchán
Ní raibh aon mhaitheas in aon dath riamh mara gcaithfí pigin isteach sa chorcán (an dathúcháin) ar dtúis. Ní thiocfadh an dath ceart in aon chor ar an éadach ach breacliath, mara gcuirfeá pigin nó leathphigin sa chorcán. Agus ní chuiridís aon chor den chorcán nuair a bheadh an ré ag teacht, ná ní thógaidís amach thar doras an t-éadach a bheadh á dhathú sa chorcán chun go mbeadh an ré lá chun deiridh nó chun tosach.

4. Déanamh na gcoinnle i gCill Chaitiairn
N'fheaca aon choinneal á dhéanamh riamh agem báthair,[27] ach do chonac daoine a bhí ar an mbaile á ndéanamh. Chuiridís ag leachadh an gheir – aoinne do mheireodh bó, agus an té ná meireodh ní bheadh aon gheir acu – i gcorcán ar an dtine.

Nuair a bhainidís amach í . . . agus do thiormaídís ansan í amuigh leis an ngréin: nuair a bheadh sí trim acu ansan, chuiridís cuid de sa chorcán agus leogaint do bheith ag beiriú leis, mall. Bheidís á thógaint amach ansan, d'réir mar a bheadh sí ag leachadh sa tine, go giuga: bhíodh giugaí móra acu.

Líonaidís an giuga do san ansan, agus nuair a bheadh sé cuíosach fuar acu, bheadh bloc acu timpeall leithead béal an bhuicéid ansan. Agus bhíodh coinnleoir (múnla) stáin acu agus chuiridís ina sheasamh sa bhloc é chun é a chimeád díreach. Líonaidís é sin leis an ngeir: b'fhéidir go mbeadh trí pholl, cheithre pholl sa bhloc, agus na coinnleoirí ina seasamh ann.

Chuiridís, ansan, thríd an gcoinnleoir síos . . . bhíodh snáth acu a dheinidís a dhúbailt – snáth cotúin. Agus chuiridís ansan tairne nó rud éigint i gceann an tsnáith, agus chuiridís an snáth síos tríd an gcoinnleoir le biorán cniotála, agus líonaidís den gheir (leachta) ansan é, agus leogaint do fuaradh go ceann uair a chloig nó dhá uair a chloig.

5. Déanamh na seanalampaí íle
Ní raibh aon íle á ídeach an uair sin in aon tigh go ceann blianta, ach rud go dtugaidís sliogán ar thaobh na tine agus cuid den íle seo ann (íle gabhar nó íle crothóg), agus geaitire. Thugaidís isteach geaitire agus do lomaidís é – ní fhágaidís aon ní air ach aon chaonthaí beag amháin – é sin a thumadh san íle ansin.

6. Cliathóg scolb
Do bhrisidís suas an ghiúis leis an dtuaidh, agus na píosaí a bheadh réidh, gan aon tsnaidhm a bheith orthu, do scoilthidís leat gan aon mhairg leis an sciain, agus ansan dhéanfaidís cliathóg díobh. Na scoilb beaga ab ea na sceatacháin.

7. Séamus na dTéad
Máiréad Ní Mhionacháin: Agus dheinidís téada den ghiúis, agus d'aithnídís an píosa do dhéanfadh an téad nuair a thógaidís aníos as an bpoll é.
Tadhg Ó Murchú: Ní hé na' haon tsaghas giúise a dhéanfadh an téad.
Máiréad Ní Mhionacháin: Ó, ní hea. An ghiúis d'fhásadh insa chré bhán, dhéanfadh sé sin tine, ach ní dhéanfadh sé téad ná sceatachán: bhí sé róbhriosc.
Do bhí fear beag thiar anso, agus do bhí sé ag mairiúint ar théadaibh (giúise): ní raibh bó, cuíora ná capall aige ach é féin is a bhean agus triúr iníon. Séamus na dTéad a thugaidís air. Bhíodh na buachaillí óga ag imirt air, agus cad a dheineadar ná dul isteach chuige, oíche, agus níor labhradar aon fhocal. Agus do rugadar ar cheann na téide, agus do bhí *coil* mór téide ann t'réis bheith á déanaimh le seachtain roimis sin. Amach leo an doras agus iad ag tarrac na téide ina ndiaidh. D'éirigh sé ina shuí agus chuaigh sé ceangailte 'en téid agus do thairigeadar amach ar an mbóthar é, é féin is an téad, ceathrú mhíle bóthair. Féach ar sin mar áiltheoireacht!

Bhíodh sé ag díol na dtéad agus ag mairiúint orthu, mo ghraidhin é, mar ní raibh aon ní eile aige. Triúr cailíní a bhí aige. Bhí a bhean ar an síoraíocht an uair seo: bhí sí marbh.

Tadhg Ó Murchú: Cad é an cúram is mó a bhíodh acu des na téadaibh giúise seo?

Máiréad Ní Mhionacháin: Ar bhádaibh agus ar chéad ní . . . ar na cocaíbh – coca iothlann a bheadh déanta, sábháltha, agus an téad so, dhá chor de a chuir ar an gcoca, agus cloch mhaith throm, chun an coca a chimeád ó ghálaí an earraigh.

Well, nuair a bhíodh fiche fead (feá) aige, d'fhaigheadh sé coróin ar fiche fead, agus (bheadh) trí streanda ins gach aon téid acu san; curtha thar a chéile, ar nós na téide a chíonn tú ins na siopathaibh. Ní bhíodh na streandaí téagartha in aon chor – bhídís caol.

Tadhg Ó Murchú: Conas a dheineadh sé an téad?

Máiréad Ní Mhionacháin: Ar fhuarma a dheineadh sé iad. Bhí trí cosa ar an bhfuarma – fuarma cuíosach mór, leis. Chuireadh sé timpeall na gcos é d'réir mar a bhíodh sé ag obair roimis. Chuireadh sé in achrann i gcois acu ar dtúis é, agus timpeall ar an gcuid eile ansan.

Bhíodh dorn des na séibhíní seo taobh leis – séibhín i gcónaí – agus bheith á chuir isteach agus ag casadh, ag cuir isteach agus ag casadh: théimís insa doras ag féachaint air. Nach aon Domhnach a théadh sé ag baint na giúiseach: ní chasadh sé aon ní Dé Domhnaigh: níor mhaith leis é a dhéanamh imbasa.

Well, do tháinig sé breoite ansan nuair a tháinig sé aosta,[28] agus bhí driofúr insa tigh in aonacht leis, nuair a imigh a chlann bhuaidh. Sea, tugadh an sagart chuige ansan, agus an oíche do cuireadh an ola air, do cailleadh an oíche sin é, beannacht Dé lena anam agus le hanama na marbh go léir, agus le hanam mhairbh an domhain.

Bhí beirt fhear in aonacht léi mar chuileachta, beirt chomharsan, agus bean (chomharsan) – in aonacht leis an drifír. Agus nuair a bhíodar chun é a thabhairt anuas den lochta – dréimire beag a bhí ag dul anairde ar an lochta – sé an peiliúr a bhí féna cheann, *pile* den téid, agus cad a bhí casta istigh sa phile den téid nuair a thógadar suas í chun é a thógaint amach as an leabaidh chun é a thabhairt síos sa chistin, ach ocht sabharn agus trí fichid – agus é marbh.

I. SÓLÁISTÍ

1. Déanamh na snaoise

Ó, do chonac amhuise, do chonacsa an tsnaois á dhéanamh gan dabht
– agus é istigh san adhairc – age seanabhean – adharc bó nó adharc tairbh
nó i rud éigint gan dabht: bhíodh faid de sin san adhairc.

D'iompaíodh an tseanabhean so – bhí sí anso taobh linn – d'iompaíodh
sí leac a bhí ar an dtinteán agus do leogadh sí dhi té' (leis an dtine).
Chuireadh sí anuas ar an lic – ceann ar cheann ar an lic iad – na bileoga
an tobac. D'oscalaíodh sí chuichi ansan ina baclainn na bileoga, agus
chimilíodh sí iad sara gcuireadh sí san adhairc iad. Agus bhíodh cipín
aici agus bhíodh sí á bhrú istigh san adhairc.

Chuireadh sí corc ar an adhairc ansan agus chuireadh sí i gcimeád í.

J. SPAILPÍNÍ

1. 'An í sin an ghrian a bhíonn thiar againne?'

Donncha an tSaighne a thugaidís air, agus ní raibh aon saighne in 'Á
Dhrom Istigh an uair sin ach age sin. De Mhuintir Shé ab ea é – Diarmaid
Ó Sé. Ach do bhí comrádaí buachalla aige, ansan in 'Á Dhrom Istigh –
bhíodh sé ag obair in aonacht leis.

'Ní fhanfaidh mé anso a thuilleadh,' arsa cisean le Donncha.

'Cad ina thaobh?' arsa Donncha. 'Cá raghair?' arsa eisean.

'Raghfaidh mé go Port Láirig,' arsa eisean, 'ag baint na bprátaí, mar
a bhfuil mórán acu ag imeacht.'

Chuaigh sé go Port Láirig, é féin agus triúr eile buachaillí, agus bhíodar
ag obair ag baint na bprátaí i bPort Láirig. Agus seachtain a bhí tabhartha
age seo mar bhuachaill, agus bhí an lá go breá agus an ghrian ag
taithneamh.

'An í sin an ghrian a bhíonn thiar againne?' arsa eisean leis an máistir.

'Sí,' arsa an máistir.

'An riabhach amhuise,' arsa eisean, 'ní bheadsa anso a thuilleadh. Más
í sin an ghrian a bhíonn thiar againne is fada go mbeidh sí thuaidh ar
thigh Dhonncha an tSaighne!'

Ach dúirt an feirmeoir ansan leis:
'Ó, pé ní is maith leat,' arsa eisean. 'Geobhadsa fear id ionad.'
Níor thaithn leis in aon chor é a bheith ag cuir aon mhídhóchas ar na
fearaibh.

[1] in aon bhall.

[2] túnnta sa ls.

[3] dom mháthair

[4] bean feasa a bhí ar na hAoraí

[5] <fuachaisí, uachaisí – an ball ina mbíonn an portán lonnaithe faoin uisce.

[6] Timpeall fiche cúig bliana ó shoin. Ón Rinn i bParóiste Chathair Dónall ab ea Mac Uí Fhiannachta, fear an bháid – an siúinéir. Is cuimhin liom an oíche go maith – oíche gharbh scallúil, agus ceathanna aduaidh ann. Bhíos age baile an uair úd – Tadhg Ó Murchú.

[7] Pátrún Chrócháin (29 Iúil, Oíche an Phátrúin), age Teampall a' Chómhaid i mBord Eoghain Fhinn. Bádh lán báid ó thaobh Bhéarra, slán beo sinn, ag dul anonn Ribhéar Chinn Mara dhóibh – ag filleadh ón bPátrún dóibh. Bheir droch-chith agus scalladh orthu, agus iompaíodh an bád. – T. Ó Murchú.

[8] Eipic age saighneoirithe taoibh Chiarraí den Ribhéar ab ea eachtra so Mhicil an Oileáin. Na buachaillí ó thaobh Bhéarra agus ó thaobh Bhord Eoghain Fhinn, nuair a bhuailidís lena chéile thall i Meiriceá, bhídís á léiriú i bhfoirm agallamh:
'*Rock*,' ays the captain.
'*Rock to be sure, sir*,' arsa Micheál.
Árthach nódh ar a céad bhiaiste ab ea í. Ba leis an captaen féin í, agus bhí sé ag gol go faíoch anuas dá dhá shúil nuair a briseadh í, a chloisinn m'athair a rá – Tadhg Ó Murchú

[9] <Inis Fearann Ard

[10] Dealraím gurbh shin í dlí na farraige ansan mar shaol ... an té a thógfadh cúram árthaigh air féin – píolóitíocht a dhéanamh uirthi – mara ndéanfadh sé a ghnó i gceart, bhí a cheann i ngeall leis an árthach 'á mbainfeadh aon ní dhi – Tadhg Ó Murchú.

[11] Bhí an cúigear fear báite nuair a chonaic seisean iad – Tadhg Ó Murchú.

[12] Chuir agus chur sa lámhscríbhinn.

[13] <gairbhíocht (gairbhe)

[14] a dhorú

[15] <com.

[16] <An chéad sreabh ón mbó – an chéad steall a chrúfaí uaithi.

17 matha sa ls.

18 <íorna

19 <cúb

20 ón bhfocal Béarla *warning*

21 cur agus cuir sa ls.

22 <braillíní

23 <cé acu.

24 íosta sa ls.

25 íosta sa ls.

26 Níor lean sí níosa shia den scéal ansan: níor leog sí uirthi le bean an tí thoir gur chualaigh sí aon ní – Tadhg Ó Murchú.

27 <Ag mo mháthar

28 íosta sa ls.

3. An Pobal

1. Laethanta scoile i gCill Chaitiairn

Sé an áit go rabhas-sa chun scoile amuigh i mBaile Chrobháin, age an gCoastguard Station. Díon a bhí ar an scoil go rabhas; ní raibh aon leac air; ní raibh, a stóraigh. Ach deineadh scoil nua i gCill Chaitiairn ansan. Fad a bhíos-sa ar scoil ní raibh focal Gaelainne á labhairt agam. Máistir a bhí againn i dtosach ár saoil, agus nuair a deineadh an scoil nódh ansan (i gCill Chaitiairn) cuireadh siar ar an Orthan [Oircheann] é. Stephen Mac Carthy ab ea an chéad m(h)áistir a bhí againn. Ó Cheann Feadha (ab ea é).

Is dócha go rabhas deich mbliana sharar dheaghas riamh chun scoile.

Bhímís ag foghlaim an Bhéarla sa bhaile – na buachaillí a tháinig romhamsa, bhídís ag foghlaim an Bhéarla.

Ó, bhí mórán acu ag teacht gan dabht, ná raibh aon fhocal Béarla acu ach Béarla briste. Nuair a thagadh cuid acu – cailíní bochta ná bíodh aoinne chun iad a mhúineadh – ní bhíodh acu ach Béarla briste. Ach bhíodh an máistreás á gceistiú . . .

''Nis dom anois,' arsa an máistreás – máistreás stranséartha ab ea í, a bhí ar na hAoraíbh, agus shiúlaíodh sí na' haon lá ós na hAoraíbh go Cill Chaitiairn agus gadhairín in aonacht léi – Tiny. Ní raibh aon Ghaelainn aici gan dabht. Sea. D'fhiarthaigh sí 'on toice seo an chéad lá a tháinig sí chun scoile: 'Cá gcaitheann an fear a hata? An ar a chois nó ar a láimh?'

'On him head,' arsa ise.

Ach an máistir seo ó Cheann Feadha a bhí i mBéal a' Chrobháin, ón lá a chuas isteach sa scoil go dtí an lá a fhág sé é, níor tháinig lá orm ná go dtugadh sé buidéal leathphint dom nuair a bhídís amuigh ar play (na scoláirí eile) – nach aon lá, reigileáltha – chun dul ar na hAoraíbh fé dhéin leathphiúnt fuiscí, agus do bheinn (thar n-ais) ós na hAoraíbh shara dtagadh na scoláirí isteach ó phlay. Ó, im briatharsa pé acu bheadh mo cheacht agam nó ná beadh, ní gheobhainn aon sleap (uaidh). Dhá phigin a thugadh sé dhom gach aon lá as dul a d'iarraidh an fhuiscí.

Idir a naoi agus a deich a chlog a thagaimís ar scoil. An Máistir Ó Duibhir a tháinig go scoil Chill Chaitiairn ina dhiaidh san, níl aon mhaidean sa mbliain, 'á mbeadh sé ag cáitheadh sneachtaidh, ná go dtéadh sé ag snámh i ngóilín a bhí in aice Bhéil a' Chrobháin ar a shlí chun na scoile dho ós na hAoraíbh.

Tadhg Ó Murchú: Ag siúl a bhíodh sé, is dócha?

Máiréad Ní Mhionacháin: Ag siúl gan dabht, agus an mháistreás comh maith. Nach aon mhaidean sa mbliain théadh sé ag snámh sa tráigh seo – Trá Chéim[e]. Théadh sé nach aon mhaidean sa mbliain ar snámh.

Tadhg Ó Murchú: Cad a bhíodh ar siúl agaibh tráthnóna t'réis na scoile?

Máiréad Ní Mhionacháin: Píosa aráin agus báisín mine coirce t'réis teacht ó scoil, sa tsamhradh. Imeacht go dtí an cnoc ansan ag féachaint i ndiaidh na n-uan agus iad a chuir isteach go cróitín a bhí déanta de chlocha, sa chnoc – iad a chuir isteach ann ón mada rua. I Leaca na nGearrcach a bhí an cróitín. Bhí leac mhór fhada leathan, agus dheineadar falla beag fúithi sin a chimeádadh na caoire, agus doras air.

Bhíodh caoire trí nó ceathair 'e thithibh istigh ann.

2. Seanascoil agus seanamháistir a bhí in 'Á Dhrom

Bhí máistir scoile thiar ansan in 'Á Dhrom, agus bhí sé ann i bhfad, agus sé an áit a raibh an scoil aige dté' thiar 'en tséipéil athá anois ann. Agus nuair a bhíodh sé ag siúl ina aonar bhíodh sé ag caint lcis féinig. Bhí sé ag mairiúint i gCeann Feadha. Ach bhíodh sé ag caint leis féinig ag gabháil an bóthar – ba dhóigh leat gur *revenue* a bheadh ag teacht.

Bhí an fear aosta[1] a bhí anso ag dul siar, lá, ag cuardach an tobac, agus bhí seisean ina choinnibh aniar agus é ag caint leis féinig . . .

'Hó, hó, hó,' a deireadh sé, '*a French penny I got.*'

Bhíodh drochphigin aige agus ní bhfaigheadh sé aon tobac ar an bpigin. Sin é a ghnó – nuair a fhágadh sé an tigh i gcónaí, ag caint leis féin. Ach bhí an séipéal beag – chuireadar leis – dheineadar níosa mhó é, agus cuireadh deireadh leis an scoil ansan.[2]

B. CÚRSAÍ POIBLÍ

1. An Post

Chaithfidís dul siar ar na hAoraíbh: ní raibh aon phost níosa chóngaraí ná na hAoraí, agus nuair a thagadh an cléireach (cléireach an tsagairt, go dtí 'Á Dhrom) na' haon Domhnach chuireadh sé tuairisc sa *Phost Office* féach an mbeadh aon leitreacha do mhuintir 'Á Dhroim, agus thugadh sé scéala chuchu ansan. Chaithfeá dul siar ar na hAoraíbh ansan fé dhéin do leitir – chaithfeá gan dabht.

C. TEACpPAILL, ROILIGÍ, SAGAIRT AGUS *STATIONS*

1. Baiste neamhcheart

Sea. Bhí cailín thoir ansan i gCaladh Ros, agus bhí sí féin agus cailín (eile) a bhíodh in aonacht léi na' haon Domhnach ag dul chun an Aifrinn, agus níor chuadar chun an Aifrinn in aon chor an Domhnach so – m'fhéidir go raibh an Domhnach go holc. An tráthnóna Domhnaigh seo gur thit sé amach, do chuaigh sí ag baint bhreibe dos na buaibh – *ryegrass*.[3] Ach bhí an cailín seo in aonacht léi, a bhíodh in aonacht léi i gcónaí, agus do bhíodar araon ag imeacht in aonacht agus do chuadar isteach go cabhlach a bhí rompu ar an slí, ag pléarác dóibh féin. Cé bhí istigh sa chabhlach roimpi ach a seanamháthair a bhí marbh le bliain roimis sin, agus d'aithin sí í. Nuair a bhí sí ag gabháil amach, d'imigh an cailín eile amach roimpi, agus nuair a bhí an cailín eile imithe labhair sí léi . . .

'Imigh ort anois,' a dúirt sí, 'agus nuair a raghair abhaile, caith an t-uisce coisreaca ort féin, agus ná caith ar an gcailín eile in aon chor é.'

Buaileadh breoite í fé thráthnóna, go donaí, agus bhí sí breoite go maith, agus cuireadh iarraidh ar an sagart. Nuair a tháinig an sagart bhí sí go donaí, agus d'inis an mháthair don tsagart cad d'imigh uirthi.

'Á,' arsa an sagart, 'ní mise a bhaist í seo, agus dá mé, n'fheicfeadh sí aon sióg.'

'Agus cé bhaist í, a athair?' arsa an mháthair.

'Sagairtín craiceáltha a bhí sa pharóiste, ach dá mise a bhaistfeadh í, n'fheicfeadh sí aon sióg.'

Well, an té ba shine dem chlainnse, a bhí sa tigh seo, an lá a baisteadh é, fear aosta ab ea é – fear muinteartha d'athair an linbh – a cuireadh ag seasamh léi, agus cailín ó Chill Chaitiairn a bhí muinteartha agam fhéin.

'An tusa,' arsa an sagart, 'athá le seasamh leis an leanbh so?' – nuair a dhruid sé isteach leis an áit go rabhthas chun í a bhaisteadh.

'Is mé, a athair,' arsa eisean (an fear aosta).

'An bhfuil do phaidreacha agat?' arsa eisean.

'Mara mbeadh go bhfuil, a athair,' arsa eisean, 'ní raghainn ag seasamh le leanbh.'

'M'fhéidir nár mhór 'uit d'theabhas,' arsa eisean (an sagart), 'agus mara bhfuil do phaidreacha agat, ná seasaimh leis an leanbh.'

2. Ag dul fé lámh easpoig
An fear a bhí anso agamsa, aon lá amháin a chuaigh a athair agus a mháthair fé lámh easpaig, agus bhíodar ocht mbliana déag. Agus bhí an séipéal lán de dhaoine aosta ag dul fé lámh easpaig an lá céanna.

3. Teampall Chill Chaitiairn (i) An cat iarainn
Cill Chaitiairn, tá ansan pictiúir an chait os cionn an fhardorais – tá sé ann go cruthanta, leis – agus aon strainséar a thagadh ann, ag féachaint ar an gcat iarainn a bhídís.

Well, dúirt seandaoine a bhí (ina gcónaí san áit) ansan go raibh an chabhlach san déanta th'réis na hoíche, agus nach aon ruainne den chabhlaigh sin, níl inti ach clocha trá: thugadar tamall éigin sa tráigh sarar thánadar ann.

4. Teampall Chill Chaitiairn (ii) Tarbh a cailleadh
Well, bhí cúpla focal eile le rá agam mar gheall ar Roilig Chill Chaitiairn. Do bhí fear i gCill Chaitiairn. Ní raibh sé rófhada ón roilig agus do bhí tarbh age, Crochúr Ó Crualaí . . . do bhí sé ina chónaí in aice na roilige. Tháinig fear le bó go dtí an tarbh, tráthnóna, agus bhí an tarbh chomh holc agus go gcaitheadh sé seo – Crowley – seasamh sa pháirc nuair a bhíodh na ba á chrú. Bhí an tarbh crostáltha, agus nach aoinne a thagadh ag triall ar an dtarbh, ní dheinidís ach an bhó a scaoileadh isteach sa

pháirc agus teitheadh leo féin – an bhó a fhágaint ansan chuige, shara dtagfadh an tarbh orthu.

Sea. Do tháinig an fear so le bó, agus chomáin sé isteach sa pháirc í agus d'imigh sé isteach sa roilig, é féin, agus níor fhéach an tarbh ar an mbó in aon chor ach do lean sé an fear isteach sa roilig: níor fhéach an tarbh ar an mbó in aon chor ach an fear a leanúint. Is cuimhin liom é (a thitim amach). Geallaim 'uit go raibh fios age an dtarbh cár imigh sé, agus lean sé é, agus nuair a chonaic sé an tarbh ag teacht, suas leis ar an gcabhlaigh. Agus bhí fuinneog sa taobh thiar 'en chabhlaigh, agus tá sí anois ann agus beidh sí go deo ann – fuinneog fada, caol, ach tá sí cuíosach ard. Isteach leis an bhfear, agus isteach leis an dtarbh ina dhiaidh: shamhlaigh an fear bocht go raibh sé *alright* ach dul isteach sa bhfuinneoig. Bhí bróga cos-lomnochta air: ní raibh aon stoca air ach na bróga. Suas leis . . . chuaigh sé sa bhfuinneoig, agus suas leis an dtarbh agus chuir sé a phus anairde féach' an bhféadfadh sé teacht air. Agus thug sé leis na bróga: strac sé lena bhéal dá chosaibh iad, agus greim age an bhfear mbocht lena lá[mha] ar na clochaibh a bhí ar an bhfuinneoig. Sea. Bhí sé ag glaoch is ag glaoch ar dh[u]ine éigin teacht ina chabhair chun é a shaoradh: ní raibh aoinne timpeall air ach an té a bhí os ár gcionn – ag glaoch air chun cabhair a thabhairt do.

Sea. Do bhí sé i dteannta, mo ghraidhin é, agus an tarbh ag teacht a d'iarraidh na gcos a dh'ithe dhe. Dhein sé suas a aigne ansan, go léimfeadh sé isteach sa chabhlaigh agus go dtabharfadh sé bóthar éigint eile air, féach' an dtiocfadh aon chabhair air.

Ba ghearr gur chuala sé an tiomáint agus an tiomáint agus an ghitheoir, agus dúirt sé leis féin ná raibh aon tseans aige ach léimeadh isteach sa chabhlaigh chun a anam agus a chorp a shaoradh. Ba ghearr gur chuala sé an tiomáint agus an tiomáint, agus an bualadh age maidíbh, agus n'fheaca sé aoinne. Ba ghearr go bhfeaca sé an tarbh ag casadh siar ón gcabhlaigh, i gcionn tamaill t'réis an bualadh agus an tiomáint agus an raicit a bheith ann. Nuair a chonaic sé an tarbh ag dul beagáinín siar ón gcabhlaigh, do léim sé anuas isteach sa chabhlaigh . . .

'Bheirim mo bhuíochas le Dia,' a dúirt sé, 'nár bhainis na cosa díom,' a dúirt sé, agus thug sé an doras thuaidh amach air, agus soir amach as an roilig. Sea. Thug sé an t-anam leis go háirithe, agus maidin amáireach nuair a ghaibh duine éinig an bóthar, do chonaiceadar an tarbh age doras na cabhlaí agus é marbh.

Bhí sé a d'iarraidh ansan – an driotháir a bhí ar an mbaile taobh leis, ina chónaí – go raghadh an driotháir in aonacht leis go gcuirfeadh sé thrí thine é (an tarbh); go mbeadh an méid sin sásaimh aige as. Ach ní raghadh an driotháir in aonacht leis.

5. Teampall Chill Chaitiairn (iii) Fé mar a scaip árthach cogaidh an taobh thuaidh de

Do tháinig árthach mór nár tháinig a leithéid riamh isteach go Cuan Chill Chaitiairn, agus thugadar seachtain ann – an t-árthach mór.

Bhí sí thiar i mbéal an Ribhéir agus í ag búirthigh, ag glaoch ar phíolóit a thabharfadh soir sa chuan í, mar ní raibh an talamh (an fharraige) róchiúin: bhí sé argánach go leor. Do tháinig píolóit féna déin, a leis, a thug soir sa chuan í, agus do fuair sé chúig puint – Tadhg Ó Laoire a bhí ar an nGoirtín – Tadhg a' Dána.

Thug sí seachtain sa chuan, ansan, an t-árthach mór so. Ó tháinig tosach an tsaoil, níor tháinig aon árthach riamh sa chuan comh mór léi. *Tadhg Ó Murchú*: Ar chuimhin leatsa í?

Máiréad Ní Mhionacháin: Ba chuimhin liom é go maith. *Well*, seachtain a thug sí sin mar árthach sa chuan nuair a chuir sí scéala siar chuige í a thabhairt siar arís, mar bhí an s(i)únta ana-chaol. Ach bhí taithí mhaith aige air (age Tadhg a' Dána). Ní raibh sé ina chónaí i bhfad ón áit go raibh an t-árthach, leis: bhí sé ar bhruach na farraige, a thigh. An lá sarar fhág sé ansan, dúirt an captaen leis teacht ar bord amáireach ar a deich a' chlog – Tadhg a' Dána. Chuaigh sé ar bord chuige (Tadhg), agus bhí sé ar bord nuair a dhein sé (an captaen) an méid atá le rá agam. Agus é siar amach as an gcuan, bhí Tadhg a' Dána ar bord uirthi, chun go gcuirfeadh sé thar an stoirm í a bhí thall is abhus.

'Cad é an saghas cabhlaí é sin ar mh'aghaidh anonn?' a dúirt an captaen le Tadhg a' Dána.

'Roilig,' arsa eisean, 'go gcuirtear na daoine síos ann.'

Cad a dhein sé ach an gunna mór a iompáil ar an roilig, agus do chur sé an taobh thuaidh . . . scaip sé an taobh amach aisti, a bhformhór, leis an ngunna. Is dócha ná raibh aon daonnaíocht ann, pé saghas é (an captaen).

Do cailleadh ar bord é sharar dhein sé aon chuan eile amach: is dócha ná raibh aon choinsias aige, ach bhí san amhlaidh.

Ó, is mó duine a dúirt … 'Bás na gcat chuige!' nuair a tháinig an scéala ar bord: bhí Tadhg a' Dána ar bord nuair a thit sé (marbh). Agus bhí bád beag age Tadhg a' Dána, tá fhios agat, chun é a thabhairt ar dtír. Ach geallaim 'uit nách ag cuimhneamh ar bhás ná ar an saol eile a bhí Tadhg a' Dána: cheap sé go gcaithfidís amach i bhfarraige é. Tá an taobh thuaidh (den chabhlaigh) ar oscailt i gcónaí: níor chuir aoinne aon lámh (ó shoin) ann.

6. Teampall Chill Chaitiairn (iv) – Uaigh an tSagairt
Tadhg Ó Murchú: An dtugtaí aon turas in aon áit i gCill Chaitiairn?
Máiréad Ní Mhionacháin: Tugaithí, ar uaigh sagairt insa roilig, istigh sa chabhlaigh, i gcúinne na cabhlaí, díreach nuair a raghfá isteach an doras. Tá dhá dhoras (anois) uirthi, ach ní raibh ach aon doras amháin uirthi i dtúis a saoil – ar an dtaobh theas a bhí an doras.

7. Clochán an tSagairt (i)
Tá ceann acu [leacht] dtaobh theas 'e chnoc anso, díreach ar n-aghaidh ó dheas, agus tá sé mar ainm ar cheann acu, Clochán a' tSagairt. Tá clochán mór cloch ann, mar a n-abaraidís an tAifreann. Tá páirc deas ann, timpeall dhá leithead an tí seo inti, go bhfuil na clocháin seo ina lár.

8. Clochán an tSagairt (ii) – Fiach ar shagartaibh
Bhí sagart thiar ansan i mBéal a' Chrobháin, sa Choill, ar feadh i bhfad. Bhíodh sé ag rith ós na Giúdaigh (na Sasanaigh).

Tá clochán thuas sa chnoc ann go mbíodh sé ag rá an Aifrinn ann. Clochán a' tSagairt a thugann siad air. *Well*, bhí sé ann nuair a rugadh an fear a bhí pósta agamsa. Chuadar siar sa Choill (leis chun é a bhaisteadh) agus bhí sé dhá mhí 'aois nuair a baisteadh é. Chuadar as san go dtíos na hAoraíbh ó Bharra Coille thuas ansan: is ann a bhíodar ina gcónaí. Ní raibh aon fhios acu cá raibh an sagart ach dul á chuardach (dul ar seans go mbeadh sé rompu). Do bhí sé imithe i bhfolach b'fhéidir i mball éigint. *Well*, thánadar abhaile agus d'imíodar amáireach agus chuadar trasna an chnoic go Baile Chaisleáin agus an leanbh acu. Sea. Fuaireadar sagart i mBaile Chaisleáin, pé scéal é. Do bhaist sé an leanbh dóibh, agus thánadar abhaile gan greim ná deoch a bhlas go dtí go dtánadar abhaile. N'fheadar ... bhí neart éigin iontu le grásta Dé (ins na seandaoine).

Ó, nár agra' Dia orainn gearán anois, a lao: tá saol maith ann seochas mar a bhí an uair sin.

Sagart na Coille a thugaidís air sin mar shagart a bhí thiar ansan i mBéal a' Chrobháin, ach nílim siúráltha cad é an ainm eile a bhí air.

9. Arán na *stations* (i)

Na sagairt a thagadh ar *station* chun na ndaoine an uair sin, nuair a shuífidís isteach chun a mbroicfeast, d'fhiarthóidís do bhean an tí an raibh aon chíste aici go raibh min ann bácáltha. Well, dá mbeadh sé aici ansan, déarfadh sí go mbeadh, agus déarfaidís léi é a theaspáint dóibh. Bheadh náire uirthi é a theaspáint dóibh ... bheadh breis mine ann. (Bheifí á chasadh le daoine fadó, 'á mbeadh arán mine buí nó arán 'micseáltha' á úsáid acu!)

Bhí sagart ar *station* sa tigh sin thuas – i dtigh Roger O'Sullivan atá anois ann – ar Barra Coille. A mháthair (gur thit an scéal amach uirthi) ... agus bhí sagart ar *station* ann. Bhídís amach ar na cnocaibh roimis sin, ag teitheadh leo féinig (na sagairt). Nuair a leog sí an broicfeast amach chuige, (dúirt sí:)

'Ní thaithníonn an broicfeast atá agam duit. ní thaithneann sé liom,' a dúirt sí, 'ach ní bhfuaireas na rudaí a theastaigh bhuaim.'

Níor thaithin na spiúna a bhí aici lei, agus do leog sí ar leataoibh cúpla ceann acu.

'Well, á ná bíodh aon náire ort mar gheall air,' a dúirt sé. 'Is minic a dh'itheas-sa na huibhe – agus mé ag aoireacht na gcaerach – le cipín froigh!'

10. Arán na *stations* (ii)

Do bhí sagairt anso do rugadh agus do beathaíodh i gCiarraí, agus do bhí cuid mhaith acu – na' haon gheil acu geall leis – agus nuair a bheidís chun a mbroicfeast ar an *station* – na sagairt – chuiridís tuairisc, nuair a bhíodh an t-arán bán á chuir ar an mbord acu, an raibh aon arán mine is plúir acu. Ach bhíos ar *station* mé fhéin agus d'fhiarthaigh an sagart do bhean an tí an raibh aon arán mine is plúir aici. Dúirt sí go raibh ach gur chun úsáid an tí ab ea é.

'Cuir anso chughamsa píosa císte dhe ar an mbord,' a dúirt sé.

'Ó, níor mhaith liom, a athair, é a chuir chughat,' a dúirt sí, 'mar tá breis mine thríd.'

'Tabhair anso chugham é,' arsa eisean.

Thug sí chuige é – gearrachístín. Do rug sé air idir a dhá láimh.

'An n-abarann tusa,' arsa eisean, 'gur arán mine buí é sin?'

'Glaoim, a athair,' arsa ise.

'Á,' arsa eisean, 'n'fheacaís aon ocras! An mbeiríonn tú an mhin bhuí ar an gcorcán ar an dtine, agus an ndeineann tú leite dhe?' arsa eisean. 'Dá mbeifeá thall i gCiarraí,' a dúirt sé, 'mar a bhfuil na Naiseanna (Muintir De Nais), is mó corcán leitean a bheadh déanta agat le mí agus gan an chuid eile den bhliain a bhac. Mara dtugairse min bhuí,' a dúirt sé, 'agus arán a dhéanamh de, dod chlainn, iompóidh siad deiliceáltha.'

Arán cabhra a thugaidís ar an 'gcáidí' anso.

---

1 íosta sa ls.

2 atsan sa ls.

3 raegrass sa ls.

4. An Duine

1. Comhartha cille
An bhfeacaís marc ar aghaidh duine a thagfadh ar an saol so? Bhí seanduine anso go raibh sé air, beannacht Dé lena anam – comhartha cille.

Ach dúradar go raibh leigheas ag lámh duine do bheadh leogaithe amach marbh; go raibh leigheas ag duine mar sin nuair a bheadh sé leogaithe amach, á thórramh; é (lámh an duine mhairbh) a chimilt don chomhartha cille – Fíor na Croise a bhaint den mharc naoi n-uaire, trí maidneacha, (go) leighisfeadh sé an comhartha cille – Fíor na Croise a bhaint den chomhartha cille. Duine a dheineadh é – mar bhíodh eagla orthu – agus beirt ná déanfadh.

2. Brat ar cheann linbh
Tadhg Ó Murchú: Is dócha gur chualaís trácht thar leanaí go mbíodh brat ar an gceann ag teacht ar an saol dóibh?
Máiréad Ní Mhionacháin: Bhíodh go maith, agus do chonac é gan dabht; agus an té go bhfeaca (air) é, tá sé thall i Meiricc.

N'fheaca ar aoinne riamh é ach ar aoinne amháin, agus neosfaidh mé dhuit anois cad a dhein an bhean a thóg de é.

Nuair a rugadh an leanbh, chonaic sí é, pé scéal é. Do bhíos-sa, leis, ann, ach níor thugas fé ndeara é. Bean 'es na comharsain ab ea í. Do thóg sí dhon leanbh é: ní raibh aon bhean chabhartha ann ach í. D'inis sí cad a bhí aici – (cad a bhí) air.

Thóg sí é agus do chuir sí ar stráinéar é agus do chuir sí an stráinéar os cionn na tine chun é a thiormú, agus dúirt sí gan aoinne beo ar an dtalamh a theacht timpeall air: bhí sé leata timpeall ar an stráinéar.

Thóg sí ina dorn é agus é leata amach – bhí sé mar a bheadh éadach beag – agus chuir sí suas os cionn na tine é.

Ar maidin amáireach, do thóg sí é agus do thug sí síos insa tseomra chun máthair an linbh é . . .

'Nuair a gheobhair trim é sin,' a dúirt sí, 'cuir isteach sa pheiliúr é féd cheann, agus ná tóg amach ar aon sórt slí an clúmh as an bpeiliúr.'
'Cad ina thaobh?' arsa an bhean.
'Is cuma dhuit,' arsa ise.
Níor thug sí aon fios di.

B. AN PÓSADH AGUS AN SAOL PÓSTA

1. Lánú phósta ag baint tosaigh dá chéile ag fágaint an tséipéil
Do bhí lánú thiar anso ar na hAoraíbh do phós – agus do bhí gáirí age an sagart an lá céanna – agus do fuair an cailín óg bhárnáil (óna muintir) insa bhaile gan tosach a thabhairt don ógánach ag fágaint an tséipéil. Ach nuair a bhíodar ag fágaint an tséipéil, do chuadar araon in achrann – ceangailte dá chéile – a d'iarraidh an doras a bhaint amach, féachaint ciacu acu a bheadh amuigh ar tosach.

2. Cosc ar mháthracha
Do chualag go maith – nár cheart don mháthair dul ar phósadh na hiníne ná an mhic; ná dul ar shocraid an chéad linbh.

3. Na *strawboys*
Ó bhídís. Bhíodh na *Strawboys* ann, leis, agus deirim leat gurb iad an spórt a bhíodh ar an bpósadh iad; agus sé tuí a bhíodh orthu, tuí cruithneacht, mar bhí sí láidir, agus ribíní ag imeacht le gaoithe. Agus bhíodh caipín déanta suas acu de thuí. Aon áit go mbíodh leanaí, thagadh scanradh orthu nuair a chídís iad: chaití iad a chuir i bhfolach. Ní cuimhin liom aon cheol a bheith acu, ach ní thagaidís isteach go ceann tamaill maith.
Tadhg Ó Murchú: An mbítí a d'iarraidh an tuí a stracadh dhíobh d'fhonn is iad d'aithniúint?
Máiréad Ní Mhionacháin: Dherú, na mná agus na cailíní, do stracaidís díobh é.
Ó, do rincidís, leis. Ó, bhíodh an captaen rompu amach, a lao ghil na gcarad. Bhíodh captaen orthu, leis.

4. An leasathair a dhíthigh an leanbh

Well, bhí feirmeoir i mball éigint fadó, agus is minic a chualag é agus ba
dheacair gan é a bheith agam (an scéal), ach nuair a imíonn sé le gaoith,
imíonn sé le gaoith.

Sea. Bhí sé pósta, agus aon leanbh amháin a bhí acu – leanbh mic –
nuair a cailleadh an feirmeoir, agus i gceann tamall aimsire t'réis é a
chailliúint do phós an bhean arís feirmeoir eile a bhí san áit. Bhí an leanbh
bliain aoise ansan agus dúirt sé leis an mnaoi (an leasathair) go
dtabharfadh sé amach fén aer é ag bhalcaereacht. Do thug sé amach é
ar a bhrollach mar seo, ar an gcapall – capall iallaite – agus thug se leis
é (go dtí) pé áit go raibh abha agus loch taobh léi – cuid den abha a bhí
ina loch. Cad a dhein sé ansan, ná – is dócha gur mhachnaimh sé ar an
leanbh a bhá sara mbeadh sé ina oidhre -- sea, do chaith sé isteach san
uisce é, an leanbh: do bhí sé i dtosach an chapaill aige chun é a dhíthiú.
Agus do dhíthigh sé é, leis . . .

'Íocfair as,' arsa an guth ag labhairt os a chionn. D'fhéach sé timpeall
agus n'fheaca sé aoinne ach chualaigh sé an guth.

'Cé íocfaidh?' arsa an fear.

'Ó,' arsa an guth, 'mac do mhic ina dhiaidh.'

'Ó,' arsa eisean, 'má théann sé comh fada leis sin, bíodh aige.'

Ach do tháinig sé thar n-ais agus d'fhiarthaigh a bhean de cár ghaibh
an leanbh:

'Cá bhfuil an leanbh?' arsa ise.

'Erú, n'fheadarsa cár ghaibh an leanbh,' a dúirt sé. 'Fuadaíodh ó
thosach an chapaill uaim é,' arsa eisean, 'agus n'fheadar cár ghaibh sé.'

'Ó, a reascail,' arsa ise, 'cuirfeadsa an garda ag triall ort,' arsa ise. 'Is
amhl' a dhíthís mo leanbh,' arsa ise.

Tadhg Ó Murchú: Ach ar tógadh ansan é?

Máiréad Ní Mhionacháin: Ó, tógadh: thóg an garda é agus cuireadh sa
phríosún é, agus nuair a bhí sé ag dul chun báis – níor mhair sé i bhfad
sa phríosún: is dócha nár thaithin sé leis . . .

'Cá bhfuil an leanbh?' a deireadh sé agus é ar leabaidh an bháis. Bhí
an leanbh ag déanamh tinnis do.

C. BREOITEACHTAÍ

1. Cnámh a tháinig amach as fear
Bhí bean thuas ansan ar Chuthaigh, i mbun an chnoic, agus chuala go raibh cnámh ina póca aici gur chuaigh sí sa talamh – cnámh a tháinig amach as rud tinn a bhí ar a fear.

2. Galar coise
Agus bhí beirt iníon sa tigh aici (age Mrs. Mehigan),[1] agus phós duine acu buachaill a tháinig ó Mheirice nó ó bhall éigint – *public house* a bhí acu.

Bhí sé pósta aici bliain – bhí sí cuíosach aosta[2] : ní raibh aon leanaí eatarthu. Ach do bhí sé seo mar bhuachaill ann, buachaill gleoite muinteartha, lán d'fhuil agus d'fheoil, agus oíche mar seo, agus é sa leabaidh, d'airigh sé rud éigint ag griubairt ar ordóig a choise. Ach ar maidin nuair a éirigh sé, dúirt sé léi nár chodail sé aon néal den oíche ag lasracha tinnis a bhí in ordóig a choise. Sea, bhí sí ag griubairt air i gcónaí, agus sin í an ordóig a chuir chun báis é. Chuaigh sé ansan go Baile Átha Cliath ach n'fhéadfaí aon leigheas a dhéanamh do.

D. AN BÁS

1. 'Sos go bás'
'Sos go bás,' agus 'sos roim bás.' Bhídís sin mar chainteanna acu, leis.

2. Lón an bháis
Agus deiridís, tá fhios agat, 'á n-íosfadh an duine breoite aon ní thar a cheart (shara gcaillfí é) . . .
    'Ó, lón an bháis,' a deiridís.
    Bhí san ráite gan dabht.

3. Déanamh na comhrann
Tadhg Ó Murchú: Cé dheineadh an chomhra anso don té a bheadh marbh?
Máiréad Ní Mhionacháin: Nach aoinne a cailltear anso le bliantaibh,

siúinéar a dheineann, ach sa tseanashaol thugaidís *handyman* leo chun í a dhéanamh – an t-adhmad a cheannach iad féin. Ní thógaidís aon díol (as an gcomhrainn a dhéanamh).

4. Na fuinneoga á n-oscailt chun an t-anam a leogaint amach
D'osclaítí na fuinneoga agus na doirse (nuair a bheadh an t-anam ag imeacht as an gcolainn).

Do bhí bean thiar i gCill Chaitiairn, agus do bhí sí, mar a duraís, ag tarrac na hanáile. Do bhí beirt mhac aici. Bhí duine acu pósta i dtigh amuigh agus bhí duine acu pósta sa tigh go raibh sí.

Bhí a mac críonna taobh léi ag cimeád an choinneal bheannaithe ina dorn sa choinnleoir, agus dúirt sé:

'Osclaíg an doras – tá sí ag tarrac na hanáile, agus leogaíg an t-anam amach.'

'Ó,' arsa bean an mhic, 'téadh an t-anam suas an simné mara dtachtfaidh an deatach e!'

Bhí gach ar bhain leis an mbean aosta ar buile chuichi i dtaobh go ndúirt sé an chaint, agus bhí sí ina bean láidir (an uair seo), agus ní raibh ach bliain idir í féin agus an bhean aosta nuair a cailleadh í féin.

5. An t-anam a chosaint ar na cointe
Anso, nuair a bheadh duine ag fáil bháis, aon bhlúirín aráin ná aon ní go mbeadh an duine breoite á úsáid (deiridís) gur cheart é a chaitheamh amach (thar doras) nuair a bheadh an duine ag fáil bháis – é a chaitheamh amach chun na gcointe a bheadh ag faire (ar) an anam, chun iad a chuir bunoscionn leis an anam– é a chaitheamh soir ó dheas chun na gcointe a bheadh ag faire ar an anam.

6. An aibíd
Níor cuireadh ar aoinne riamh é ach duine éinig a bheadh san Ord. Ach ina dhiaidh san is eile, dúirt na mná so go raibh an fios acu nách aon chabhair duit an Ord mara ndéarfá na paidreacha a bhain leis an Ord a rá maidean is tráthnóna.

7. Cosc ar chlúmh

Agus ní leogfadh aon gheil acu aon pheiliúr go mbeadh clúmh ann . . . ní cuirfí fé cheann an choirp sa chomhrainn é, ach féar: bhí cruthna éigin acu ar chlúmh na ngéanna a chuir féna gceann.

8. An corp á leogaint amach

Tadhg Ó Murchú: Cá leogtaí amach an corp anso?

Máiréad Ní Mhionacháin: Ar an raca – an suíochán – a n-aghaidh ó dheas agus a gcúl [gcosa?] ó thuaidh. Pé áit go mbeadh an suíochán roimis sin, chaithfí é a shocrú mar sin.

9. Coinnle na marbh (i)

Tadhg Ó Murchú: An raibh sé mar bhéas anso dhá choinneal déag a lasadh agus a bheith ag gabháil timpeall na leapa leo an fhaid a bheadh an duine ag fáil bháis?

Máiréad Ní Mhionacháin: Well, dá mbeifeá gairid ar aon ní, dhéanfadh (aon tsórt) coinneal an gnó. Ach aoinne ná beadh aon choinneal leis an mbás acu (coinneal bheannaithe), (deiridís) gur cheart dhá choinneal déag a bheith ar lasadh ar linn an t-anam a scarúint leis an gcorp. Chonac é sin á dhéanamh, leis, age fear: é ag gabháil timpeall agus an choinneal ina dhorn aige. (Dhéanfaí é sin) 'á mbeadh an leabaidh ó chóngar an fhalla (slí idir an leabaidh agus an falla).

10. Coinnle na marbh (ii)

Tadhg Ó Murchú: An mó coinneal a bhíodh ar lasadh ar an gclár?

Máiréad Ní Mhionacháin: Chúig coinnle don duine a bheadh san Ord, ach dhéanfadh cheithre cinn an gnó don té ná beadh.

11. Píopaí an tórraimh

Bheiridís leo i *handbasket* iad (na píopaí a bheadh spártha i ndiaidh an tórraimh) agus d'fhágaidís ar an uaigh iad. Aoinne gur mhaith leis ceann acu a thógaint ansan, ní raibh a bhac air í a thógaint.

12. Ag caoineadh na marbh

Na seandaoine fadó, nuair a cailltí iad, do bhítí ag déanamh mairin (mairbhne) dóibh. Ach do bhí fear ann agus bhí sé marbh: fear óg ab ea é, leis. Ach bhí sé pósta agus tháinig rud éigint air. Sea. Bhí a dhriofúr taobh leis, agus bhí sé ligthe amach agus bhí an driofúr ag gol agus ag gol.

Ach dúirt an driofúr . . . bhí an bhean ina suí ar an dtaobh eile 'en tigh agus ní raibh sí ag labhairt focail:

'A bhean úd thall,' arsa a dhriofúr,
'An haincitsiúir síoda,
Ná tiocfá anall,' arsa ise,
'Agus t'fhear a chaoineadh.'

'Ó,' arsa ise, 'fear a gheobhadsa,
Mara bhfuilim críonna,
Agus driothár ní bhfaighirse go deo ná choíche.
Agus caoin é!'

13. Duine a fhágaint i bhfeighil tí agus coirp
Ó, gan an corp a fhágaint ina aonar gan dabht, agus duine a fhanúint i bhfeighil an tí (nuair a imeodh an tsochraid).

14. Nithe a fhágaint sa chomhrainn
Tadhg Ó Murchú: Ar chualaís riamh aon ní a bheith á chur sa chomhrainn in aonacht leis an gcorp – píop an fhir aosta nó a mhaide nó aon ní mar sin?
Máiréad Ní Mhionacháin: Ó, ní haon díobháil aon ní áirithe (aon chomhartha speisialta) a chur sa chomhrainn a bhaineas leat. Tá haiméirín (casúr) ansan agus táim ana-aireach air, chun go gcuirfear sa chomhrainn in aonacht liom é nuair a chaillfear mé.[3]

15. Cosc ar ghol
Tadhg Ó Murchú: An raibh sé coiscithe anso aon ghol a dhéanamh os cionn an choirp ar feadh an áirithe sin aimsire t'réis an duine a fháil bháis?
Máiréad Ní Mhionacháin: Dá mbeadh aoinne aosta istigh agus go mbeadh aoinne a bhaineas leis an té a imeodh ann (go mbeadh fonn goil air), chuirtí stop leis an ngol go ceann uair a chloig. Chonac é sin á dhéanamh gan dabht.

16. An corp á thógaint amach as an dtigh

Chaithfí an t-éadach amach ar an úrlár nuair a tógfí an corp as an leabaidh. Agus na cathaoireacha a bheadh fén gcomharainn . . . nuair a tógfaí amach thar doras í, leogfaí béal fé ar an dtalamh iad nuair a thógfaí an chomhra dhíobh.

Na cosa a raghadh amach ar dtúis (in aghaidh a chos a tógtaí an corp amach thar doras).

17. Cosc ar chorp a thabhairt isteach sa tigh

Tadhg Ó Murchú: An raibh sé mar chreideamh ages na seandaoine anso, ná leogfaí corp dhuine bháite isteach sa tigh, á thórramh?

Máiréad Ní Mhionacháin: Ní dheinidís é a leis, ná aoinne lasmuigh go dtiocfadh an bás air le grásta Dé, ní tugaithí isteach sa tigh in aon chor é, ach do leagtaí amach i seomra amuigh iad.

18. Bearna na Marbh agus Pointe na Marbh

Tá sé thoir ansan, dtaobh thoir den scoil (Scoil Chaladh Rois) mar a bhfuil an *arch* (ag dul fén mbóthar), Bearna na Marbh, agus tá Pointe na Marbh soir síos uaidh (cois na farraige).

Sochraidí a bhíodh ag dul go Cill Macallóg, d'iompaídís síos ansan.

19. Paidir a deirtí ag dul isteach sa roilig

Bhíos lá ag dul isteach i sochraid i roilig (atá) thuaidh anso i mBun Áth (Roilig Chill Macallóg) agus do bhí bean in aonacht liom agus d'fhiarthaigh sí dhíom an raibh aon phaidir agam a déarfainn le haghaidh dul isteach sa roilig, agus dúrt léi ná raibh . . .

'Seasaimh ansan go fóill,' a dúirt sí.

'Cad é an paidir (speisialta),' a dúrtsa, 'ach guí orthu fé mar a dheineann nach aoinne.'

'Stad ansan go fóill,' arsa ise, 'agus neosfadsa dhuit é.'

Agus do dheineas.

'Sidé an paidir ba cheart duit a rá,' a dúirt sí, 'nuair a chuirfeá do chos thar an ngeata isteach:

Dia dhíbh agus Muire.
Do bhíobhairse[4] mar sinn-ne,
Agus beimidne mar sibhse.
Abair é sin i gcónaí,' a dúirt sí, 'agus tá sé ó údair maith agamsa.'

20. Mná ó Chill Chaitiairn á gcur i gCiarraí
Do bhíodh mná ó Chill Chaitiairn do lonnaídís i gCiarraí – cailíní óga.
Do phósaidís ann, agus níor chualag go dtugaithí aoinne acu anall chun
iad a chur nuair a fhaighdís bás.

21. Éadach na marbh
Do bhíos i láthair nuair a iarraidh seanabhean a bhí thoir ansan i mbothán
den tsagart:
    'Mhuise a athair, n'fheadar an bhfaighidh mé mo chuid éadaigh má
cuirtear im dhiaidh iad, nuair a cailltear mé?'
    'Ó, n'fheadar,' arsa eisean, 'ach b'fhearra dhuit iad a chuir ort. Níl
aon ní is fearra dhuit ná iad a caitheamh tú féin shara gcaillfear tú, ar
eagla ná faighfeá,' arsa eisean.
    Do bhí daoine i Meirice a cailleadh, ón mbaile seo (ab ea iad), agus
do chonaictheas iad, ach ní rabhas-sa tagaithe ar an mbaile an uair sin.
    [Bhí fear ann agus] do chonaic a dhriotháir buachaill [a bhí marbh] . . .
níl sé i bhfad ón mbaile seo, leis, agus d'aithin sé é. D'inis sé dá mháthair
é. D'imigh sí léi go Baile Chaisleáin Bhéarra an lá céanna agus do
cheannaigh sí culaith éadaigh do, déanta sa tsiopa, agus an chéad
Domhnach a thug sé go dtí an Aifreann iad – thug sé trí Domhnach go
dtí an tAifreann iad – agus an chéad Domhnach, an oíche sin, do chonaic
se age an dtigh é agus an t-éadach air. Agus ní raibh aon hata air, agus
níor cuireadh aon hata ina dhiaidh, mar ní chaitheadh sé é ach go fánach.
    D'imigh sí an lá san (an mháthair) agus do cheannaigh sí hata dho,
agus do cuireadh ina dhiaidh é, agus do chonaic a athair é i mball éigin
tamall ina dhiaidh san agus do bhí an hata á chaitheamh aige. B'fhé'
go bhfuil an scéal go maith acu ar an dtaobh eile le cúnamh Dé.
    Do chonaic sé ag taobh an tí é an chéad uair – an driotháir – agus é ag
teacht ó bhalcaeracht, agus ní raibh air ach drár agus léine. D'inis sé dá
mháthair é agus do bhí a mháthair ag plé leis nuair nár labhair sé leis . . .

'Ar aithnís é?' arsa ise.

'D'aithníos go maith,' arsa eisean. 'Cad ina thaobh ná haithneoinn é?' arsa eisean.

'Agus cad ina thaobh nár labhrais leis?' arsa ise.

'B'fhé' ná féadfainn é,' arsa eisean. 'Á mbeifeá féin ann, b'fhé' ná féadfá labhairt leis,' arsa eisean.

Bhí daoine i Meirice sharar fhágas Cill Chaitiairn, agus mé im thoice, agus scrídís abhaile á rá leis an muintir sa bhaile an t-éadach a chuir leo.

Bhí buachaill ann agus do scríobh sé abhaile chun a mháthar agus dúirt sé léi gur cailleadh a dhriotháir agus go bhfeiceadh sé an driotháir agus ná raibh hata ná gealeasaí air, agus pheidhre gealeasaí a cheannach do agus hata.

Do tháinig sí go Cill Chaitiairn ansan – bhí sise ina cónaí thiar i gCathair Caim – an driofúr a fuair an scéala mar gheall ar an éadach, agus tháinig sí go Cill Chaitiairn ag triall ar a máthair agus a hathair. Chuaigh sí go Cill Chaitiairn. Agus í ag gabháilt suas chun an tí, tríd an bpáirc a (bhí) ag dul chun an tí – an cosán go ngabhaidís suas – chuala sí an chasachtaigh agus an chasachtaigh. D'fhéach sí timpeall uirthi agus n'fheaca sí aoinne. Agus ní hé an fear marbh a bhí ag caint léi (an driotháir a cailleadh thall) ach driotháir di a bhí i bhfad sa talamh roimis sin. Í féin a chualag á rá. Sea. Bhí an chasachtach, an chasachtach taobh léi ag gabháilt suas an páirc, agus do stad sí san áit gur cheap sí go raibh an chasachtach ag teacht. Do labhair sí amach go dána:

'An tú Beait?' arsa ise.

'Im briathar féin,' arsa eisean, 'gur mithid duit labhairt! Nuair a raghair isteach anois,' arsa eisean, 'abair le mh'athair pheidhre gealeasaí agus hata a cheannach dom, agus ní dhéanfaidh mé a thuilleadh badarála dhíbh.'

Ní raibh sé i Meirice ach seacht lá nuair a maraíodh é (Beait), agus ag druileáil a bhí sé. Cár cuireadh é ná i mball a bhí á dhruileáil cheana, agus níor oibrigh an *fuse* ná an púdar dóibh. Agus cuireadh é seo agus fear eile ná raibh aon fhios acu ina thaobh [ag obair ann], agus do bhleaisteáil sé (do shéid an bhleaist) agus do séideadh san aer iad.

Tadhg Ó Murchú: Conas a cuirtí an t-éadach le hanam an té a cailltí?

Máiréad Ní Mhionacháin: Chonacsa á dhéanamh é, agus do dheineas féin é, mar d'imigh triúr nó ceathrar uaim.

Cuirid siad an méid éadaigh a bheadh acu á chaitheamh na' haon Domhnach – tá thios agat, a gcuid éadaigh nódh, nó pé saghas iad, ach ná beidís go holc – cuirid siad ar chathaoir dtaobh istigh 'en doras, na' haon cheann acu – na bróga, na stocaí, agus as san amach – na' haon bhalcais a bheadh orthu – an gúna, agus an haincitsiúir a bheadh ar a gceann . . . an gúna agus an cóta; an léine is an cóta is an gúna is an *jacket* – an chulaith le chéile – agus iadsan a chuir amach ar c(h)athaoir agus an t-uisce coisreaca do chrothadh ar an éadach, agus iad a chuir dtaobh amuigh 'en doras nuair a bheadh an ghrian ag dul fé – an oíche ag teacht orthu. Iad a thabhairt isteach ansan agus iad a chuir dtaobh thíos nó dtaobh thuas den doras (na cistean) agus iad a fhágaint ansan go maidean. Cuir amach dtaobh amuigh 'e dhoras ansan iad go ceann naoi nó deich 'e neomataí iad ar maidin (lá arna mháireach). Tabhair isteach iad ansan thar doras agus tóg suas ar do bhaclainn iad i dteannta a chéile, agus pé duine a chaithfidh iad, teacht dtaobh amuigh 'en doras ar a dhá ghlúin, agus iarrfaidh (loirgeoidh) sé sin iad ar dtúis . . .

'Trom iadsan ar son[5] Dé chun go mbeidh siad age (luaitear ainm an duine mhairbh) ar an síoraíocht.'

Tagann an té go mbíonn an t-éadach aige ar a ghlúinibh comh maith, le linn iad a thabhairt do. Iad a thabhairt go dtí an tAifreann ansan, agus an t-uisce coiscreaca a chaitheamh orthu ansan sa tséipéal. Táid siad á dtabhairt i mbuindlí chun an tséipéil anois . . .

'I gcomhair an Lae Dheireanaigh,' a deireadh na seandaoine: ba mhaith leo an t-éadach a chur lena n-anam.

22. Rudaí a chuir i ndiaidh an linbh

Tadhg Ó Murchú: Ar chualaís riamh go gcuirtí peainí nó sáspainín stáin sa chomhrainn in aonacht le páistí nuair a cailltí iad?

Máiréad Ní Mhionacháin: Do stopadh iad ar an gcomhrainn amhuise (ar iad a chur sa chomhrainn), ach peaintín a chuir amach ar an gclaí in aonacht le pé balcaisí beaga a bheadh acu (a bheadh á chaitheamh age an leanbh). Deireadh Máire Ní Mhurchú:

'Á, tá sí nó sé ag ól an uisce lena bhais.' (cheal an peaintín a bheith age an leanbh ar an saol eile).

Chonac é sin á dhéanamh i gCill Chaitiairn i bhfad sarar fhágas é.

Deireadh Máire Ní Mhurchú leo é a chuir amach ar an gclaí (an peaintín) istoíche Dé Sathairn nó maidean Dé Domhnaigh, agus an t-uisce coiscreaca a chaitheamh air (na balcaisí beaga éadaigh, leis, is dócha).

23. Culaith phósta á caitheamh ar shocraid

An lánú go gcaillfí duine acu, dá ba i ndán do go mbeadh sé sa tigh anois go gcaillfí an fear (ar dtúis), *well,* an bhean ansan, deiridís, an chulaith a bhí uirthi an lá a phósadar, gur cheart di é a chuir uirthi an lá do bheadh a fear á chur. Do chonac é sin: do chualag é sin, agus chonac é á dhéanamh, agus chonac an bean a dhein é.

24. An ghruaig sa tsíoraíocht

Deiridís go gcaithfeadh gach aoinne a gcuid gruaige a sholáthar nuair a raghadh sé sa tsíoraíocht, agus nuair a chuiridís sa pholl í, ní leogfadh siad d'aon bheirt a bheadh in aon bholg[6] í a chuir in aonacht sa pholl – poll ar leithligh a bheith ages gach aoinne acu.

Dúirt bean éigint gur cuireadh tuairisc uirthi (ina thaobh):

'Á,' arsa ise, 'leogaint do dhuine acu gabháil soir agus duine acu gabháil siar – leogaint dóibh dul ina rogha áit (leis an ngruaig).'

Bean aosta[7] a dúirt é sin, mar go gcaithfidh na' haoinne a chuid gruaige féinig a bhailiú sa tsíoraíocht, nó beidh siad maol, agus go mbeadh baol nuair a bheadh an ghruaig in easnamh ar dhuine acu a imeodh, go mbéarfadh sé fear eile leis.

25. Cnámha an mhairbh

Bhí fear thiar ansan ar an nDroichead (Droichead an Chapaill) agus bhí sé á chur sa roilig, agus an buachaill seo atá anso, mo mhac, Micheál, bhí cnámha ag teacht amach as an uaigh, agus chuir sé na' haon chnámh acu i dteannta a chéile. Bhí bean an fhir (mhairbh) ag féachaint air ag bailiú na gcnámha agus á mbualadh i dteannta a chéile. Sea. Nuair a cuireadh síos an corp ansan, bhíodar i dteannta a chéile aige agus chaith sé isteach lena dhá láimh iad i dteannta na comhrann. Sea. Nuair a bhí an sagart imithe agus na daoine scaipithe chaith an bhean í féin ar a dhá glúin – bean an fhir a cuireadh – agus níl aon scanradh ach a ndúirt sí de phaidreacha dho – i dtaobh a rá go raibh sé comh cúramach mar gheall ar na cnámha, thá fhios agat.

26. Tarrac an uisce
Ó, bhí sé sin mar chreideamh acu, leis (an té is déanaí a cuirfí sa teampall go mbeadh tarrac an uisce air). Tamall soir ón *gcottage* sin atá ar an dtaobh thuaidh 'e bhóthar, ar an dtaobh thuaidh den scoil (scoil Chaladh Rois), tá cloch ansan go dtugaid siad Cloch Ortin uirthi, agus aoinne a gheobhaidh soir thairis sin go Cill Macallóg go mbeidh sé ag tarrac an uisce go dtí go leanfaidh corp éigint eile soir é – fear nó bean.

E. DÉILEÁIL IDIR BHEOIBH AGUS COHAIRIBH

1. Bean gur tháinig a driofúr thar n-ais chuichi
Bhí bean fadó thuas ansan agus dúirt sí:
    'Ná tair aon oíche eile comh deireanach so anso arís, mar táimidne anso sa lá,' arsa ise.
    'Tá mórán in aonacht liomsa anois,' arsa ise, 'ach n'fhéadfása iad a fheiscint. Táimid chun gabháilt síos anois.'
    'Is minic a chaithfí a bheith amuigh deireanach,' a dúirt sí (an bhean bheo).
    'Ní haon díobháil 'uit é má thánn tú in aon ghnó, ach mara bhfuileann tú, bí istigh ar do thinteán féin ar a deich a chlog,' a dúirt sí – a driofúr ab ea í a bhí marbh roimis sin. 'Pé áit go mbeir,' arsa ise, 'bí istigh id thinteán féin ar a deich a chlog, agus ní haon díobháil 'uit a bheith amuigh go dtí san.'

2. An tslis le clos istoíche
San abhainn thiar anso (dtaobh thiar den tigh) bhítí á chlos – an tslis á oibriú san abhainn – Abha an Ghoirtín. Ó, chualadar go minic – fir a bhíodh ag teacht abhaile ó shaighneoireacht déanach san oíche, chloisidís an tslis, agus nuair a thagaidís thiar ansan ar aghaidh an uisce (ansan) ní chloisidís giúng.

F. LÚTH AGUS GAISCE

1. Bean ana-láidir

Do chonac iad. Tá fhios agam bean a bhí ar an saol an uair sin a thug mála mór fiche cloch (mine) léi. *Well*, do chonac bean a thug mála acu san ar a drom ósna hAoraíbh go Cill Chaitiairn: is dócha gur thug sí sé míle é, ag teacht i gceart air; an mála ar a drom agus téad timpeall ar a lár agus é mar mhuiciris ar a drom aici. Ó, bhí sí mór láidir: bhí croth-neart[8] i ndaoine an uair sin.

[1] Bean a raibh tigh tábhairne aici i Neidín

[2] íosta sa ls.

[3] Mar mhagadh a dúirt sí é seo – Tadhg Ó Murchú.

[4] bhíoúirse sa ls.

[5] ar sin sa ls.

[6] Cúpla, dar liom – nó beirt driothár, leis, is dócha. Níor chuimhníos ar a fhiafrú dhi cé acu – Tadhg Ó Murchú.

[7] íosta sa ls.

[8] <crobhneart

5. An Nádúr

1. Coillte sa tseanashaol

Ar 'nis aoinne dhuit anois id shiúlaibh . . . tá fhios agat cá bhfuil scoil Chaladh Rois, as san siar go Droichead 'Á Dhroim, *well*, do bhi coill ag fás insa méid sin, ó thigh na scoile go dtí an droichead atá thiar sa tsráidín, do bhí coill ag fás insa méid sin fadó. *Well*, do chuaigh fear ón dtaobh thoir – an crann ba shia suir – go dtí an crann a bhí thiar, ag siúl ó chrann go crann gan a chos a bhualadh ar an dtalamh. Níor tháinig a chosa ar an dtalamh go dtí gur tháinig sé go dtí Droichead an Chapaill, agus ní raibh aon chrann díobh san, a dúradar, ná go raibh a mbun fé thalamh in 'Á Dhrom. Ó, caitheadh iad a ghearradh, mar bhíodar i ngátar na tine: ní raibh aon áit acu go mbainfidís an mhóin.

1. Cait chrainn agus cait fhiachais

Bhíodar i gCill Chaitiairn, síos fén roilig, in aice na farraige. Do bhí scairt ansan agus do bhí an áit lán díobh. Chuireadar tine sa scairt agus do chuir san deireadh leo – na cait crainn. Dherú, a chroí, bheifeá i ndainséar t'anama acu san. Thugadh cuid acu cait fhiachais orthu. Ba mheasa na cait chrainn ná na cait fhiachais, a deiridís. Chuirfeadh madra eagla ar an gcat fiachais, ach ní chuirfeadh sé aon eagla ar an gcat crainn.

2. An mada rua

Chualag gur chuaigh fear éigint a bhí thoir ansan i gCaladh Ros ag triall ar fhear gunna a bhí sa bhall chun go gcaithfeadh sé piléar isteach sa phluais – pluais an mhada ruaidh. Bhíodh an mada rua ag déanamh damáiste air. Ach do tháinig an fear agus do scaoil sé piléar isteach sa phluais agus níor thit aon chodladh air an oíche sin, ná istoíche lá arna mháireach, ná istoíche lá arna mhanathar, ná go ceann seachtaine. Agus bhíodh sé ag titim dá chodladh, agus ag taibhreamh ar an mada rua a bhíodh sé – ag scréachaigh ar nós an mhada ruaidh. Ach do dhein a mháthair leigheas éigin do ina dhiaidh san.

C. FEITHIDÍ

1. An dairidéal
Níorbh aon chabhair 'uit an dairidéal a mharú gan an ceann a bhaint de led fhiaclaibh. Chonacsa cailín á dhéanamh, agus tá sí ina beathaidh fós – ina seanabheainín anois.

Seacht peacaí maraitheach (ded anam ab ea é a mharú): ní bheadh aon pheaca ansan ort. Is dócha ná raibh ann ach caint!

'Iné, iné, iné!' arsa an dairidéal.

6. Leigheasanna na nDaoine

A. LEIGHEASANNA AGUS LUIBHEANNA

1. Eidhneán do dhóiteán
Leanbh a dófaí, an t-eidhneán ab é a gcneasú é. É a bheiriú go maith, leis, agus é a chuir leis an ndóiteán. É a bheith ag fás in áit ná beadh aon radharc ar an bhfarraige aige.

2. An camán meall (i)
Stracaidís é in áit go mbíodh sé fada – bhíodh a fhaid sin ann – an camán meall – an áit go mbíodh sé ag fás ar thalamh mhaith méith.

Leogaidís ag sábháil é ar na failltheacha, agus do chonac á shábháil é, agus mo chroí 'on Tiarna, nár rugas ar theadhall de riamh. Nuair a bhíodh sé sábhálta trim acu, chuiridís ar tairní a bhíodh ar na bíomaí (na saileacha) é: dheinidís é a cheangal le corda.

Chuiridís ag tarrac é agus nuair a chuirfeá do cheann sa doras gheobhfá a bhalaithe istigh sa tigh – an ceamaímaighil. Is ann a bhídís á bheiriú agus á ól. Bhíodh sáspain á dhéanamh ages na tincéirí an uair sin agus chuiridís ag tarrac sa tsáspan é. Bhíodh sé go maith don té go mbeadh *decay*[1] air – teacht chuige agus é a leogaint do feochadh fén ngréin.

3. An camán meall (ii)
Sé slí go ndeinidís leis an gcamán meall, do stracaidís agus shábhálaidís go maith é agus chrochaidís fén mbíoma é (fén sail sa chistin), agus ansan nuair ba ghá é, ná (gá ag) aon chomharsa leis, é a bheiriú agus an ceann a ní leis an uisce ar maidin sara n-íosfá aon bhroicfeast. Agus bhíodar ana-bhuíoch de, aoinne a thriail é, gan dabht (mar leigheas do thinneas cinn).

4. An gabáiste
I lár baill an toir ghabáiste a bhí leigheas don cheann tinn.

5. An liocán

An craiceann a bhaint de – é a théigh agus é a bhogadh leis an dtine, agus taobh na gréine dhe a chur leis an gcneá.

6. An slándus

Ní fheadarsa an raibh aon aithne agat ar *Mhissus Mehigan* (a bhí) ar Neidín. Bhíos in aonacht léi sin, oíche – chodlas ann. Bhíos soir ann ag tabhairt turais an cúigiú lá déag d'*August*. Bhí gaol aici le fear an tí seo. Agus b'in í an oíche nár thit aoinne againn 'ár gcodladh. Ach dúirt sí ná raibh aon tinneacht (cneá nó aicíd) riamh a bhí ar siúl ar na daoinibh ná (go) raibh a chneasú san ag fás tríd an dtalamh.

'Á ngearrfá do mhéar, an cneasú (ceirí) is fearr a chuiris riamh leis – áinní a ghearrfaí le faobhar – agus sé slí a úsáidfeá é sin, dul amach agus lán de dhoirn den tslándus a stracadh a bhíodh ag fás insa bhféar agus é a thabhairt isteach. Chaithfeá – 'á ngearrfaí inniu thú – chaithfeá é a stracadh arís friseáilthe amáireach. Truipeall beag ansan ar maidin, a dúirt sí, a bhaint amach, as an méid a thabharfá isteach, agus é a chogaint id bhéal; gurbh é sin cneasú an tslánduis. Agus blúirín – oiread do mhéir (de) – a chuir ar im úr, ar a fhuaid, agus é a mheascadh. Mo lámh is m'fhocal duit go mbeadh an gearradh olc go maith nó go mbeadh sé cneasaithe i gcionn trí lá, ná beadh aon bhaol air as san amach – go raibh an t-olc imithe.

7. Cniubh

Sa chnoc a bhíodh sé. Bhíodh na buachaillí á bhaint, agus sé an áit go raibh sé ag fás i bParóiste na nAoraí, ar an dtaobh thoir de, thuas sa chnoc. Ach do bhídís á bhaint agus á chuir chun siúil – na buachaillí – agus do mheath sé. N'fheaca riamh é.

8. Cofaraí (nó companaí)

Bhí sé thiar ansan i gCeann Feadha (fear), agus bhíodh sé mar leigheas den fearsaí i gcapallaibh, agus bhí capall ana-bhacach aige – bhí trí cinn dá chosaibh bacach – agus tháinig sé anso fé dhéin an chofaraí. Do thug sé leis na rútaí agus ní raibh fear an tí seo istigh in aon chor: bhí sé ar buile i dtaobh é go léir a bhreith leis – gur mhó duine gur mhaith leo é a bheith acu ar chéad slí.

Well, áinní a bheadh tinn agat – ní bhíodh aon bhróga orthu (ar dhaoine an uair sin) agus thagadh scóladh idir na méireanna (na gcos acu) – é a bhaint (an cofaraí), agus bheadh a fhaid sin de phréamh as, agus thagaidís chuige ansan agus do ghlanaidís comh glan (le haon ní a ghlanadh riamh) é. Agus bhíodh ana-scailp dubh (de choirt) amuigh air, agus bhainidís é sin de. Agus scríobfá an (stuif) bán ansan le scian, agus bheadh sé mar a bheadh *glue*: raghadh sé in achrann id mhéireanna. *Well*, thiocfá chuige ansan agus chuirfeá le pé ní a bheadh tinn é agus d'fhanfadh sé in achrann den rud tinn go dtí go gcneasódh sé. Ó, tá ana-chneasú sa chofaraí gan dabht.

9. Luibh na habha

Bhíodh sé thiar ansan (ag fás) san abhainn – dath cróndubh a bhíodh air – agus aon drochabhras a bheadh i dtigh, máthair an té go mbeadh áinní (mar sin) air, abhar nó carabuncail, raghadh a mháthair agus stracfadh sí é seo den chloich. Agus chaithfeadh an té go mbeadh an t-abhar air teitheadh ón dtigh – glanadh amach ón dtigh. É a chuir isteach go bileog gabáiste agus é a chuir fén ngríosach – é a chuir fén dtine ag bogadh. Ó, chonac é (á dhéanamh) ach buíochas le Dia níor dheineas (féin) é, mar ní raibh aon ghátar agam leis. Luibh na habha a thugaidís air, cróndubh: ní raibh sí dubh ar fad in aon chor. Chonac í.

10. An gheárlic

Ach bhí rud ag fás . . . an gcualaís riamh trácht thar gheárlic? Deinithear fós é anso. Ina muineál a chonacsa é á chur – poillín a dhéanamh ann le *penknife* (i muineál an ghamhna – an croiceann a pholladh). Scoilthín a chuir ann – an croiceann a ghearradh agus an gheárlic a chuir ann, fé mar a bheadh sé ag fás. Do chuala daoine aosta á rá i rith mo shaoil ná raibh aon leigheas in Éirinn ab fhearr ná an gheárlic.

11. Mí-ádh ag baint le luibheanna

Chloisinn daoine á rá nár cheart duit áinní i bhfoirm luibheanna a úsáid, ná bíonn siad seansúil in aon chor a bheith á n-úsáid.

12. An ruacht

Wildfire a thugaidís ar sin – ar an ruacht. Bhíodh fuil an chait duibh acu chun teacht roimis. Chuiridís scoilth[2] i gcluais an chait agus an fhuil a bhrú amach ar sásar, agus ceairtlín éigin a thumadh sa bhfuil agus é a chuir roimis seo, nó a n-ainm a scrí roimis.

13. Cré ó thuama an tsagairt

Tadhg Ó Murchú: Ar chualaís riamh go dtugadh daoine cré ó thuama sagairt a bheadh curtha sa roilig leo, mar leigheas do rudaí tinne?

Máiréad Ní Mhionacháin: Chualag go maith, agus do chonac á dhéanamh, leis – an chré a thabhairt ón dtuama agus é a chur leis an rud a bheadh tinn. Uaigh an tSagairt . . . tá sé thiar i gCill Chaitiairn, agus tá an sagart curtha i gcúinne na cabhlaí – sa chúinne thoir-theas den chabhlaigh – agus tháinig mórán agus bheireadar leo an chré agus bhíodar sásta (buíoch di). Chaithfeá an chré a chuir thar n-ais arís.

14. Leigheas sa chré fé bhun an choill

Tá crann – tá sé i mórán áit ag fás – go bhfuil leigheas sa chré athá lena bhun – coll. Thugaidís leo an chré, agus . . . ní fheadar é sin, an gcuiridís thar n-ais é. Ní dóigh liom go gcuiridís thar n-ais an chré. Ach chualag bean á rá, a bhí thall ansan, gur thug sí léi é: tháinig rud éinig tinn ar a glúin, agus dúirt seandaoine léi an raibh aon chrann coll timpeall in aobhal, agus tháinig sí chuige seo mar chrann agus bheir sí léi an chré agus bhí sí ana-shásta leis.

15. Súmaireacht

Is cuimhin liom buachaill a chuaigh in aimsir go siopa mór go raibh min is plúr á dhíol ann, thiar ansan ar na hAoraíbh – mac driothár athar dom ab ea é – buachaill óg – agus do ghortaigh ualach éigint a bhí aige á chuir anairde ar lochta (é).

Ach do bascadh sa staighre ag dul suas é agus an mála mine ar a dhrom aige, agus do chaith sé tabhairt suas. Do ghortaíodh a cheann agus chaith sé tabhairt suas, agus driotháir domhsa a chuir sé ina ionad amach ag triall ar fhear an tsiopa.[3]

Ach tháinig sé breoite go maith agus chuaigh sé ins an óspaidéal, agus má bhí, do bhí sé breoite agus breoite go maith. Do tháinig árthach stróinséartha sa chuan – i gCuan Chill Chaitiairn – agus bhí an t-árthach ann tamall ar slí is gur chuala sé trácht thairis (ar mhárnéalach a bhí ar an árthach), agus d'fhiarthaigh sé dá athair an raibh aon dochtúir ar bord an árthaigh a dhéanfadh maitheas do: bhí aithne age fear an tí air (athair an bhuachalla). Sea. Chuaigh a athair ag triall ar an bhfear so a bhí san árthach, gur chuala sé trácht thairis, go mb'fhearr é ná aon dochtúir (agus d'inis sé a scéal do) . . .

'An bhfuil sé sa bhaile agat?' a dúirt fear so an árthaigh.

'Níl,' arsa eisean. 'Tá sé san óspaidéal i mBaile Chaisleáin.'

'Admhaím 'en tsaol,' a dúirt sé, 'go raghaidh mé chun é a fheiscint,' arsa eisean. 'Táim ag dul go Baile Chaisleáin amáireach.'

Bhí trua aige don chréatúir – don athair bocht. Chuaigh sé chun é a fheiscint agus chonaic sé é, agus bhí a cheann a dúradar . . . ná raghadh sé isteach go ceig, bhí sé chomh hathraithe sin. Lena órdú ansan, d'órdaigh sé é a thógaint as a leabaidh agus é a chuir ar bord. Thit sé sin amach agus mise im thoice. Cuireadh ar bord chuige é agus do thóg sé bosca amach as a phóca, agus cad a bhí istigh sa bhosca ach piast a bhí ina beathaidh, a dúirt an mhuintir a chonaic é.

Cuireadh an phiast . . . cuireadh pláta féna cheann agus chuir sé an phiast ar an bpláta, agus chimil sé rud éigin dá aghaidh (d'aghaidh an bhuachalla), agus d'fhuilig sé leis, an fear bocht, agus ba dheacair do é. Fágadh ansan é go dtí gur thairig an phiast cárt fola as taobh a chinn, a chualag. Agus nuair a líonadh an phiast í féin, do thagadh sí amach ar an bpláta agus d'fhágadh sí an fhuil ar an bpláta. Ach do tháinig sé suas go maith ina dhiaidh san (an buachaill).

Tadhg Ó Murchú: Ach ar chualaís trácht thar aon fhear a bhaineadh fuil as daoine?

Máiréad Ní Mhionacháin: Níorbh eolach dom aoinne mar sin a bheith ar fuaid na mball, nó má bhí níor chualag é.

16. Folaíocht ar ainmhithe

As rúmpa an eireabaill a bhainidís an fhuil as na hainmhithe, agus ghearraidís na cluasa acu. Dheinidís é sin sara dtagadh aon ghearán ar na gamhna. Chonac fear á dhéanamh – fear a bhí ábaltha ar é a dhéanamh – agus bhíodar ana-bhuíoch de.

17. Snaidhm na péiste – Leigheas ar an gceathrú ghorm

Bhí bean ann, bhí sí thiar ansan ar thaobh an bhóthair. Bhí sí ann go fairseag fónta, beannacht Dé lena hanam – Máire Ní Chonaill (ab ea í) óna fear, ach de Mhuintir Na Leamhna ab ea í nuair a bhí sí óg. Bhí siopa acu. Chonac á dhéanamh í. Naoi shnaidhm a chuireadh sí ar an gcórda i gcoinnibh an chlúimh ('I gcoinnibh an fhionnadh' leis, a deirtear 'against the grain'), i gcoinnibh an chlúimh a bhíodh tríd an ndrom ag fás, tá fhios agat. Thosnaíodh sí age an rúmpa.

Tadhg Ó Murchú: Conas a chuireadh sí an tsnaidhm suas?

Máiréad Ní Mhionacháin: Ní raibh ach breith air. Bheireadh sí ar dhá cheann an chórda agus pé ní a dheineadh sí leis na snaidhmeanna, chuireadh sí ceann an chórda tríothu, agus im briathar, go bhfeaca an gamhain (gur dhein sí leis é) ag éirí.

An cheathrú ghorm a thugaidís ar sin mar aicíd. N'fheacasa aon fhear á dhéanamh pé scéal é, ach chonac í seo á dhéanamh – aoinne go mbeadh sí taobh leo.

Tadhg Ó Murchú: An dtugaithí go dtí an tigh í chun é a dhéanamh?

Máiréad Ní Mhionacháin: (Tugaithí, ach) ní tugaithí aon chapall ná trucail féna déin. Ó, do leigheas sí mórán ainmhithe.

Ní thagadh sé ar aon ainmhí ach ainmhí maith – gamhain bliana (an cheathrú ghorm). Ní thiocfadh sé ar an gcaoladán ná ar an rud bocht go háirithe . . .

'Ná bí go maith dod ghamhain go dtí go nglanfaidh sé bliain aoise,' a deireadh na seandaoine.

18. Leigheas d'fhaithní (i)

Bhíodh sé sin mar leigheas dos na faithní. Dhéanfá an méid faithní a bheadh ar do chosa nó ar do lámha a chomhaireamh agus gheobhfá an oiread céanna púiríní beaga cloch ansan, agus iad a chuir isteach go páipéar agus an páipéar a chasadh timpeall orthu agus iad a chuir i lár an bhóthair. An chéad duine a gheobhadh an bóthar ansan agus a phiocfadh suas an páipéar, bhí sé scartha leis na faithní agus d'fhásaidís ar an nduine sin.

19. Leigheas d'fhaithní (ii)

Bhíodh sé sin mar leigheas acu, leis, dos an faithní – cúrán uisce na bprátaí. Nuair a bheadh na prátaí ag beiriú – nuair a bheidís ag tosnú ar fhriuchadh – an cúrán a bhailiú agus é a chimilt dóibh, do mheathfadh sé iad.

20. Leigheas do thinneas cinn

Do thug duine éigin liom (dom mar leigheas) roimis sin, Maidin Lae Bhealthaine sara n-éireodh an ghrian, dul amach agus cromadh ar an mbán ghlas ba ghoire dhen doras agus trí bhéalóg (den fhéar ghlas) a stracadh lem fhiacla, agus é a chogaint, agus do leogaint siar (go leigheasfadh sé an tinneas cinn). Ach do bhí an turas gealltha agam thoir (i gCeann Mara).

Bhí sé sin mar leigheas do thinneas cinn (dul amach Maidean Lae Bhealtaine, agus rl), agus an té a dhéanfadh é sin ná raghadh aon snáth in achrann air ná go réiteodh sé í. Bhíodh sé achrannach amhuise, leis, an snáth a dheinithí den líon. Ach dheineas é ar an dtinneas cinn, agus bhíos buíoch de gan dabht, neosfaidh mé an fhírinne dhuit.

21. Leigheas neamhchoitianta ar thinneas fiacail

Dá gcasfaí muc ort timpeall an tí ná in aobhal, agus go bhfeicfeá í – is minic a chonaiceamair riamh – ag tochas a deireadh ar an dtalamh; luí ar an dtalamh (agus) do cheann a chuir anuas air, san áit go bhfeicfeá an mhuc ag tochas a tóna; Fíor na Croise led bhéal a dhéanamh ar an áit, trasna thall is abhus, ná faighfeá aon tinneas fiacail go brách arís.

22. Ag tarrac na bhfiacal fadó

Tadhg Ó Murchú: Cé thairigeadh na fiacla ós na daoine anso fadó?

Máiréad Ní Mhionacháin: Ó, iad féin á dtarrac óna chéile. Chuiridís córda drae orthu. Bheifeása amuigh ansan agus do luífeá ar do neart ar an gcórda agus iad á tarrac.

Tadhg Ó Murchú: Cad a deintí leis an bhfiacail a thairigeofaí?

Máiréad Ní Mhionacháin: Blúirín den 'Aingeal'[4] a chuir ina teannta agus í a chaitheamh thar do ghualainn dheas – níor chualag aon phaidir á dhéanamh – chun iad a fhás arís thar n-ais. N'fheaca i gCill Chaitiairn in aon chor é (an t-aingeal á chaitheamh in aonacht leis an bhfiacail), ach anso – an tAingeal.

23. Ortha na fola

Bhí ortha na fola age an bhfear a bhí anso agamsa, beannacht Dé lena anam, agus chonac á dhéanamh é. Bhí sé anso, uair, agus leog sé isteach rámhann nódh chun dul ag obair léi. Leog sé ina seasamh amuigh ansan leis an bhfalla é, chun é a bhreith leis nuair a bheadh sé ag dul ag obair. Agus do bhí toice de ghearrchaile anso againn a bhí cheithre bliana aois. Chuaigh an leanbh amach – cheithre bliana a bhí sí – t'réis an rámhann a leogaint isteach. Bhí sí amuigh, agus nuair a tháinig eisean isteach rith sí isteach ina dhiaidh agus bhí sí lán d'fhuil. Leag sí an rámhann agus bhuail píc den rámhainn í suas fén sróin agus do ghearr í go daingean, leis. Do mhair an tseanabhean a bhí anso sa tigh – máthair mo chéile . . .

'An bhfuil ortha na fola agat?' a dúirt sí leis an mac. 'Do chualag go raibh.' Bheir sé go dtí an doras í agus chuir sé an ortha agus do stop an fhuil láithreach.

24. Scraith ghlas chun fuil a stop

Scraith ghlas a bhaint agus an taobh glas de a chuir leis an ngearradh, do stopfadh sé an fhuil.

25. Cúnlach chun fuil a stop

Bhíodh cúnlach, leis, acu chun fuil a stop.

26. Father Larkin agus an bhean chnámh

Father Larkin (sagart paróiste a bhí ar na hAoraíbh), thóg a chapall ceann leis, agus má thóg, do chuir sí as a drom é agus do briseadh rud éigin ina ghualainn. *Well*, do shiúlaigh sé as so, is dócha go híochtar na hÉireann – ar na hAoraíbh a bhí na sagairt ina gcónaí – ar dhochtúirí, agus ní bhfuair sé aon dochtúir ina shiúl a dhéanfadh aon mhaith do, agus ní raibh aon chneasú ag teacht ar a ghualainn.

Bhí bean i gCill Chaitiairn, máthair an chléirigh a bhí age an sagart, agus is mó plástar maith a dhein sí agus is mó drochní a chneasaigh sí, leis. Dhein sí féin an plástar agus do thug sí dá mac é – b'é an cléireach é – agus dúirt sí leis é sin a bhreith chuige agus é a chur lena ghual', agus é a chimeád lena ghual' fad a fhéadfadh sé é. Agus ní raibh puinn de aici, agus ní raibh an stuif aici a dhéanfadh é: chaithfeadh sí na' haon ní de a bheith aici do dhéanfadh é. Do dhein sí an plástar – an méid a bhí aici de – agus do chuir sí isteach go páipéar é ná raibh aon dubh ann (aon rian duibh – páipéar bán glan). Do chneasaigh sé sin an sagart, agus 'á mb'áil leat a rá gur dhíol an sagart go maith í. Chneasaigh sé an ghuala, an plástar a dhein sí.

27. Turas go dtí Old Kenmare – leigheas ar ghalar súl
Fear a bhí thoir anso[5] agus do bhí sé pósta an tríú huair agus do bhí dhá ghearrchaile aige (nuair a cailleadh an tríú bean air).

Agus ceann des na meadaracha san go mbíodh an roth orthu a bhí aige (*barrel churn*). Ach dheineadh sé féin an chuigeann agus nuair a bhíodh sí déanta chuireadh sé duine des na gearrchailí beaga i leith chughamsa ag glaoch orm chun an im a bhaint den chuiginn. Ach do tháinig duine acu anso i leith tráthnóna déanach ag glaoch orm – bhíodar ag gabháilt den chuiginn thoir – agus do ghluaisíos orm soir in aonacht léi. Ach do bhí sé deireanach san oíche san am is go raibh an chuigeann déanta – níor mhaith leis aon uisce teasaí a chuir sa bhainne. Ach bhí m'iníon chríonna in aonacht liom: bhí sí soir in aonacht liom chun bheith im chuideachta ag teacht. Ach nuair a bhí an t-im tógtha den chuiginn agam . . .

'*Come on now,*' a dúirt lem iníon, '*'Tis time for us go home – the door will be closed on us.*' – Na turaiseanna a chuir chuige mé anois.

Well, do ghluaisíomair chun teacht abhaile agus do bhí an oíche chomh ciúin agus gur dhóigh leat ná raibh aon phof gaoithe ón aer anuas, gan dabht. Agus thánamair araon gualainn ar ghualainn anoir an bóthar.[6] Agus sinn ag teacht anoir díreach mar a bhfuil an scabhat[7] thoir ansan, *well*, do tháinig siolla gaoithe agus cheapas gur chuir sé a raibh de smúit ar an mbóthar in aon charn amháin.

'Cad é sin?' a dúirt sí (an iníon).

'Áinní,' a dúrtsa.

Well, do chuaigh sé fém radharc agus do bhain sé an radharc díom.

Well, dúirt bean a bhí thiar anso, comráda mná a bhí agam – bhí sí am chómhairleach – go raibh an turas ag déanamh orainn.

N'fheicinn aon tsórt nithe – an áit go mbíodh an bhó amuigh ansan ar an bpáirc, shamhlaínn go mbíodh dhá bhó ann.

Well, do chuas ar Neidín an ceathrú lá déag d'August, do chuas agus do thugas turas ar Neidín. Chuas suas go dtí an roilig (Old Kenmare) agus do thugas an turas.

Well, nuair a bhíomair ag teacht anoir t'réis an turas a thabhairt – capall agus trucail a bhí againn – fear ón áit seo a bhí soir ag tabhairt turais agus thug sé mise agus an bhean eile seo (an comráda mná) soir chun Neidíneach – agus sinn agu teacht abhaile ó Neidín t'réis ár dturais a thabhairt um thráthnóna, do chífinn an préachán a bheadh thuas ar Chuithigh[8] agus n'fheicinn taobh an bhóthair ar mo ghabháilt soir.

---

1   Eitinn an Mhianaigh – ó bheith ag análú smúit shiliceach an mhianaigh bhíodh scámhóga na mianadóirí scrabhaite, rud a dheineadh ana-oscailte do TB agus d' aicídí tógálacha eile iad. Bhíodh an *decay* ar ana-chuid mianadóirí a thagadh abhaile ó Butte.

2   scoil sa ls. < scoilt

3   an tsíopa sa ls.

4   Luaith ón dtine – Féach l. 128

5   atso sa ls.

6   Ní raibh tigh na comharsan ach tamaillín beag soir uaithi – Tadhg Ó Murchú.

7   Séithleáinín uisce atá tamaillín soir ón dtigh – Tadhg Ó Murchú.

8   Baile atá suas ón nGoirtín, i mbun an chnoic – Tadhg Ó Murchú.

7. Ranna na hAimsire, Féilte agus Turais

A. TRÁTHANNA GO BHFUIL TÁBHACHT FÉ LEITH AG BAINT LEO

1. Lá Crosta na Bliana
Lá Crosta na Bliana, ní mhaith leo áinní a thosnú in aon chor, 'á b'é cur an gharraí é. An ceathrú lá t'réis Lae Nollag é sin.

B. NA FÉILÍ COITIANTA

1. Oíche Inide agus na 'Skellig Lists'
Bhíodh na hadharca á séideadh sara dtagadh an oíche in aon chor. Is minic a deirimís ná beadh aon adharc ar aon bhó Oíche Inide.

Ó, deiridís é – go gcaithfidís dul go dtí an Sceilg, aoinne ná pósfadh.

Bhídís ag bailiú bhuidéal ar feadh caecís sara dtagadh an oíche orthu – buidéal mór – agus chuiridís braon uisce isteach sa bhuidéal agus corc air, agus é a leogaint anuas ar an dtine ná beadh rótheasaí. Agus d'imeodh an tón as ansan, agus bheadh an buidéal mar adhairc acu.

Dherú, do thagadh scata acu ansan agus ba dhóigh leat go dtógfaidís an ceann den tigh – (go dtí tigh) aon chailín ná ógánach ná pósadh thá fhios agat – ní thagaidís go dtí aon tigh eile ach chuchu san.

The Skellig List, do bhí sé anso, leis.[1]

2. Aoine an Chéasta
Sin é d'abraidís, pé scéal é, ná cuirfeá áinní Aoine an Chéasta ach rud éigin ná bainfeá a thuilleadh an bhliain sin. Áinní a bhainfeá, bhí sé coiscithe (é a chur) gan dabht. Raghaidís sa tráigh agus bhainfidís múr, ach aon obair rámhainne ní dhéanfaidís é (Aoine an Chéasta). Na bárnaigh agus gealchnósach, thugaidís leo iad. Rud leis féinig is ea an gealchnósach go mbíodh an sliogán air – ruachain agus biorlacain.

3. An Chros Phádraig
An cipín a thabhairt dos gach aoinne agus dheinidís féin é (an chros a

chur orthu féin leis an gcipín). Saileach – níorbh aon chabhair 'uit Cros
Lae 'le Pádraig a chuir ort ach (le) saileach a bheadh ag fás. A ceann a
chuir sa tine agus é a lasadh, agus é a mhúchadh ansan, agus an chros
a chuir ar do chuislinn – ar do lámh dheas. Nach aoinne 'á dhéanamh
do féin, lem chuimhnese go háirithe.

4. Domhnach Cásca
'Domhnach na nUbh' gan dabht. Dheinidís níos mó de Dhomhnach na
nUbh ná d'Oíche Nollag. Ní itheadh aon fhear ná aon bhean ná aon
bhuachaill ná aon chailín aon ubh i rith na bliana ach Domhnach Cásca:
bhí an saol bocht, go bhfóire Dia orainn. Gheobhadh na' haon fhear sé
cinn d'uíbh Domhnach Cásca, agus cheithre cinn na mná agus na cailíní,
agus ní íosaidís leis an arán in aon chor iad ach leis na prátaí: bhíodh
na prátaí istigh acu i gcomhair na maidne chun iad a ithe leis na huíbhthe.
Is cuimhin liomsa é sin is mé im thoice, go maith.

5. Comharthaí an tsamhraidh
    Cuileann agus coll
    Trom agus cárthann:
    Fuinnseog ghlégeal
    Bhéal an átha.
Más ea, ní hiad san a bhíonn ins na' haon áit acu, mar níl siad ag fás acu.
Roim éirí gréine, sara n-éireoidh an ghrian (is ea a thugtar an samhradh
isteach). Ó, is mó duine a thugadh isteach é agus do théadh a chodladh
arís – b'fhéidir gur dheineas féin é. Chuiridís idir an clár an lochtaigh
agus an bíoma (é) agus d'fhágaidís ann iad go ceann bliana (na
craobhacha[2] glasa).
Tadhg Ó Murchú: Cad a dheinidís leis ansan i gceann na bliana?
Máiréad Ní Mhionacháin: Ó, é a chaitheamh amach. Sea, nó é a chaitheamh
sa tine á dtitidís anuas.

6. Oíche Bhealthaine
Chonac ag lasadh scotháin agus ag dul i measc na mbó iad – bhí sé sin
mar nós anso againn féinig, Oíche Bhealthaine – iad a chaitheamh i measc
na mba, san áit go mbeidís. Ó, n'fheadar gadé an bun a bhí leis.

7. Oíche Lin Seáin

Tadhg Ó Murchú: Is dócha go mbíodh an tine chnámh anso agaibh Oíche Lin Seáin?

Máiréad Ní Mhionacháin: Bhíodh, tine ná fuil anois amhuise! Tine Lae Lin Seáin, pé bun a bhí leis? Dherú, bhíodh láithreán mór agus iad á bhailiú ar feadh seachtaine, agus sé an rud a chuir stop leis, do bhíodh páistí beaga agus bhí eagla orthu go dtógfadh a gcuid éadaigh tine. Bhí láithreán mór go raibh leithead na páirce ann – cnocán mór leathan leibheáltha – thiar i gCill Chaitiairn, agus is ann a bhíodh an tine againn.

Ó, nach aoinne ag soláthar (chuichi) ar feadh seachtaine, agus m'fhéidir coicíos. Táid siad san go léir (mar nósanna) buailthe fé chois anois, a stóraigh.

Tadhg Ó Murchú: Cad é an t-ábhar tine a bhuodh á sholáthar acu?

Máiréad Ní Mhionacháin: Ó arú, toir m[h]óra d'aiteann a bhíodh bainte roim ré acu, le fada – b'fhéidir le mí – go mbídís ruadhearg ansan: b'fhuiriste tine a chuir iontu – a bhíodh ag fás ar chlathacha, agus beartanna féir agus tuí ós na gáirdíní. Aiteann is mó a bhíodh acu: bhainidís roim ré é. Tine chnámh a thugaimís air. Deireadh na seandaoine leis na daoine óga:

'An bhfuileann sibh ag bailiú i gcomhair an tine chnáimh – i gcomhair Oíche Lin Seáin?'

Chualag trácht thairis (go gcuirtí cnámh ainmhí sa tine), ach níor cuireadh áinní riamh ann lem chuimhneamh feinig ach an t-aiteann, agus is minic a bagaradh gríosach orthu i dtaobh a bheith ag tógaint na scothán as an bearnaíocha ar na ba.

Tadhg Ó Murchú: An raibh aoinne ceapaithe chun an tine a lasadh?

Máiréad Ní Mhionacháin: Ní raibh aoinne ceapaithe, ach nuair a bheadh díreach an ghrian fé, thugaidís bucaeid tine leo ós na tithibh timpeall. Dheinidís tine mhóna ar dtúis, taobh leis an dtine mhór, agus nuair a thagadh an t-am é a lasadh ansan, do bhailíodh an comhluadar agus do bhídís ag caitheamh anuas air comh tiubh agus do bhíodh lá[mha] orthu. Admhaím 'en tsaol go dtagadh na daoine aosta ag féachaint air – ar na cnocánaibh, thá fhios agat (a thagaidís).

Tadhg Ó Murchú: Is dócha go mbíodh caitheamh aimsire agaibh timpeall ar an dtine?

Máiréad Ní Mhionacháin: Ó, caitheamh aimsire, go daingean san, leis! Bhídís ag bagairt ar na daoine óga go gcaithfidís isteach sa lasair iad mara bhfanfaidís amach ón dtine – bhíodh eagla orthu go lasfadh a gcuid éadaigh, agus do lasfadh, a leis. Ó, bhíodh caitheamh aimsire acu gan dabht, agus mórán ag teacht ag féachaint orthu, leis, de dhaoinibh pósta.

Tadhg Ó Murchú: Bhíodh rince acu, is dócha?

Máiréad Ní Mhionacháin: Ó, rince – ní haon *high gates* a bhíodh acu in aon chor, mar a ghlaoidís ar na steipeanna, ach *hornpipes*, agus b'in iad na rinceoirí breátha.

Tadhg Ó Murchú: An mbíodh an *country dance* acu?

Máiréad Ní Mhionacháin: Sea. Sea. Bhíodh sé acu *alright* – an *country dance*.

Tadhg Ó Murchú: Cad a dheinidís nuair a théadh an tine in éag?

Máiréad Ní Mhionacháin: Ó, nuair a bheadh sí ag dul i dhéag (in éag), bhailidís leo ansan, agus théidís go tithe agus bhíodh rince acu – *puss music*. Bhíodh pléarác éigint acu féinig timpeall na tine, ag rince agus ag amhrán (na daoine óga).

8. Oíche Shamhna
'Oíche Shamhna, cuir do ghamhain ar nasc,' arsa an fear fadó. Lena mhac a dúirt sé é: bhí sé ag fáil bháis agus bhí sé ag tabhairt comhairlíocha do. Is minic a chualamair é, nár cheart dos na fearaibh ná na mná áinní a dhéanamh (Oíche Shamhna) ach ag paidireoireacht, go mbídís ar na maidí snamtha³ ag faire na bpaidreacha (na hanamnacha). Ó, bhíodh caitheamh aimsire anso, leis, ag cuir úll i dtobán an uisce. Is mó fliuchra a chonacsa ar bhuachaillí a bhí sa tigh seo (á dhéanamh). Ní hé sin a bhíonn anois acu ach é a chrochadh ó thairne agus breith led bhéal air. (Fadó) bhíodh an tairne curtha san úll chun é a thiomáint (shuncáil) síos fén uisce – tairne maith ramhar. Bhíodh sé sáite ann, ar slí, thá fhios agat, ná féadfá breith in aon chor air.

9. Bloc na Nollag
Ar chualaís riamh aon nath ar siúl mar gheall ar Bhloc na Nollag? Ó, bhí sé anso (mar nós). Chuireas féinig sa tine, leis, é nuair a chualag an nath ar siúl. Aon phíosa in aon chor (adhmaid) – giúiseach, bheadh sé

comh maith le bloc, mara mbeadh ann ach faid do bhróige. Leogaint do lasadh agus é a chuir amach (thar doras) ansan agus é a fhágaint amuigh go mbeadh sé fuar, fuar, fuar.

Thugaidís isteach ansan é agus chuiridís suas fén maide snamtha é, agus d'fhágaidís ansan go ceann bliana é, agus le grásta Dé ná raghadh aon tigh tré thine go mbeadh sé ann.

Bhí san amhlaidh[4] amhuise gan dabht. Cuirithí cipín éigin – gearra-chipín giúiseach (sa tine Oíche Nollag). Chuiridís i dhéag ansan é.

10. Coinnle na Nollag

Tadhg Ó Murchú: Agus ná raibh se coiscithe aon tsolas a lastaí Oíche Nollag a chur in éag ach leogaint do dó amach?

Máiréad Ní Mhionacháin: Bhí sé sin mar chosc anso, leis, amhuise gan dabht. Ó, ó thánasa anso is minic a chuirinn an c[h]oinneal i lár an úrláir agus í a fhágaint ansan ar lasadh go maidean.

11. Lá 'le Stiofáin

Well, ní fheadar conas a bhí Baile Chaisleáin, mar ní rabhas ann, ach ar na hAoraíbh bhíodh druma agus ceol acu Lá 'le Stiofáin. Do bhíodh dháréag insa gheaing a bhíodh acu Lá 'le Stiofáin, agus bhíodh eidhneán ar gach aoinne ann. Tháinig capall anso agus n'fheicfeá aon ruainne dhe (fear agus capall iallaite fé). Bhí an capall aige agus é drosáltha le cuileann agus le heidhneán agus é ag dul ó dhoras go doras agus triúr nó ceathrar eile in aonacht leis – gearragharsúin – agus níor leog aon tigh thórsa é gan scillin a thabhairt do.

Do bhí sagart paróiste, bhí sé ar na hAoraíbh Lá 'le Stiofáin, uair, agus do bhí an tiomáint agus an ceol ann, agus do bhí sé ina sheasamh age geata an tséipéil ag féachaint orthu – Father Larkin – agus tháinig sé amach ón ndoras, amach ar an mbóthar agus shiúlaigh sé suas. Bhí ard beag ann. Chuaigh sé suas ar an leibhéal, agus 'á mb'áil leatsa a rá gur rinc sé babhta *hornpipe* ann comh cliste agus do chonacaís riamh é, an sagart paróiste, agus do thug sé leathchoróin dóibh ansan.

12. Oíche na dTrí Ríthe

Féach, Oíche Nollag Bheag – ar chualaís aon ní riamh mar gheall uirthi?

Oíche na dTrí Ríthe
Deineann fíon den uisce
Agus an biorán den chuileann
Agus síoda den triopall.

Ar uair an mheánoíche, nuair a bhíonn an lá agus an oíche ag scarúint (a tharlaíonn san).

Is minic a chualag daoine á rá, sarar thánag go h'Á Dhrom riamh, chuaigh beirt ag faire an ama san oíche – beirt bhuachaillí óga – agus thugadar áraistí leo chun an t-uisce a thabhairt leo nuair a bheadh an t-uisce ina fhíon, agus dúradar ná feacathas riamh ó shoin iad. Na seandaoine a bhí ar an saol fadó a dúirt é sin.

Agus nách diail an bheart, a deireadh na seandaoine a bhí anso romhainn-ne – théidís síos go Port Láirge ag bain[t] na bprátaí. Mo ghraidhin iad, ní raibh aon tuilleamh eile acu. Agus is mó onóir a thugaidís d'Oíche Nollag Beag (ná d'Oíche Nollag Mór): ní thugaidís aon urraim d'Oíche Nollag Mór, ach Oíche na dTrí Ríthe – an mhuintir thíos [i bPort Láirge].

C. FÉILÍ ÁITIÚLA, PÁTRÚIN AGUS TURASANNA

1. Na trí triopall[5] i Loch a' Coinleáin
Tháinig saighdiúra cogaidh, thánadar ar dtír thoir i Neidín, a chualag, agus thánadar ag féachaint air (ar Loch a' Coinleáin). Is dócha nárbh haon Chaitlicí é, an saighdiúir – bhí seisear acu ann – maidean Domhnach Cásca ab ea é. Bhíodh turais á thabhairt an uair sin ann, leis, agus táthas á thabhairt i gcónaí, ach is dócha ná fuil puinn (á thabhairt anois) s(e)ochas mar a bhí.

Níl aon mhaidean Domhnach Cásca, sara n-éireodh an ghrian, ná go dtugadh dhá thriopall acu cúrsa timpeall na locha, agus aoinne a bheadh ag tabhairt an turais ar linn iad so a bheith ag gabháil timpeall (deirtí) gur turas maith ab ea é.

Cad a dhein duine 'es na saighdiúirí, nuair a tháinig na triopaill sa turas mórtimpeall, ná gur thairig sé a phiostal agus do sháigh sé síos í – pé ní (arm) a bhí ina dhorn aige – agus d'imigh an fhuil ar fuaid na locha, agus do bhí an t-uisce cróndearg ar feadh blianta ina dhiaidh san.

Théidís fé loch roimis sin, daoine a bhíodh breoite – cuirtí fé loch iad, ach greim a chimeád orthu.[6] Ach ní deintear in aon chor anois é.

Tá an triopall bacach riamh ó shoin, agus tráthnóna deireanach t'réis na gréine a dhul fé, fágann siad a mbeart agus tugann siad cúrsa na locha.

2. Ag comhaireamh na dtimpeall sa turas (i)
Na púróga (clocha beaga – deich cinn acu) a thógaint suas san áit go dtabharfá an turas. Tosnú ar na paidreacha ansan. Tógfaidh tú suas deich gcinn (de phúrógaibh). Caithfidh tú (uait) ceann acu ansan (san áit go dtosnóir an turas), agus cimeádfair na naoi gcinn. Agus geobhaidh tú timpeall ansan leis na naoi gcinn agus beidh tú ag caitheamh cinn uait i gcónaí, d'réir mar a bheir ag dul timpeall.

3. Ag comhaireamh na dtimpeall sa turas (ii)
Tá turas á thabhairt i gCeann Mara (Neidín), agus nuair a raghfá isteach sa roilig, raghair a fhaid seo soir go dtí an chabhlach san thoir sara raghair go dtí an ball ceart. Thugas-sa turas ann cúpla uair. (Beidh) deich gcinn de phúróga beaga (agat): ceann acu a chaitheamh uait mar a mbeir (san áit go dtosnóir) agus beidh tú ag gabháil timpeall go dtí go mbeidh na deich gcinn (na naoi gcinn eile) ídithe agat.

4. Turas Chinn Mara
Tadhg Ó Murchú: Cathain a bhíonn an turas so Chinn Mara ann?
Máiréad Ní Mhionacháin: An cúigiú lá déag (de Lúnasa) – Lá 'le Muire Fómhair. Tá tobar thíos ar barra na trá. Raghfá amach geata beag cúng i mbarra na trá. Tá an tobar ar leith do lá[imhe] deise, agus púicín air, agus bhíodh cupa ann formhór na haimsire i gcomhair na ndaoine a thógaint deoch.

Bhíodh fear go minic ann ag cuir na ndaoine ar a leas ná beadh eolas na háite acu (á stiúrú).

Deireadh an fear so linn nárbh aon chabhair dúinn mara mbeadh an turas tabhartha agat sara raghadh an ghrian fé: ní bheadh aon tairfe id ghnó.

Bhí an turas ana-mhaith a dúirt seanduine bacach a bhí ann . . .

'Turas maith is ea é seo, le cúnamh Dé, agus tugaíg aire d'úr bpaidreacha,' (a dúirt sé). Bhí maide croise agus maide lá[imhe] aige.

Ach do bhí uaigh sagairt mar a rabhamair ag tabhairt an turais, agus do bhí uaigh eile dtaobh thiar de go raibh lámh fir, agus na chúig méireanna ina seasamh suas, ard, agus ní raibh sé tabhartha síos ciacu sagart nó naomh é. Agus d'umhlaímís do san: cuireadh é sin i bhfios dúinn, umhlú dho san nuair a bheimís ag gabháil timpeall.

Bhí timpeall maith ann – naoi dtimpeall. Do chuas ann le tinneas cinn, agus do chuas ann agus do thugas mo thuras, agus bheirim mo bhuíochas le Dia, ní bhfuaireas ó shoin é.

Tadhg Ó Murchú: Cad iad na paidreacha a dúraís nuair a thugais turas Chinn Mara?

Máiréad Ní Mhionacháin: An Choróin Pháirteach – deichneabhar ag gabháilt timpeall – agus tá ball ann, san áit go dtosnófá (agus do) raghfá ar do ghlúinibh (ansan).

Bhí bean ó Chaladh Ros thíos ansan uair ann, agus d'fhiarthaigh sí d'fhear a bhí ann:

'Cad iad na paidreacha a abarathar, led thoil, ag gabháil timpeall anso?'

'An Choróin Pháirteach,' arsa eisean.

Ach sin mar a bhí.

5. Lady's Well

Tá ball eile ann, ansan, nuair a thiocfá anuas insa tsráid (Sráid Neidín), dhá mhíle ó Dhroichead an tSiúnta, sa taobh thuaidh 'en tsráid, go dtugann siad Lady's Well air. Ní raibh sé sin déanta suas in aon chor nuair a bhíos ag dul ann. *Well*, do tháinig bliain trim nár tháinig aon uisce sa tobar (agus) ar maidin an lae seo go raibh an turas le tabhairt ann, bhí uisce sa tobar, agus do bhí áraistí – cupaí – ann chun deoch a thógaint as an dtobar dos na' haoinne.

Ar maidin an lae seo, an chéad duine a tháinig chun an turas a thabhairt ann, do bhí an tobar trim – cailín ab ea í – agus d'inis sí don fhear a dhein suas an áit go raibh an tobar trim.

Do thug sé dhá bhocaed dóibh – do bheirt chailíní – agus dúirt sé leo dhá bhocaed fíoruisce a thabhairt leo ó thobar eile. Agus nuair a thánadar chun an tobair (beannaithe), do bhí an t-uisce rompu sa tobar! Tugaithí turas eile ansan (age Lady's Well) t'réis an turais thuas (Turas Chinn Mara) a thabhairt.

Bhí bean ann aon tráthnóna amháin (age Lady's Well) – dúrathas gur ó Chiarraí Thuaidh ab ea í – agus ní raibh aon Bhéarla aice ach Gaelainn. Bhíos féin ann, tráthnóna grod, agus bhí paidreacha aici nár chualag (a leithéid) riamh im shaol, i nGaelainn. Bhí cupa uisce aici ina láimh an thaid a bhí na paidreacha á rá aici, agus nuair a thosnaigh sí, dúirt sí:

'Déarfaidh mé Paidir Ár Slánaitheora anois díbh, a dhaoine, agus an Mháthair Ghlórmhar.'

Thug sí an bun a bhí leis (an bpaidir), ach níor thugas-sa liom é. Ó mo léir chráite, agus níor mhiste í a leogaint á rá, leis!

Seál ar trí cúinne a bhí uirthi, agus dhá haincitsiúir agus ceann acu ar a muineál agus ceann acu ar a ceann, dathúil, síoda - an ceann a bhí ar a caidhp aici.

Admhaím 'on tsaol, mara mbeadh aon turas in aon chor ort go ndéanfadh sé maitheas duit dul ag éisteacht leis na paidreacha a bhí acu – auinne go mbeadh aon choráiste acu chun iad a rá.

Ó, bhí Gaelainn aici siúd (mar bhean) gan aon *mhistake*!

6. Lá 'le Gobnait

Ar chualaís aon trácht thar Lá 'le Gobnait? Do bhí saoir ag déanamh tigh nódh thiar i gCathair Caim an aimsir sin, agus . . .

'Inniu Lá 'le Gobnait,' arsa fear acu. 'Ní chuirfeadsa aon chloch in aon tigh – ní ceart aon fhalla a dhéanamh.'

Ó, labhair fear an tí agus an chuid eile acu. Dúradar gur i mball éigin eile a bhí sé ag dul agus gur mhaith leis an obair a chur díomhaoin. Dheinidís obair an uair sin, 'á bur Fómhar é, shara bhfaighdís aon bhroicfeast.

Ach bhíodar ag argóint ar an lá, pé scéal é, dul ag obair ar an lá, agus chuadar isteach chun a mbroicfeast agus nuair a thánadar amach, ní raibh cloch insa bhfalla a bhí déanta – bhíodar á dhéanamh coicíos roimis sin – bhí gach aon chloch dá raibh curtha sa tigh ná raibh leagaithe síos go dtí an *foundation* nuair a thánadar amach. Is minic a chualag iad ag trácht thairis sin – is minic gan dabht.

'Sea anois,' arsa an fear a bhí ag iarraidh gan dul chun oibre, 'sea anois,' arsa eisean, 'níl aon ainm curtha amach orthu so ach laethanta atá naofa,' arsa eisean.

7. Turas na teorann

Bhí an turas curtha orm agam sharar chualag mar gheall ar seo (an leigheas); agus deir siad 'á gcuirfeá turas ort féin gur ceart duit é a thabhairt shara gcaillfí thú. Agus bhíodh mórán ag tabhairt turais ar an uisce na teorann – teora an dá chontae – idir an dá chontae. Thugas-sa é sin le cín tinn a bhí agam.

Tadhg Ó Murchú: Ach conas a thugais turas na teorann – an neosfá dhom cad a dheinis – gach cor a ghaibh leis an dturas – más é do thoil é?

Máiréad Ní Mhionacháin: Neosfadsa dhuit (fé) mar a hinseadh dom, agus mar a dheineas féin. D'fhágfá do thigh amach, agus ní labharfá chun aoinne beo– dá mbuailfeadh an sagart ná an Pápa leat – aon fhocal le haoinne beo ó chuirfeá do chos thar táirsigh. Raghfá amach agus raghfá san áit go mbeadh an abha (nó an sruthán) idir an dá chondae – dul síos amach sa tráigh mar a mbeadh barrataoide. Thiocfá ar do dhá ghlúinibh ansan, mar a mbeadh an barrataoide agus an [t-]uisce ag teacht anuas ann as an abhainn. Déarfá chúig paidreacha ansan – chúig 'Ár nAthair atá ar Neamh,' agus chúig 'Go mBeannaíthear Duit, a Mhuire,' agus chúig 'nGlóire,' mar onóir don uisce agus an turas a bhí agat á thabhairt, le súil go ndéanfadh sé maitheas duit. D'ólfá trí braonacha de led bhais. *Well*, thugadh cuid acu buidéilín leo – buidéilín den uisce chun é a ól sa bhaile.

Ach dúirt fear éigint a chualaigh mar gheall ar an scéal (gur cheart) an corc a chur sa bhuidéal fén uisce do bheadh agat (an buidéal a bheadh agat, an corc a chur air fén uisce nuair a bheithfeá á thógaint). Dúirt gach aoinne a ghaibh an slí riamh ná raibh aon éifeacht leis (an dturas) 'á labharfá le haoinne ó fhágfá do tháirseach féin amach go dtí go dtiocfá thar n-ais arís. Do bhí sé sin (ag gabháil) leis gan dabht. Cheapfá ansan é a thabhairt trí tráthnóna Sathairn agus trí maidean Domhnaigh (an turas) – é sin mar thuras trí huaire. Agus an riabhach lá . . . do thugas turas anso nuair a bhí mo mhac breoite, thar a cheann – agus níl aon lá (acu) ná gur bhuail fear nó bean liom, agus an riabhach gur thugas an pháirc isteach orm ag teitheadh uathu le heagla go labharfaidís liom – go mbrisfinn an acht!

8. Cnoc na hUla

Thiar ar an Mianach i mBéarra, Oíche 'le Michíl, tá áit ann go dtugann siad Cnoc na hUla air. Thugaidís turas ann Oíche 'le Michíl, agus maidean Lae 'le Michíl ansan (arís) lá arna mháireach.

Tadhg Ó Murchú: An raibh aon tobar beannaithe ann?

Máiréad Ní Mhionacháin: Is dócha go raibh. Théidís ón áit seo siar ann. Bhíodh bailiú mór ann, pé scéal é.

9. Ré Eidhneáin.

Ré Eidhneáin. Bhíodh turas ann Lá Bealthaine. Tá sé ar an dtaobh so de Bhaile Chaisleáin Bhéarra.

10. Ard na hUla

Tugaithí turas age Ard na hUla, ar an dtaobh thoir-thuaidh den chuan (Bhéil a' Chrobháin). Is dóigh liom gur Oíche 'le Bríde a tugaithí an turas ann, ach nílim siúráltha.

---

1 Ach ní raibh aon cheann – ná cuid de cheann – des na liostaí aici – Tadhg Ó Murchú.

2 cruíocha sa ls.

3 snoumtha sa ls.

4 annlaidh sa ls.

5 Triopaill luachra nó giolcaí a bhí ag fás ar imeall an locha agus a bhogadh ón bport agus a ghluaiseadh timpeall an locha ó am go ham.

6 Chloisinn m'athair ag eachtraí air sin – staiceacha cailíní, a dúirt sé, agus iad nochtaithe agen a máithreacha agus iad á dtumadh fén uisce – Tadhg Ó Murchú.

8. Piseoga agus Draíocht

1. An bhean chabhartha go raibh fios aici

Well, bhí bean thiar 'ár [n-]áitne nuair a bhíos óg agus bhí sí ag iompar linbh. Deirimse leatsa go raibh fios éigint ag cuid acu. Nuair a buaileadh breoite leis an leanbh í tháinig an bhean chabhartha ag triall uirthi – geallaim 'uit nách aon dochtúirí a bhíodh acu – agus nuair a tháinig an bhean chabhartha isteach . . .

'Conas tánn tú?' a dúirt sí.

'Táim breoite go leor,' arsa ise.

Sea. Is dócha go raibh sí breoite go leor mar do bhí beirt ann – cúpla.

'Tá cúpla agat,' arsa ise (an bhean chabhartha), ' agus tá cros i gcoinne dhuine acu – ceann acu.'

Sea. Do rugadh í, agus b'fhíor di – is dócha gur bean feasa ab ea í – gur tháinig sé go léir amach ina dhiaidh san. Bhí leanbh bunoscionn aici.

2. Máire Ní Mhurchú agus an giorré

Bhí bean anso, leis – Máire Ní Mhurchú – bhí sí thiar ansan ar na hAoraí Beaga, agus is mó oíche a thug sí amuigh, an bhean bhocht, i dteannta na ndaoine maithe. Máire Ní Mhurchú, beannacht Dé lena hanam, ana-bhean ab ea í. Ní cuimhin liomsa í, ach bhí driotháir agam – an té ba shine a bhí ann – agus é deich mbliana, do chuir mo mháthair i dteachtaireacht é, siar trí leathchnoc a bhí ann: is ann a bhí an cosán ag dul. Aintín dúinn a bhí ann. Ach do chuir sí an garsúinín siar timpeall a deich a chlog (sa lá), agus do lean an gadhar é – bíonn na gadhair i ndiaidh na ngarsún. Ach do lean an gadhar é, pé scéal é. Agus é tamall siar, do chonaic sé an giorré ag teacht amach ó fhaill a bhí ann – an Fhaill Mhór. Sea. Chonaic sé an giorré ag teacht amach ón bhfaill agus do chuir sé an gadhar ina dhiaidh agus do bheir an gadhar air agus do bhí sé á stracadh agus á stolladh. Chuaigh sé agus dhein sé a theachtaireacht, pé áit gur chuir a mháthair é, agus tháinig sé abhaile, agus t'réis dinnéir do shín sé ar an suíochán agus thit sé a chodladh. Tháinig sí isteach (a mháthair) agus d'fhiarthaigh sí dhe cad a bhí air agus dúirt sé ná feadair sé sin.

Dhein sí, is dócha, bainne a thé' dho: n'fhéadfadh sí a thuilleadh a dhéanamh do. Amáireach bhí sé go donaí, agus chuaigh sí amach ar na hAoraíbh a d'iarraidh rud éigint chuige, agus do chonaic sí an bhean so, Máire Ní Mhurchú, ach níor chuaigh sí féna déin, ach do chonaic sí ar na hAoraíbh í. Chuaigh mo mháthair siar sa tséipéal. Thug sí buidéilín léi a d'iarraidh uisce coisreaca – b'fhéidir ná raibh aon ní de istigh aici – agus casadh uirthi Máire Ní Mhurchú.

Sea . . .

'Fan ansan go fóill,' arsa ise, 'go dtiocfaidh mé amach as an séipéal.' D'aithníodar féin a chéile. 'Fan ansan go fóill go dtagfadsa amach as an séipéal,' a dúirt Máire Ní Mhurchú léi. 'Tá garsúinín breoite agat?' arsa ise.

'Tá,' arsa ise, 'ó inné.'

'Há há, tá!' arsa ise. 'Á bhfanfá go dtí amáireach bheifeá deireanach. Agus cad ina thaobh gur chuir sé an gadhar i ndiaidh an ghiorré?' arsa ise. 'Ní giorré a bhí ann ach seanabhean, agus tá sé uait anois,' arsa ise. 'Ach dein an deabhadh is mó a tháinig riamh,' arsa ise, 'go dtí go dté' tú abhaile.'

Agus dúirt sí léi rud éigint a dhéanamh do go ceann trí maidineacha, agus do dhein. Agus do chuaigh sé i bhfeabhas, agus ón lá san go dtí an lá a fhág sé Éire chun dul go dtí Meirice, níor chuir sé aon ghadhar i ndiaidh aon ghiorré.

Tadhg Ó Murchú: Nách maith a bhí fhios aici cad a bhain don gharsún.

Máiréad Ní Mhionacháin: Bhí fhios aici féin é: bhí fios aici cad a dhein sé, mar chuala sí istoíche é nuair a bhí an tromalámh[1] timpeall uirthi.

3. Máire Ní Mhurchú agus an cailín a dhein a cuid uisce sa chorcán

I gcionn seachtaine ina dhiaidh sin, bhí cailín óg sa tigh – an tigh céanna go raibh an buachaill seo ann.[2]

D'éirigh sí (as an leabaidh), amach san oíche, agus tháinig sí aníos thar doras na cistean as an rúma agus dhein sí a huisce sa chorcán, agus corcán té a bhí age an maithshlua a bhí istigh, ach n'fheaca sí aoinne.

Sea. An cailín . . . bhí cailín óg ag ligint an té amach chun an chomhluadair [na daoine maithe] a bhí sa tigh, (agus) chaith sí giuga léi agus do chuaigh an ghiuga isteach trína ceathrún, agus n'fheacaigh aoinne é go dtí gur bhain Máire Ní Mhurchú amach é – go bhfuair sí a dhua.

Sea. Chuaigh a máthair sa deireadh ag triall ar Mháire Ní Mhurchú agus 'nis sí a scéal di.

'Á, ná bí á nisint [insint] dom in aon chor!' a dúirt sí. 'Bhí bligeard iníne agat agus dhein sí an méid sin, agus bhí sí críonna a dóthain chun é a thuiscint!' arsa ise. 'Bhí sí aosta[3] a dóthain chun é a thuiscint gan é a dhéanamh. Ach tá an ghiuga a bhí age an mnaoi ag déanamh na té, tá sé istigh ina ceathrúin agus is deacair é a thabhairt amach, leis,' arsa ise. Dúirt sí leis an máthair ansan, dul sa tuile ba ghoire dhi . . . 'Agus tá luibh ansan,' arsa ise, 'ag fás ansan ar thaobh na habha, go bhfuil dath cróndubh uirthi. Tabhair leat pouits,' arsa ise, 'éadaigh, agus bain gearra-dhorn maith de – níos mó ná sáspan a bheadh dincthe. Agus ná fág aon tuairisc di in aice an tí,' a dúirt sí, 'an fhaid a bheidh tú á dhéanamh.'

Sea. Dúirt sí leis an máthair gan í a fhágaint istigh in aon chor nuair a thabharfadh sí isteach é – an luibh. Dúirt sí léi dhá bhileog mhaithe móra dhe ghabáiste a bheith istigh aici agus an luibh seo a chuir isteach sa dá bhileoig, agus an dá bhileoig a chuir isteach fén ngríosaigh, agus gan aoinne, ar a bhfeaca sí riamh, féachaint ná aon chor a chuir don tine, agus nuair a bheadh an cabáiste bog, glaoch uirthi agus a rá léi teacht isteach (an iníon) agus dul sa leabaidh.

'Nuair a bheidh sí sa leabaidh ansan,' a dúirt sí, 'cuir píosa éadaigh, bán, cuir isteach ansan é agus tabhair ag triall uirthi é, agus cuir isteach leis an áit go bhfuil an tinneas ann (é), agus cuir éadach cruaidh fáiscithe timpeall air. Tá an ghiuga ag caitheamh istigh ina ceathrúin,' a dúirt sí.

Sea (do dhein an mháthair fé mar d'órdaigh Máire Ní Mhurchú di a dhéanamh). San oíche amach d'airigh an cailín rud éigin taobh léi sa leabaidh, agus cad a bhí ann ná an ghiuga – do thug an luibh amach é – agus níor labhair sí focal chun go dtáinig an lá.

'Bí ag paidireoireach(t) anois, an fhaid a mhairfidh tú, le Máire Ní Mhurchú,' (a dúirt a máthair léi). 'Bheifeá id chré thalaimh mara mbeadh í.'

Chonaic sí sa tséipéal ansan a máthair t'réis an Aifrinn (Máire Ní Mhurchú), agus do ghlaoigh sí ar leataoibh í . . .

'Ha há!' arsa ise, 'cuir eagla anois uirthi,' arsa ise, 'agus abair léi gan a leithéid a dhéanamh go brách arís: bíodh áras i seomra na leapa aici,' a dúirt sí.

4. Máire Ní Mhurchú agus an bhean a fuadaíodh

Ó, is minic a chonaictheas na báid sí, agus an bhean feasa so a bhí ar fuaid na mball so fadó, do thug sí sin bád ó thaobh Chiarraí, á tionlac. Thug an bhean feasa cogar dá fear a bheith an oíche áirithe seo ina coinnibh féin.

'Cá mbead id coinnibh?' arsa eisean.

'Bí ar an dtaobh thuaidh de Dhroichead a' Phuillín,' arsa ise.

Sea, pé scéal é, do bhí a bhean fuadaithe agus dúirt Máire Ní Mhurchú leis go gcuirfeadh sí ina treo é.

'Cá mbeam id choinnibh?' (a dúirt a fear léi).

'Beannu ar a leithéid seo de bhall,' arsa ise, 'agus beidh mé ar an gcapall deireanach. Beidh fiche capall ann,' arsa ise – daoine a fuadaíodh thá fhios agat, 'agus cúlóg orthu, agus leog an chuid eile tharat,' arsa ise. 'Agus téire go dtí an sagart (ar dtúis) agus ná 'nis áinní d'aoinne, agus faigh uisce beannaithe uaidh, agus beir braoinín de sin i mbuidéal leat agus bíodh sé id phóca agat. Beidh do bhean ar an gcapall deireanach agus tabhair snap uirthi,' arsa ise.

Do dhein sé rud uirthi agus bhí sé ann.

'Tabhair snap uirthi agus tairig anuas í,' arsa ise.

'Is deocair é a dhéanamh,' arsa eisean, 'ach triallfaidh mé é,' arsa eisean.

Do dhein, agus do rug sé uirthi (agus do thairig sé anuas den chapall í) agus do thug sé abhaile í.

Agus do bhí sí age an Aifreann an Domhnach a bhí chughainn, agus do chonaiceamair go léir age an Aifreann í. Ach do bhí sí ana-chiúin (as san amach) – is dócha ná raibh neart aici aon fhios a thabhairt uaithi. Mhair sí le críonnacht. Chaintíodh sí le haoinne a labharfadh léi, thá fhios agat, ach ná raibh aon ruille raille aici fé mar a bheadh (age) bean eile. Istigh ansan sa Phuillín in 'Á Dhrom Istigh a bhí sí.

B. AN DROCHSHÚIL

1. Mothú

Ní mór díobh san a bhí ann le bliantaibh anois – bhíodar ann fadó gan dabht – aoinne go mbeadh aon amhras air gurbh é a luífeadh aon drochshúil ar an nduine sin: cuir i gcás is go dtiocfainnse isteach anois, mar a thánag ó chianaibh, agus go mbeifeása istigh ansan is go mbeimís ag caint. Sea. Déarfainnse leatsa[4]:

'Conas tánn tú?'

'Dherú 'se, níl aon mhaith ionam: ní bhím rómhaith ar uairibh,' (a déarfása).

Dá mbeadh aon ghearán ort ansan, pé acu ab í an mháthair í nó bean an tí, déarfadh sí (b'fhéidir):

'Ní raibh aon ghearán ort go dtí go dtáinig an fear ó chianaibh isteach. M'fhé' go b'amhl' a mhothaigh sé thú.'

Mothú a thagann ón maíomh. Sea. Chuirfí amach ansan, pé acu mac nó iníon léi a mhothófaí, ag glaoch ar an nduine sin a fhág an tigh: pé acu fear nó bean ab ea é, do cuirfí iarraidh amach ina dhiaidh agus do thabharfaí isteach é.

Chonac á dhéanamh é. Chaithfeadh sé a sheile a chaitheamh ar an nduine sin, trí huaire . . . 'in Ainm an Athar agus an Mhic agus an Spior' Naomh.'

Chonac á dhéanamh ar an mbaile seo é ó thánag ann. Fear ab ea é, thá fhios agat, do bhí sé lán d'fhuil agus d'fheoil. Agus do tháinig bean isteach . . .

'Bí amuigh leat,' arsa an bhean, nuair a tháinig sí isteach, 'agus dein gnó éigin. Is gearr ná féadfair corraí, tánn tú comh beathaithe sin!'

Agus ní dúirt sí 'Dia id' bheannachadh' ná áinní.

Buaileadh breoite é nuair a ghaibh an bhean amach. Dúirt a mháthair leis éirí agus gabháil amach agus rud éigin a dhéanamh.

'N'fhéadfainn é,' arsa eisean.

'Cad ina thaobh ná déanfá gnó?' arsa ise. 'Cad tá ort?'

'N'fheadar,' arsa eisean. 'N'fhéadfainn áinní a dhéanamh ó tháinig Peig Crowley isteach.' Cuireadh iarraidh uirthi ansan gan dabht: ní rabhadar rófhada óna chéile (an dá thigh), agus do tháinig an bhean – Peig Crowley – isteach.

'Mise a mhothaigh tú?' arsa ise.

Sea. Tháinig sí aníos – bhí sé sínte ar an suíochán – agus chaith sí trí sheile air, agus níor chualaigh aoinne ag rá aon phaidir í.

'Ó mhuise, mothú fada ort!' arsa ise. Bhí sé gan a bheith go maith ar feadh seachtaine, agus chuaigh a mháthair ag glaoch arís uirthi agus níor tháinig sí in aon chor.

Well, do chualasa bean bhocht á rá uair, anso, ná féadfaí é a dhéanamh ar aon fhear ná bean go mbeadh cuid dá shaol caite – mothú – ach go bhféadfaí é a dhéanamh ar leanbh a bheadh dealraitheach. Fuíoll baistí é sin, a dúirt fear beannaithe: ní sagart a dúirt é in aon chor, gur fuíoll baistí is ca an drochshúil – an mhuintir a sheasaimh leis (an té go mbeadh an drochshúil aige) ná dúirt na paidreacha i gceart. Níor mhaith dhuit é a fhéachaint ar do leanbh ná ar do bhó ná ar do ghamhainín, a dúirt sé. Tá sé iontu i gan fhios dóibh.

C. RUDAÍ GO LEANANN DRAÍOCHT AGUS RATH IAD

1. Rath an deataigh

Níor mhaith leo aon deatach a fheiscint acu sara n-éireodh an ghrian – sé sin Maidean Lae Bhealthaine. Bhí bean in 'Á Dhrom Istigh, agus pé ní a chualaigh sí riamh roimis sin, bhí sé aici. D'éirigh sí ar Maidean Lae B[h]ealthaine, go moch ar maidin sarar éirigh an ghrian: níor dhein sí aon tine í féin an uair sin.

Nuair a éirigh sí amach n'fheacaigh sí aon deatach in aobhal ach deatach a chonaic sí ar an dtaobh thuaidh i gCiarraí – dtaobh thiar de Sheircí. Chonaic sí deatach ansan. Ach dúirt sí:

'Rath an deataigh sin ar mo chuid imese.'

Bhí fear ag siúl an bhóthair féna bun, agus bhí sí suas ar chnocán, agus nuair a deireadh sí, 'rath an deataigh sin ar mo chuid imese,' deireadh seisean:

'A leath san agamsa.'

Ach n'fheacaigh sí ná níor chuala sí é. Sea. Do tháinig sé san aimsir gur tháinig an fear timpeall na Nollag a bhí chughainn. Agus do bhíodh mórán ime aici – feircíní. Tháinig an fear chuichi do thugadh na feircíní ime go Corcaigh, chuichi mar seo, lá. Tháinig sé isteach go tigh an bhainne in aonacht léi – carraeirí a bhíodh ag ceannach an ime uaithi . . .

'An bhfuil a thuilleadh ime agat t'réis na bliana ach an méid sin?' (a dúirt sé).

'Níor dheineas aon im,' arsa ise, 'mar ba mhaith liom.'

'Is cad d'imigh ort?' arsa eisean.

'N'fheadar,' arsa ise, 'ach níor dheineas [oi]read ime in aon chor agus ba cheart dom.'

B'in í an bhean a deireadh: 'Rath an deataigh sin ar mo chuid imese'.

Well, sara bhfuair sí bás, do 'nis sí an scéal don tsagart, agus í ar leabaidh a báis.

'Á,' arsa an sagart, 'ní raibh aon cheart agat éirí amach agus 'rath an deataigh sin ar mo chuid imese,' a rá.'

Ach tháinig sé sa tsaol gur 'nis an fear gur dhíol sé deich feircíní nár dhíol sé riamh roimis sin – gur dócha gur im duine éinig eile a bhí aige.

2. An tAingeal (i)

Well, an luaithe a bheadh sa tinteán t'réis Oíche Bhealthaine, ní chuirfí aon ghráinne di amach. Chuiridís ar oighean í agus d'fhágaidís istigh í go dtí lá arna mháireach, mar deiridís go mbíodh an tAingeal Beannaithe inti. An tAingeal Beannaithe a thugaidís ar na sméaróidí dearga.

Tadhg Ó Murchú: Ar chualaís go raibh aon leigheas i luaith na tine, ná aon bhua a bheith aici?

Máiréad Ní Mhionacháin: Níor airíos go raibh aon leigheas inti.

3. An tAingeal (ii)

Sméaróidí a bheadh sa tine, an tAingeal a thugaidís air. Deiridís, 'á siúlófá Éire agus blúirín den Aingeal a bheith id phóca, ná taobhódh aon sprid thú.' Chonac é sin á dhéanamh go minic – daoine a bheadh ag dul amach deireanach san oíche. Bean a chualag á rá, oíche a bhíomair thuas ansan i mbun an chnoic ar thórramh, agus bhí sí ag scéalthóireacht – ag déanamh cuideachta do lucht an tórraimh. Ach d'inis sí an scéal so mar gheall ar an salann – conas a tháinig an blas air – ach níor thugas liom é.

4. Seile á caitheamh ar airgead
Ó, chonac é sin á dhéanamh ar céad ní in íonais[5] na cleithe.[6] Nuair a
gheobhaidís an t-airgead, chaithidís seile air. Agus bhíodh daoine eile
nár mhaith leo áinní a dhíol Dé Luain: níor mhaith leo an t-airgead a
ligint amach Dé Luain.

5. Seamróg na gceithre gcluas
Bhí driotháir agamsa thiar i gCill Chaitiairn, beannacht Dé lena anam:
tá sé caillthe le fada: cailleadh in America é. Do fuair sé í, amhuise,
seamróg na cheithre gcluas. D'aithin sé go maith cad a bhí aige, agus
do chuir sé isteach go cruaidh fáiscithe go póca a threabhsair í – an
tseamróg. Bhí sí aige cúpla mí, agus is dócha go raibh an treabhsar i
ngátar na snáthaide chun píosa a chur air – chun é a dheisiú – agus níor
chuimhnigh sé ar an scamróig – níor chuimhnigh sé ar an seamróig a
bheith ina phóca aige. Do chaith sé chun a mháthar istoíche é chun píosa
a chuir air: bhí sé stracaithe ón rámhainn – is cuimhin liom é go maith
agus mé im thoice. Nuair a chuaigh sí ag cur píosa ar an dtreabhsar, do
chuir sí lámh sa phóca, ag cuardach cnaipí chun iad a chuir sa treabhsar,
agus do bhuail an tseamróg léi – n'fheaca sí in aon chor í – thairig sí
amach a raibh sa phóca ag cuardach (na gcnaipí). Dúirt sé ar maidin léi
an treabhsar a chaitheamh anairde ar an lochta chuige.

Ní dúirt sé aon ní go dtí gur bhraith sé an tseamróg imithe. Ní raibh
aon ruainne 'en tigh nár chuardaigh sé lena dhá láimh féach' an
bhfaigheadh sé í agus ní bhfuair.

Féach, bhí sé ráite riamh, an áit go mbéarfaí searrach óg, go raibh an
tseamróg ag fás ann. Agus b'fhíor dhóibh[7] : is ann a fuair eisean í. Ina
dhiaidh san a 'nis sé é (cá bhfuair sé í) nuair a bhí sí imithe uaidh – sa
pháirc in aice leis an dtigh. An té go mbeadh sí aige, ní baol 'á gcaillfeadh
sé céad púnt ná go bhfaigheadh sé (arís) é: más ea, ní raibh sé lamháltha
dho aon fhios a thabhairt uaidh: n'fhéadfá í a theaspáint d'aoinne ná
insint d'aoinne go raibh sí agat.

6. An maothachán
Im briatharsa go bhfeaca bean á dhéanamh – cho'las in aon an leabaidh
léi – á coisreacan féin leis (leis an maothachán).

D. PISEOGA – CEART AGUS ÉIGEART

1. Cosc ar choigilt na tine istoíche
Níor chaitheas aon luaith anuas ar mo thine riamh (í a choigilt roim dul a chodladh), ach chuirinn cúpla fód isteach fén ngríosach.

2. Cosc ar chodailt ar an raca
Tadhg Ó Murchú: Ar chualaís riamh go raibh sé coiscithe codailt ar an raca sa chistin istoíche?
Máiréad Ní Mhionacháin: Chualag, agus dúirt duine éigint ansan ná raibh aon áit ages na daoine bochta (an lucht siúil) ach an raca.

Ach dúirt Máire Ní Mhurchú leo ansan leabaidh a dhéanamh don nduine mbocht ar an úrlár agus an raca a fhágaint acu (an dream ón saol eile).

3. Cosc ar dhuine aonair
Bhí sé coiscithe duine aonair a dhul ag glaoch ar an sagart chun duine breoite istoíche, ná a d'iarraidh mná cabhartha, gan duine eile a bheith lena chois.

4. Uisce na gcos
An feaimlí do nífeadh a gcosa san uisce ag dul a chodladh – 'uisce na gcos' a thugaidís air – é sin a chaitheamh amach san oíche (agus) 'á dtiocfadh aon (droch-) ní amuigh ná féadfadh sé teacht isteach. Sara raghaidís a chodladh in aon chor do chloisidís monamar éigin lasmuigh 'e dhoras, (ag glaoch ar) uisce na gcos, iad a ligint isteach. Agus aon oíche amháin do bhí bean an tí ag dul a chodladh . . .

'A mháistreás,' arsa an chaint dtaobh amuigh 'e doras, 'ná caith uisce na gcos.'

'Tá sé caite amach agam,' a dúirt sí.

Do labhair uisce na gcos (ansan):

'Táimse caite amach anso féd chosaibh,' a dúirt uisce na gcos leis an nguth a bhí amuigh.

Ach go brách arís níor chaith sí amach uisce na gcos – d'fhág sí istigh é.

5. An t-uisce glan a bheith istigh istoíche

Dúirt Máire Ní Mhurchú é sin, beannacht Dé lena hanam, go raibh sé ceart an t-uisce a bheith istigh i gcomhair na hoíche, agus báisín nó áras a bheith taobh leis, agus an tigh (an chistin) a stobháil gan dabht. Dheininn é sin i gcónaí.

1   Is dócha gurb é atá i gceist ná gur chuala sí é nuair a bhí sí amuigh istoíche i dteannta na ndaoine maithe.

2   Tá sí ag tagairt anseo don bhuachaill nár thug a rámhainn abhaile leis [Uimh. 6, l. 64]

3   íosta sa ls.

4   liotsa sa ls.

5   únais sa ls. = ionais

6   An baighte a chaithfeá amach chun an éisc – Tadhg Ó Murchú.

7   'óibh sa ls.

9. Samhaíocht i dtaobh Nithe agus Daoine

A. AN SLUA SÍ

1. Buachaill a chuala an ceol sí istoíche
Do bhí driotháir agamsa i gCill Chaitiairn agus ní raibh sé pósta – bhí sé ina bhuachaill óg. Tosnóidh mé a thosach duit:

Do bhí máistreás scoile i gCill Chaitiairn, insa scoil atá i gCill Chaitiairn inniu, agus do bhí sí ag fanúint i dtigh mná boichte ná raibh aoinne aici ach í féin: do bhí sí ag fanúint ina teannta san.

Bhíodh comhluadar gach aon oíche acu ansan, agus bhíodh rince acu agus ceol – *puss music* – nuair a bhí an máistreás ann. Bhídís ann deireanach ansan, agus d'fhanadh sé seo [mo dhriotháir] deireanach, mar do bhí dúil ins na hamhránaibh agus sa chaitheamh aimsire aige. Thug sé athghearr air ansan ón dtigh sin chun dul abhaile, agus nuair a tháinig sé tamall den tslí – ní raibh sé rófhada – chuala sé an tiomáint is an ceol roimis. *Well,* shuigh sé anuas: bhí claí mar sin, agus steip ag dul trasna an chlaí, agus chuir sé cos leis thar an gclaí agus do shuigh sé síos ag éisteacht leis an gceol a bhí tamall bhuaidh, timpeall, is dócha, cúig nó sé de phéirsíbh. Dá gcimeádfadh sé an cosán do thagfadh sé amach díreach mar a rabhadar. Ach níor dhein: do thug sé cosán eile timpeall air.

Nuair a tháinig sé isteach sa tigh – deirthí nuair a chífeá an solas, aoinne a chífeadh áinní, go dtitfeadh sé – do bhí a mháthair sínte ar an suíochán, ag titim 'á codladh, thá fhios agat – bhí sé déanach is dócha . . .

'Tá corcán prátaí ar an dtine i gcomhair na muc chun na maidine,' a dúirt sí, 'agus tóg síos iad.'

Ní dúirt sé focal, agus d'éirigh sí ina suí agus chonaic sí é, agus cad a bhí sé ná i laige.

'Sea,' arsa ise, 'tánn tú amuigh deireanach gach aon oíche, agus tá 'á bharr agat anois!'

Níor thug sé aon fhreagra uirthi, agus d'imigh sí síos ag glaoch ar a fear: ghlaoigh sí ar a athair . . .

'Éirigh id shuí,' arsa ise. 'Tá rud éigint ar Mhicheál.'

'Cad tá air?' a dúirt sé.

'Ó, pén ní atá air,' a dúirt sí, 'is baolach gurbh é an bás é.'

'Dherú éist, éist, éist, éist!' arsa eisean.

Ón oíche sin – agus thug sé trip go Meirice ina dhiaidh san – níorbh é an buachaill céanna é. Agus phós sé, agus d'imigh sé (cailleadh é) nuair ná raibh aon choinne leis.

Tá saol eile ann, agus ní haon chabhair dúinn dúl ina shéanadh, leis. Go dtuga' Dia an slí is fearr d'ár n-anam go léir.

2. Ceol sí, báire, agus tiomáint sa tsliabh

Bhí beirt fhear ar an mbaile seo agus bhíodar ag dul go Baile Chaisleáin, agus ní raibh aon aonach ar an nDroichead (Droichead 'Á Dhroim) an uair sin. D'imíodar leo i gcuideachtain a chéile agus do bhí dhá bheithíoch age an nduine acu. Agus d'imíodar in am mhairbh na hoíche chun a bheith ó dheas in am chun an aonaigh leis na beithígh seasca. Nuair a chuadar siar ón áit go bhfuil tigh na scoile anois (Scoil 'Á Dhroim) – siar ó thigh na scoile – d'airíodar an tiomáint, agus an tiomáint, dtaobh thuaidh díobh sa tsliabh, in áit ná raibh aon tigh ach an sliabh . . .

'Gadé seo?' arsa duine acu leis an bhfear eile. 'Gadé an ceol é seo atá lastuaidh dínn?'

'Is cuma dhuit,' arsa eisean, 'tá tiomáint éigin ann agus níl aon bhaint againn leo ná aon chál againn chuchu, baochais le Dia,' arsa eisean.

Ach do bhailíodar leo agus do bhí an tiomáint ann agus an báire. N'fheacadar aon sórt díobh.

Is minic a chualag seandaoine a bhíodh ag teacht anso chun an fear aosta a bhí anso, agus do bhídís ag eachtra orthu so mar chúrsaí.

3. Liam Dhonncha agus na sióga

Bhí buachaill thiar ansan. Bhí sé pósta ar Cheann Feadha. Liam Dhonncha a thugaimís air. Bhí sé ag teacht ó bheith ag bhalcaeireacht, san oíche, agus nuair a tháinig sé aniar, tá crois thiar ansan ag iompáil síos ar leith do lá[imhe] clé, agus tá cúpla tigh thíos ansan tamall soir ón mbóthar, agus tá góilín thíos ann, i mbun an bhóthair. Nuair a bhí sé ag teacht ar an gcrois, chonaic sé an fear ina sheasamh agus é ag siúl soir agus siar. Nuair a tháinig sé air aniar, dúirt sé:

'*Good night.*'

'Fan ansan go fóill,' arsa an fear, 'tá gnó agam díot.' Sheasaimh sé ann. 'Táim anso ag faire ort le tamall,' arsa eisean, 'agus tabharfaidh mé lámh agus focal duit go gcuirfidh mé anso arís ar an láthair seo thú sara nglaofaidh aon choileach,' arsa eisean.

'Ó, ní raghaidh mé,' arsa eisean. 'Tá sé ródhéanach.'

'Ó, mo lámh agus focal duit má imíonn tú liom ná bainfidh aon ní dhuit.'

'Cad ab áil leat díom?' arsa Liam.

'Neosfaidh mé dhuit,' arsa eisean. 'Tá, báire comórtais atá againn i gCiarraí, agus tá fear eile bhuainn, agus tá bád agus chúig mhaide uirthi,' arsa eisean, 'thíos i mbun an bhóithrín mar a bhfuilimse anso anois.'

Sea. Ní raibh aon chabhair ann. N'fhéadfadh sé é a thabhairt leis – buachaill ab ea é ná raibh aon eolas aige ar bháire, (ach) ana-phléaráca ab ea é.

'Tá eagla orm,' arsa an fear, 'ná h'éireoidh sé leat go maith, agus má thagann tú liomsa anois,' arsa eisean, 'tabharfaidh mé lámh agus focal duit go gcuirfidh mé anso arís ar an láthair seo thú.'

Sea. Níor chuaigh sé in aonacht leis, pé scéal é, agus tháinig sé abhaile, agus d'inis sé dá mháthair an scéal ar maidin.

'Ó,' arsa ise, 'ní haon ionadh dhuit rud éigin a bhualadh leat. Bíonn tú amuigh ródheireanach.'

Agus do bhí cúigear nó seisear clainne aige. Istoíche lá arna mháireach, thug sé an oíche trom, breoite, agus má bhí, luigh sé chun na leapa go breoite agus an lá ina dhiaidh san do bhí sagart agus dochtúir aige agus bhí sé go donaí. Sea. Dúirt an dochtúir – pé ainm a thugaidís air:

'*He have brain fever,*' arsa eisean. Ní dúirt an sagart aon ní, agus dúirt a bhean leis an raibh áinní a shaorfadh é . . .

'Á,' arsa an sagart, 'ní ceart bheith amuigh ródheireanach.' Sin a ndúirt sé.

Cúpla oíche ina dhiaidh sin do bhí sé go donaí, agus do bhí driothár dá mháthair, bhí sé thiar age an nDroichead (Droichead 'Á Dhroim) agus tháinig sé aniar chun í a leogaint a chodladh (bhíodh sí á fhaire suas). Bhí sí cuíosach aosta[1]. Chuadar a chodladh agus d'fhan sé seo suas, agus ó chuaigh an duine deireanach acu a chodladh thosnaigh an ceol dtaobh thiar den doras thiar agus thosnaigh eisean ag rince don cheol thíos i gceann na leapa, ag teidhmeáil[2] an cheoil lena dhá chois ar cheann na leapa go raibh sé sínte ann. Chuaigh an t-úncail síos chuige . . .

'An ag rince athánn tusa don cheol atá dtaobh thiar den doras thiar?' (a dúirt an t-úncail). Níor thug sé aon fhreagra air, ach d'iontaigh sé a cheann isteach (chun an fhalla) ag gáirí.

'Há há!' a dúirt an t-úncail, 'ní baol go dtiocfadsa aon oíche eile anso ag tabhairt aire dhuit,' mar dhé, ag cuir eagla air. Sea. D'inis sé dá dhritir – an t-úncail – na' haon fhocal ar maidin.

'Tairigeoimid amach an tine,' arsa ise, 'agus cuirfimid fúithi é, agus caithfimid amach an doras thiar chuchu ar fad é,' arsa ise. Chuir sé scarta mór gáire thíos as.

Seachtain ón oíche sin a bhí sé á thórramh, slán mar a n-instear é!

4. An bhean chabhartha a tugadh isteach sa lios

Tadhg Ó Murchú: An ndíoltaí ina bpá iad – na mná cabhartha?

Máiréad Ní Mhionacháin: Ó, d'fhaighdís beagán, thá fhios agat – coróin is cheithre scilline – coróin (a fhaighdís as) lá is oíche.

Tadhg Ó Murchú: Is dócha ná raibh aon tabhairt suas mar sin i mbanaltrachas orthu, gur coráiste ar fad ab ea é?

Máiréad Ní Mhionacháin: Coráiste gan dablt. Agus m'fhéidir cuid acu ná féadfadh aon ní a thabhairt dóibh (aon phá).

Do bhí bean acu ag teacht ó Bhaile Chaisleáin Bhéarra – ní fada ó bhaile é – ag teacht go h'Á Dhrom, í féin agus bean eile – bean chabhartha. Bhíodar ansan aniar chun Droichead na mBarr – bhíodar aniar uaidh sin, tamall – um thráthnóna, agus bhí frog ag léim rompu amach ar an mbóthar, dtaobh thoir 'en ndroichead . . .

'Mhuise mo ghraidhin tú, a chréatúir,' (a dúirt an bhean chabhartha), 'do thabharfainn cabhair 'uit 'á mbeinn taobh leat.' – Do thug sí fé ndeara go raibh ál mór rudaí óga ina bolg.

B'é toil an tsaoil gur glaodh uirthi ina dhiaidh san timpeall a naoi a chlog san oíche, a dúrthas, agus tugadh isteach í mar a raibh comhthalán mór ann, daoine – go lios.

Nuair a chonaic sí gur sa lios a bhíothas á tabhairt, ní raghadh sí isteach. Tháinig bean chuichi . . .

'*Well*, do gheallais go dtiocfá,' arsa ise, 'agus nuair a thugais do gheallúint,' arsa ise, 'caithfir freagairt. Cuirfear abhaile saor sábháltha arís tú,' arsa ise.

Tháinig sí agus chaith sí dul isteach sa lios. Dhein sí a gnó agus cuireadh thar n-ais í. Tháinig bean chuichi nuair a bhí a gnó déanta . . .

'Geobhair airgead go leor anois,' a dúirt sí, 'agus ná tóg aon phigin de. Cuirfear amach arís thú, ach ar a bhfeacaís riamh ná tóg aon phigin uathu.'

Bean mhuinteartha dhi ab ea í a bhí istigh sa lios (a thug an comhairle di) – an lios san thiar ar an gCorrach (i mbun Chinn Feadha), a thit sé sin amach. Sea, gan dabht.

5. Fear breoite a chonacthas ag marcaíocht

Tadhg Ó Murchú: Agus ná deireadh na seandaoine, leis, go bhfeicithí daoine a bhíodh breoite sa leabaidh, go bhfeicithí lasmuigh iad?

Máiréad Ní Mhionacháin: Is minic a chualag é, go bhfeicithí lasmuigh iad gan dabht.

Do bhí driothár agam fhéin thiar i gCill Chaitiairn agus do chonaictheas é ag marcaíocht ar a chapall. Bhí sé breoite, agus breoite go maith, leis, agus tháinig fear an phoist anso chugham le leitir – bhíos pósta anso an uair sin – ach ní uaidh sin a fuaireas an leitir ach ó Meirice. Ach dúirt fear an phoist liom go raibh an driothár tabhartha suas chun báis age sagart agus age dochtúir.

Sea. Chuas siar (ar a thuairisc) agus nuair a chuas siar, do chuas isteach go tigh an phoist, pé scéal é, agus dúirt bean an phoist – tá sí caillthe le fada, go ndeine Dia grásta uirthi – agus do chualaigh sí gach ar chualaíos-sa anso, a chuir chun siúil mé (i.e. go raibh an driothár tabhartha suas chun báis).

'Tóg socair é,' arsa ise. 'Bréag is ea é sin,' a dúirt sí. 'Tá fear ósna hInsíbh,' a dúirt sí, 'anso ag obair ar an mbóthar agus d'fhiarthaíos de ar chuala sé áinní mar gheall ar Mhicheál Ó Mionacháin[3].'

'Sarar fhágas-sa na hInsí,' do ghaibh Micheál Ó Mionacháin tharm ar an mbóthar ar a chapall marcaíochta, agus deirimse leat go raibh siúl fé,' a dúirt sé. 'B'éigin dom tarrac isteach uaidh ar thaobh an bhóthair.'

Sea. Dúirt sé léi gur bréag a hinseadh di; gur bhuail sé leis féin agus é ar a chapall . . .

'Ach níl sé breoite go háirithe,' a dúirt sé.

Sea. Do ghluaisíos orm agus do chuas go Cill Chaitiairn agus do bhí sé breoite sa leabaidh romham, agus breoite go maith, agus do bhí an dochtúir i[n]sa rúm in aonacht leis, ó Bhaile Chaisleáin. Tháinig fear 'esna comharsain isteach, agus d'fhan sé thuas sa chistin go dtí gur tháinig an dochtúir aníos as an rúm agus do chuaigh sé síos ar a thuairisc ansan.

'Do bhíos-sa go dtíos na hAoraíbh inniu, a Mhaidhc,' a dúirt sé, 'agus do bhuailis liom agus cá rabhais ag dul?'

D'iompaigh sé isteach chun an fhalla, agus do gháirigh sé . . .

'Agus ní raibh aon eagla ort go leagfadh an capall tú.'

Ach dúirt a bhean ansan (i.e. bean an fhir bhreoite):

'Cár casadh ort é, a Phádraig?' a dúirt sí – Pádraig Ó Murchú ab ea an fear.

'I mBéal a' Chrobháin,' arsa eisean, 'agus é ag imeacht san aer, pé áit go raibh sé ag dul – ag teacht abhaile a bhí sé.'

Sea.

'Éirigh as san anois,' arsa Mac Uí Mhurchú. 'Rógaireacht athá ort,' arsa eisean. 'Bhuailis-se liom ar an mbóthar *alright*, agus do labhras leat agus do thugais freagra orm ach níor thuigeas tú,' arsa eisean.

'An bhfeacaís Peaidí Murphy inné?' arsa ise – B'in é lá arna mháireach t'réis mise a bheith siar, agus bhí sé a d'iarraidh é a chuir as an leabaidh, mar dhea. Dúirt sé go bhfeacaigh . . .

'Chonac,' arsa eisean.

'Cá bhfeacaís é?' arsa ise.

'I mBéal a' Chrobháin a casadh orm é,' arsa eisean.

'Cá rabhais ag dul,' arsa ise. 'Níor fhágais an tigh seo inné.'

'Ag bhalcaeireacht,' arsa eisean.

Maidin amáireach ansan, d'imigh sí leis an lá, nuair a ghlaoigh an coileach, a d'iarraidh uisce na dteorann do. Bhí sí a d'iarraidh an garsúinín críonna – bhí sé hocht bliana déag – bhí sí a d'iarraidh é a thabhairt léi mar chuideachtan, agus dúirt sé léi (i.e. an fear breoite) ar a bhfeaca sí riamh gan é a thabhairt léi. Is dócha go raibh a fhios aige go raibh sé féin imithe agus nár bheag san.

'Ní chuirfeadsa aon uaigneas ort,' arsa eisean.

Nuair a chuaigh sí san áit go raibh uisce na teorann, fad a bhí sí ag tógaint an uisce – bhí an buidéal fén uisce aici – chuala sí na gáirí, is na gáirí, ar an dtaobh theas di – an tiomáint agus na gáirí, mar a bheidís ag rince, a dúirt sí – an cóthalán!

Bhain sí sa tsiúl agus an braon uisce aici, ach im briatharsa nár shaor aon ní é. D'imigh sé, agus do bhí sé imithe i bhfad sarar imigh sé, mar do chonaic a thuilleadh é, mar do bhain rud éigin do agus é ag teacht ó bhalcaeireacht, istoíche.

Táid siad ann, leis, pé saghas iad (an dream aerach). Diúlthaimid dóibh.

B. PÚCAÍ AGUS SPRIDEANNA

1. Buachaill a cuireadh amú Oíche Choille

Bhí buachaill anso agamsa agus bhí sé amuigh Oíche Choille. *Well*, bhí sé amuigh deireanach, agus deireanach, agus bhí ionadh mo chroí orm cad a bhí á chimeád, mar nárbh aon réic é, ach bhí guth aige a thógfadh na mairbh, bhí sé comh breá san.

Bhíos isteach is amach fea' na hoíche go dtí go raibh sé, is dócha, an dó dhéag, agus ní raibh sé ag teacht.

Níl aon bhóthar a thabharfadh sé air ná go leanfadh an gadhar é, pé scéal é, roimis sin. Bhíos im shuí ar chathaoir nó ar fhuarma cois na tine, t'réis bheith amach. Thánag isteach, agus tháinig an gadhar isteach agus do tháinig sé aníos taobh liom agus thosnaigh sé ar bheith ag 'hu, hu, hu, hu' aige taobh liom, agus é ag féachaint orm. Sea. Bhuail sé síos thríd an urlár, an gadhar, agus chuaigh sé comh fada leis an dtáirsigh, agus d'fhéach sé isteach agus é ag únlaigh[4].

'*Well now, boy, you know where he is,*' a dúrtsa.

Ghluais sé air agus leanas é agus do thug sé san áit mé go raibh sé, agus cá raibh sé ach sínte i ndíg agus an t-uisce os a chionn. Agus b'é an chéad rud a dheineas breith ar choiléar air, féach' an raibh a choiléar dúnta, agus ní raibh. Bhí sé oscailte air. Bhí cead anál aige: is dócha mb'fhé' nárbh fholáir do é. Sea. Bhíos ag plé leis ansan . . .

'Faire fút,' arsa mise, 'nó cad d'imigh ort?' arsa mise.

'Ó, a mháthair, a chroí,' a dúirt sé, 'leog an méid sin liom. Is amhl' a cuireadh amú mé agus n'fheadar cá rabhas. *Well*, fad a bhead beo ar an dtalamh so n'fheicfir ar an gcuma gcéanna mé. Pé ní a chuir amú mé, cuireadh amú mé,' arsa eisean.

Well, d'fhanas ansan ina theannta go ceann tamaill chun gur tháinig sé chuige féin, agus do shiúlaíomair aníos an scabhat atá thoir ansan chun gur thánamair chun an tí, agus im briatharsa nár dhein sé aon mhoill ach an leabaidh a bhaint amach – ná tógfadh sé deoch ná greim. Sea. Amáireach a dúirt sé an méid seo:

'An rabhais síos chun an bhóthair,' a dúirt sé, 'ó thit an oíche? *Well*,' a dúirt sé, 'bhí bean éigint ann: bhí bean i bhfad ina seasamh dtaobh amuigh dhíom ar an mbóthar,' arsa eisean, 'agus níor dheineas amach gur tusa a bhí ann, mar bhí clóca uirthi,' arsa eisean.

Agus do bhí bean thoir ansan ina cónaí ar an dtaobh theas 'en bhóthar agus thagadh sí anso gach aon oíche saoire, agus nuair a tháinig sí isteach – sarar thit sé seo amach ab ea é:

'Agus mé ag teacht i leith anois,' arsa ise, 'an bóthar, do chonac bean agus clóca uirthi agus a drom leis an gclaí,' arsa ise, 'agus níor aithníos in aon chor í,' arsa ise. 'Do labhras,' arsa ise, 'ach níor labhradh chugham.' Bhí sí t'réis teacht anso isteach. *Well*, dúirt sí ansan: 'Ní haon bhean saoltha a bhí ann.' Ina dhiaidh san do ghaibh mo mhacsa ann. 'Agus do labhras dhá uair chuichi,' arsa ise, 'agus níor thug sí aon threagra orm, agus do bhí clóca uirthi,' arsa ise, 'agus do bhí caidhp bhán ar a ceann.'

Do bhí sé grod san oíche. *Well*, ansan istoíche amáireach thug sí an cóngar uirthi ag teacht chun an tí: níor ghaibh sí an bóthar in aon chor. *Well*, ina dhiaidh san, na buachaillí a bhí ag dul go dtí an droichead siar, Oíche Choille, is dóigh liom, agus san áit chéanna go bhfeacaigh sise an bhean do bhí bléas tine ann – ar an láthair chéanna. Agus ar maidin nuair a éirigh sé – duine 'es na buachaillí a bhí ann – do tháinig sé anoir féachaint an raibh rian na tine ann, ach ní raibh.

2. Cailín a ardaíodh san aer

Bhí bean thiar ansan i gCill Chaitiairn, agus is dócha ná fuil sé thar dachad blian ó shoin, agus bhí beirt chailíní mbeag aici, timpeall a ceathair déag agus a cúig déag. Chuir sí ag aoireacht na mba iad, tráthnóna Domhnaigh. Dúirt sí léi féin (ansan) go rabhadar fada go leor ann – na ba – agus go nglaofadh sí orthu (ar an dá ghearrchaile) iad a chasadh amach as agus iad a thabhairt abhaile: bhí smut den pháirc curtha. Chuaigh sí amach ar an gclaí, tamaillín ón dtigh, in áit go raibh radharc aici ar na cailíní a bhí ag aoireacht na mba agus ghlaoigh sí orthu na ba a chomáint amach. Agus a linn sin do chonaic sí duine acu ag éirí den talamh agus ag dul anairde san aer comh fada lena radharc . . .

'A Dhia mhóir,' a dúirt sí, agus tháinig scáthshúilí uirthi, a dúirt sí. Im briathar gur chualag á rá í, an mháthair.

Sea. Do tháinig sí isteach agus do 'nis sí a scéal istigh: do bhí fear aosta agus bean aosta sa tigh. Dherú, dúradar gur rámhail éigin a bhí uirthi – conas a raghadh sí anairde san aer.

'Ó, do chuaigh,' a dúirt sí.

'Agus ar tháinig sí anuas?' a dúradar.

'Má tháinig, n'fheacasa í,' a dúirt sí.

Do tháinig sí anuas, leis, agus má tháinig, im briatharsa a lao, do bhí sí ann, agus nuair a tháinig sí abhaile do bhí fonn agus faitíos uirthi.

'Cá rabhais ag dul?' a dúirt a máthair. 'Chonacsa ag éirí san aer thú,' a dúirt sí. 'Cá rabhais ag dul?'

Ach do bhí sí breoite amáireach. Ach d'fhiarthaíodar den ghearrchaile beag eile a bhí lena cois an bhfeaca sí í ag dul anairde san aer, agus dúirt sí ná feacaigh. Ach im briatharsa gur chuaigh sí . . . pé áit go raibh sí ag dul gur chuaigh sí sa tsíoraíocht.

Tadhg Ó Murchú: Do cailleadh í?

Máiréad Ní Mhionacháin: Ó, cailleadh. Buaileadh breoite í, agus ní raibh idir an lá san agus an lá a cuireadh í ach seachtain. Ní raibh gan dabht.

Ní chloisfeá áinní dhe sin anois, baochais le Dia – i gcorp an lae! Sin driofúr di thiar ansan anois age J– D–. Fágadh an cailín eile a bhí in aonacht léi: níor bacadh léi sin, ach an driofúr.

3. Púca an Daibhréig[5]
Bhíodh saghas éigint eile ag rith go mbíodh solas aige, go dtugaidís Púca an Daibhréig air. Bhíodh solas aige, agus chuirfeadh sé amú thú, bhíodh a leithéid sin de bhléas solais aige. Fadó, fadó (a bhíodh sé sin ann).

4. Púca na Sméar

Bhíodh púca éigint eile ann go dtugaidís Jackie air, (agus) Púca na Sméar. Oíche 'le Michíl (a bhíodh seisean sa tsiúl) – as san amach ná blaiseadh aoinne iad (na sméara dubha). Thugadh sé a chúrsa orthu, agus admhaím 'en tsaol go n-iompaíodh dath liathdubh orthu ó Oíche 'le Michíl amach.[6]

5. Solas istoíche

Bhí beirt bhuachaillí anso agamsa. *Well*, ní rabhadar ró-aosta: bhí duine acu ocht mbliana déag, agus an duine eile cúig bliana déag.

Bhí fear thuas anso – fear de Mhuintir Shíocháin – in aice linn: ní raibh sé rófhada uainn in aon chor, agus dúirt sé leo araon dul suas istoíche amáireach – b'é sin oíche Déardaoin – ag bualadh choirce. Bhuailidís istigh sa tigh é an uair sin, daoine áirithe. Agus do chuadar. Thugadar athghearr orthu anuas, trasna: níor ghabhadar an bóthar in aon chor agus bhí an bóthar ag fágaint an doiris acu. Is iad ag teacht in aonacht, t'réis a deich a chlog – ag teacht abhaile – leathslí idir an tigh seo agus an tigh sin thoir, tháinig bléas solais eatarthu, agus chonaic duine acu é agus n'fheacaigh an fear eile in aon chor é.

'An bhfeiceann tú an solas?' arsa eisean.

'N'fheicim,' a dúirt sé. 'Cá bhfuil sé?'

'Ná feiceann tú ansan é,' a dúirt sé

'N'fheicim in aon chor é,' a dúirt sé.

Deireadh daoine fadó 'en tsaol ná feacaigh aoinne áinní ón saol eile, ach an té a sheasódh leat ná déarfadh na paidreacha i gceart (fuíoll baistí).

C. AINMHITHE NEAMHSHAOLTA

1. An chú dhubh agus an sagart

Sagart a bhí thiar sa tsráidín sin thiar (na hAoraí), agus chuaigh beirt fhear[7] ... chuadar ag glaoch air istoíche chun na hola a chuir ar an bhfear aosta – is dócha go mb'fhé' go raibh sé in am mhairbh na hoíche – agus bhí an láirín ag imeacht agus n'fhéadfaidís cimeád suas leis in aon chor (an bheirt fhear): an t-athair (dhuine acu) a bhí ag fáil bháis. Ach bhí sé marbh rompu nuair a tháinig an sagart: cailic a fuair sé. Ach dúirt an sagart leo:

'An raghaidh sibh in aonacht liomsa anois?' a dúirt sé. Dúradar go raghaidís, tamall.

'Ó, caithfidh sibh mé a chuir siar isteach sa tigh mar a bhfuaireabhair mé,' arsa eisean. N'fheacadar san áinní, ach thug sé amach ar an althóir an Domhnach a bhí chughainn cad a bhain do (an sagart). Dúirt sé, go brách arís ná raghadh sé ag cuir na hola ar aoinne in am mhairbh na hoíche. Cú dhubh, a dúirt sé, a bhuail leis, agus bhí sí trasna anonn is anall fé bholg an chapaill.

Agus féach ná raghadh sé siar abhaile arís gan an bheirt fhear á thionlac!

Bhí eagla air, is dócha, ón anaithe a bhí fáltha aige. Thug sé amach buidéal uisce coiscreaca agus do chroth sé orthu é (ar an mbeirt fhear, nuair a chuireadar siar é).

2. Na ba ón saol eile

Do bhí fear thoir ansan in Eisc a' Dobhair, beannacht Dé lena anam, agus do bhíodh sé amuigh istoíche ag bhalcaeireacht, thá fhios agat – Micheál Ó Síocháin. Is é ag teacht abhaile san oíche, chonaic sé fear agus dhá bhó aige – dath ná feaca sé riamh (ar aon bhó) – breac – agus é á n-aoireacht, agus é á n-iompáil thall agus abhus sa pháirc. Stad sé agus (d')iniúch sé iad go maith.

Ar maidin amáireach ansan, do chuaigh sé sa chnoc i ndiaidh caereach nó ba – an fear so. Do chonaic sé an dá bhó céanna sa chnoc, i gcúm cnoic, i bplás leibhéaltha, agus dúirt sé gur aithin sé iad – an dá bhó. Well, bhí sé ag féachaint orthu, tamall. Sea ansan, d'iompaigh sé bhuathu agus d'aithin sé iad, gurb iad an dá bhó a chonaic sé an oíche roimis sin. Sea. Níor chuir sé isteach ná amach orthu, agus do thug sé a bhóthar air agus chuaigh sé abhaile.

Well, do bhí fear 'es na comharsanaibh insa chnoc amáireach i ndiaidh bha nó chaereach agus chonaic sé an dá bhó agus ní raibh aon fhios aige go bhfeacaigh an fear eile comharsan an lá roimis sin iad. Do chonaic sé an dá bhó agus do shuigh sé ar chnocán os a gcionn – an fear – amáireach.

Níor chuimhnigh sé ar aon ní agus bhuail sé síos ag féachaint ar an dá bhó, agus n'fheaca sé aon dá bhó riamh ar a ndath – bán agus breac, agus na' haon dath ná feaca sé riamh.

Istoíche amáireach, buaileadh breoite é agus 'nis sé a scéal agus dúirt na' haoinne ná raibh sé ceart aige dul ina ndiaidh in aon chor nuair ná feaca sé riamh roimis sin iad, agus an dá stróinséarach bha.

Sea. Tháinig sé abhaile agus buaileadh breoite é go holc, agus breoite agus breoite. Sea. Bhí fear i gCill Chaitiairn a bhíodh ag féachaint na ndaoine breoite, agus deiridís ar fad go raibh fios aige, ach ni raibh. Ach chuireadar iarraidh air agus tháinig sé agus chuaigh sé suas – suas ar Chathaigh a bhí an fear breoite. Ach do tháinig an fear so agus do láimhseáil sé é.

'Tánn tú níos breoite ná is dóigh leat,' a dúirt sé.

'Ó, nílim breoite in aon chor,' a dúirt sé, 'ach táim lag.'

'Ó, tánn tú níos breoite ná mar a cheapann tú,' a dúirt sé. Bhí a bhean is a chlann ann, sa tigh, agus a mháthair: bhí sí ag tarrac suas ar cheithre fichid, táim siúráltha. Tháinig an fear aníos as an rúm agus labhair an m[h]áthair:

'Cad deireann tú leis?' a dúirt a mháthair.

'Pé slí atá sé, téadh duine a d'iarraidh an tsagairt do.'

Bhuail a mháthair a dhá bais.

'Dherú, b'fhéidir gur braon athá ólta aige,' a dúirt a mháthair.

'Níl aon bhraon ólta agam a chuirfeadh ar strae mé,' a dúirt sé.

Bhí fear 'es na comharsanaibh istigh agus dúirt an mháthair leis – máthair an fhir bhreoite a bhí sa leabaidh – nuair a órdaigh sé an sagart, thá fhios agat.

'Erú, amadán fir é sin!' a dúirt sé, 'agus ná tóg aon *notice* de sin, a bheith ag glaoch ar an sagart.'

'Nílim ag glaoch in aon chor air,' a dúirt fear na leapa, 'ná aon chall agam leis.'

'*Very well*,' a dúirt an fear (Chill Chaitiairn). 'Bíodh agaibh! Tugaíg an sagart chun an fhir atá sa leabaidh: beidh sé agena Thiarna Dia fé mhaidean,' a dúirt sé.

Dherú, dhírigh a bhean agus an mháthair ag scallaereacht air, agus bhuail sé an doras amach uathu.

'Bíodh agaibh!' arsa eisean.

'*Well*,' arsa fear na leapa, 'níl aon ghá agamsa le sagart anocht, pé scéal é.'

'Agus cad a dhéanfaimid má imíonn aon ní ort?' a dúirt a mháthair, 'agus más maith leat é raghaimid a d'iarraidh an tsagairt duit.'

Well, chuadar ag glaoch ar an sagart, beirt bhuachaillí agus an fear so, agus ní raibh an sagart ach thíos ar an mbóthar nuair a thairig sé a anáil. Bhíodar ag mallachtaí air (ar dtúis – fear Chill Chaitiairn), agus bhí beannachtaí go leor ina dhiaidh san acu air gan dabht.

D. ÁITEANNA SÍ

1. Doras iata ar lios

Tá lios thiar ansan sa Chorrach. Bhí sé ráite – agus dúrthas go minic é – go raibh doras iarainn istigh ann agus ná féadfaí dul thairis sin, agus gur istigh ansan a bhí an t-ór (ages na) Locharnaigh (Lochlannaigh), nuair a bhíodar ina gcónaí ann.

Dúirt fear feasa éigint a ghaibh an bóthar gur chuireadar ina chomhairle é, agus dúirt sé:

'*Well*,' arsa eisean, 'déanfaidh sibh *alright*, ach caillfear duine agaibh má théann sibh féna dhéin.'

Thairigeadar siar ansan: níor chuadar ann in aon chor, mar n'fheadaradar cé air go dtitfeadh an lat.[8]

2. Lios na gCat

Tá lios thiar, dtaobh theas 'en tseana-bhóthar (na nAoraí) – Lios na gCat. Bhíodh sé lán fadó de chataibh fiachais – cait a théadh ar fuaid na dútha agus d'éirídís crostáltha.[9]

Chuiridís leanaí ann, leis, ná baistithí – ná beireadh an baiste orthu. Cuirithí.

3. Máire Eoghain agus Comhla Bhreac Bhéal na Leapa

Bhí bean eile ó Cheann Feadha, ar an dtaobh so (thoir) 'en tsráidín (Sráidín 'Á Dhroim): bhíodh sí in aonacht leo [na sióga].

Ach aon lá amháin bhí sí féin agus an fear agus beirt nó triúr eile ag teacht ó Bhaile Chaisleáin, lá aonaigh um thráthnóna. Máire Eoghain ab ainm di. Agus iad i mBéal na Leapa, tá bóthar ag teacht anoir aduaidh ó Chill Mhic Eoghain ar an gcrois anso, agus Bóthar an Rí ag gabháil laistíos siar – tá cheithre bhóthar ag fágaint aon chrois amháin. Agus nuair a bheifeá ag dul go Baile Chaisleáin, ar thaobh do lá[imhe] clé, tá faill ann go bhfuil míle ar aoirde uirthi. *Well*, do bhí a fear agus í féin agus triúr ban eile ag teacht ó Bhaile Chaisleáin agus do tháinig beirt fhear amach as an sailithis[10] uisce – an Chomhla Bhreac a thugann siad ar an bhfaill. Cloisithí san oíche fuaim éigin ann. Tháinig beirt fhear rompu ar an mbóthar agus chuir fear acu a lámh ar ghualainn bhean Chinn Feadha agus dúirt sé léi:

'Tar amach as an dtrucail,' a dúirt sé, 'tá gnó anso dhíot go fóill,' arsa eisean. Stad an fear an capall agus tháinig sí amach. 'Lean mise anois,' arsa eisean.

'Dherú, tá an ball rófhliuch,' arsa ise.

'Is cuma dhuit,' a dúirt sé, 'ach lean mise nó beidh tú in aithreachas.' (Do lean)

Ach dúirt sí go raibh cóthalán daoine istigh sa bhfaill: leath sí óna chéile (nuair a thánadar féna déin). Ach níor 'nis sí d'aoinne é cad leis gur thugadar ann í. Ach tháinig fear amach ansan . . .

'Fanaíg ansan anois,' a dúirt sé, 'agus beidh sí amach chughaibh ar neomat.'

Cuireadh amach arís í comh fada leis an dtrucail.

4. Seanabhóthar na nAoraí
Níor chualag aon ní ó thána go h'Á Dhrom – aon ní go mb'fhiú teacht thairis – ach aoinne a ghabhadh an seanabhóthar . . . chítí mórán ar an seanabhóthar (na nAoraí).

Deir siad aoinne atá ag gabháil an bóthar anois – diúltaímíd do – aon ní a chítear nó a cloistear, gur ar an seanabhóthar a chítear é, ach n'fheicithear aon ní ar an mbóthar nódh.

E. AN CHAILLEACH BHÉARRA

1. An Chailleach Bhéarra agus an portán

Chuaigh sí síos lá, nuair a tháinig aon tsuaimhneas uirthi, chuaigh sí síos ag bailiú cnósaigh, agus chuir sí a lámh isteach fé leac a bhí sa tráigh – leac éigin trom – ag lorg éiscíní, agus cad a dhein an portán ach breith ar mhéir uirthi go daingean, agus bhí sí ansan agus ga' aon scréach aici.

Tháinig fear ag triall uirthi, des na comharsana, féachaint cad a bhí á cur ag béicigh.

'Cad tá ort,' a dúirt an fear, 'go bhfuileann tú ag béicigh?'

'Chuas síos insa tráigh,' a dúirt sí, 'agus chuireas mo lámh fé lic ag cuardach d'éiscíní, agus do rug portán ar mhéir orm.'

'Ó, teaspáin é,' arsa an fear. 'An bhfuil an portán agat?'

'Ó, tá,' arsa ise. 'Is olc an fear nách fearr ná an t-éaghmais.'

'Ciach ort féin is ar féin!' arsa an fear, 'más mar sin atá an scéal agat.'

'Ó, cimeádfaidh mé é, mo phortán geal géagach.'

'Dherú, ciach air!' arsa an fear. 'Caith isteach sa tine é!'

'Ó, ní chaithfead,' arsa ise, 'mo phortán geal géagach. Is olc an fear is fearr ná an t-éaghmais.'

D'fhág an fear ansan í. Tháinig cailín óg chuichi ansan an tráthnóna san, mar a raibh sí, sa tráigh: níor chuaigh sí isteach in aon chor (chuichi).

'Tar amach chugham más é do thoil é,' arsa an cailín. 'Ba mhaith liom caint leat,' arsa ise.

'Tabhair do bhóthar as so ort. Tabhair aire 'od ghnó féin!' a dúirt an Chailleach.

'Ó, tabharfaidh mé,' arsa ise, ag tarrac a slaitín draíochta chuichi, agus ag tarrac trí iarracht – trí bhuille – den tslaitín draíochta uirthi, agus dhein sí cloch di. Bhí an fear so (a chuaigh chun í a fhuascailt), bhí sé i mball éigin dtaobh thoir den tráigh agus bhí radharc siar an dtráigh aige.

---

1 íosta sa ls.

2 timeáil sa ls.

3 Meanacháin sa ls.

4 < ag geonaíl (ag giúnlach)

5 <Púca na Duibhré

6 'Féach thall an púca ag cac ar na sméara Lá 'le Michíl.' (seana-rann) Tadhg Ó Murchú.

7 Sé mo thuairim dóchais gurbh é Diarmaid Ó Sé, Fán Shliabh, agus driotháir a chéile gur bhain sé seo dóibh – Tadhg Ó Murchú.

8 *Lot* – an crann – T. Ó Murchú.

9 crostála sa ls.

10 Uisce agus srúmáil agus carta, fé mar a bheadh tún tsruithigh (tonn-ar-bogadh nó tonn crithir) – Máiréad Ní Mhionacháin.

10. Litríocht na nDaoine

A. SCÉALTA AGUS SCÉALAÍOCHT

1. Neil na gCupóg, scéalaí
Well, bhí bean ansan i n'Á Dhrom Istigh, agus sé an ainm a bhí uirthi
Neil na gCupóg, agus ní raibh aon scéal 'ár ceapadh riamh ná raibh aici.
N'fheacasa riamh í lem shúilibh cinn, ná n'fheaca í ar aon tsórt slí go
dtiocfadh sí im linn, ach bhíodh ana-éileamh uirthi i dtithe tórraimh chun
bheith ag scéalthóireacht. N'fhéadfaidís dul go tigh tórraimh in aon chor
mara mbeadh sí ann.

2. Tadhg na Féithe, Dónall Ó Súilleabháin agus scéalaithe eile
Ó, bhí na scéalta acu alright, agus do bhídís á n-insint. Ach 'á
dtabharfadh an treibh óg aire dos na scéalthaibh, do bheadh scéalta
ina ndiaidh.

Bhí aon fhear amháin ann – thugaidís Tadhg na Féithe air – Tadhg Ó
Rócháin (Mac Cárthaigh) ab ainm don duine – chomh maith 'e scéalaí
agus do chualag riamh é – bhíodh a thuairisc ages nach aoinne:
'Tánn tú chomh maith le Tadhg na Féithe,' (a deiridís), 'i gcomhnaird
le Tadhg na Féithe' – aoinne a bheadh deasbhéalach.
Tadhg Ó Murchú: Ar chualaís riamh ag insint na scéalta é?
Máiréad Ní Mhionacháin: Ó, níor chualag – bhí sé rófhada bhuaim – ach
do bhí an bóthar aige ó fhágadh sé an doras, agus dá mbeadh an lá ag
cuir shneachtaidh do bhainfeadh sé an tAifreann amach. Ó, do bhí scéalta
aige gan aon dabht.
Tadhg Ó Murchú: An mbíodh sé aon oíche 'bhúr dtighse?
Máiréad Ní Mhionacháin: Ní bhíodh, ach bhíodh fear comharsan na' haon
oíche sa mbliain againn, agus 'á dtugaimís aire dho – ach ní thugaimís,
do bhímís ag gabháil des na leabhraibh – do bheadh scéaltha againn.

Do bhí athair mo chéile anso, do bhí sé chomh maith de scéala[í] agus
do chualag riamh – Dónall Ó Súilleabháin ab ea é. Tá sé caillthe le tamall
maith gan dabht, ina chré thalaimh, beannacht Dé lena anam – geall leis
le deich mbliana agus dachad. Táim (féin) ocht mbliana is cheithre fichid

anois – ní cheilfead m'aos – agus bliain is fiche a bhíos nuair a thánag anso. Nuair a théann daoine istcach san aos, róchríonna, ní chimeádann siad cúntas ar na heachtraithe seo in aon chor – bíonn an mheabhar badaráltha orthu. Tagann mearaí orthu gan aon dabht – tagann a lao.

3. Scéalta púcaí imithe as an saol anois
N'fheaca sprid ná púca riamh, baochais le Dia, ón lá a tháinig ciall im cheann. N'fheaca aon ní, ach do chualag. Níor inseas riamh é, agus ní neosfaidh mé anois é, mar ní chimeádfása[1] istigh orm é. Na daoine athá ag éirí suas anois, ní héisteoidís le haon ní mar sin, agus do chídís iad fadó, agus do thagaidís chun cainte leo (na daoine ón saol eile).

B. FILÍ

1. Seán a' Bháin Mhóir – file
Bhí sé thoir ar an Láithreach agus chuaigh sé ina chliamhain isteach ó dheas ar an Eadargóil. Ó file trom ab ea é, ach níl aon chuid dá omhráintí agamsa.

2. Cailín go raibh an fhilíocht aici
Bhí fear i mbun cnoic timpeall na nAurai agus do bhí sé ag dul fé dhéin na mba, tráthnóna, chun iad a thabhairt abhaile, agus do bhuail fear siúil leis, agus d'iarr sé d'fhear na mbó an bhfágfadh sé istigh go lá é. Dúirt sé go bhfágfadh . . .

'Téire suas anois chun an tí,' arsa eisean, 'mar táim ag dul fé dhéin na mba. Sin é mo thigh thuas.'

Sea. San oíche dhóibh, d'fhiarthaigh sé don fhear an bhfuil aon fhile timpeall an bhaill go raibh aon fhilíocht aige . . .

'Níl,' a dúirt fear an tí, 'ach tá aon ghearrchaile amháin ann agus tá sí go diabhaltha chun *rhyme*anna.'

'Ba mhaith liom í a fheiscint,' a dúirt an fear siúil – file ab ea é.

'N'fhéadfair í a fheiscint go dtí amáireach,' a dúirt sé.

'*Very well*,' a dúirt sé. 'Tá cailín anso dtaobh thiar dínn,' arsa eisean (i.e. fear an tí), 'agus tá beirt driothár di agus a hathair, beidh siad ag

baint mhúir thíos ar an dtráigh amáireach agus béarfaidh sí an dinnéar
chuchu, agus beidh triall agat uirthi.'

'Och mo léir!' arsa an file, 'agus conas a bheidh a fhios[2] agam cad é
an sórt í, ná cad é an bóthar go ngeobhaidh sí?'

'Raghadsa in aonacht leat,' arsa eisean. 'Beidh sí ag dul síos leis an
ndinnéar nuair a bheidh an taoide ag teacht.'

Sea, (amáireach, do) ghluaisíodar.

'Tá sí ag teacht anois,' arsa an fear leis an bhfile.

'Dherú, cá bhfaigheadh sí an fhilíocht,' a dúirt an fear siúil, 'i mbun
an chnoic seo?'

'Ná bac san,' arsa an fear. 'M'fhé' go bhfuil filíocht aici, leis. Cuir
speic uirthi,' a dúirt sé, 'nuair a bhuailfidh sí leat.'

Sea. Tháinig sí orthu, agus ba ghearr go bhfeacadar an bád ag teacht
isteach tamall thíos uathu, agus ba ghearr go bhfeacadar an cailín ag
teacht agus cliabh dúnta aici agus prátaí agus iasc sa chliabhán aici. Sea.
Nuair a tháinigh sí air anuas . . .

'A chaile an tsodair, fan socair chun go ndéanfaidh mé rann duit,' arsa
eisean.

'Ó,' arsa ise, 'tá an mhuir ag tuineadh (tuileadh?),
Na fir ina dtroscadh,
Agus é ag dul thar am dóibh.'

'Ó,' arsa eisean, 'ní haon bhréag ná gur file í,' nuair a thug sí an freagra
air.

3. Seán The Boy
Tadhg Ó Murchú: Ar chualaís riamh trácht thar Sheán The Boy, file a bhí
anso i mBéarra i dtaobh éigin? Chuaigh sé anonn go Meiriceá agus do
nigh sé a léine, lá, agus do chroch sé ar chrann í chun í a thiormú, agus
do tháinig tarbh agus d'ith sé an léine air. Dhein sé amhrán don tarbh,
agus don léine ansan.

Máiréad Ní Mhionacháin: Do chualag go maith, agus do bhí an t-omhrán
agam, ach n'fhéadfainn cuimhneamh anois air. Ach dúirt sé go háirithe:

'A thairbh gan daonnacht, céad léir ort is go dtigi' tú dall,
Agus scamall ón spéir ort do thréigfidh tú i bportach nó i bpoll:

Ní raibh aon ghátar sa tsaol ort, bhí féar agat le hithe i's gach ball,
Chun teacht ag ithe mo léine lá gréine is í ag crochadh le crann.
Shilleas om bhraonaibh t'réis í a chrochadh ar an gcrann.
'Á mbeadh an bhean a bhí in Éirinn taobh liom a nífeadh í in am.'[3]

J. AMHRÁIN AGUS AMHRÁNAITHE

1. Curly Creepy – seana-amhránaí
Do bhí fear ansan i mBaile Chaisleáin, fadó, go nglaoidís Curly Creepy
air, agus bhí dhá mhaide croise aige agus cathaoir go suíodh se isteach
inti, agus bhíodh sé ag omhrán na mballeti. Ó, bhí sé go binn chuchu
gan dabht.

Ní raibh áinní eile ach botháinín a bhí dtaobh thuas den tsráid aige,
agus bhíodh *handbasket* aige, agus úlla á dhíol, agus dhein sé airgead.

Sea. Do bhí sé ocht mbliana agus cheithre fichid nuair a cailleadh é,
agus ní raibh aoinne do bhain leis timpeall (na háite). Agus do bhí maide
croise aige agus maide lá[imhe]. Agus nuair a tháinig sé críonna, pé scéal
é, bhí sé sa leabaidh, agus bhíodar a d'iarraidh é a chuir san óspaidéal
agus ní raghadh sé ann – dúirt sé go raibh airgead a dhóthain aige a
thabharfadh aire dho ar a leabaidh. Sea. Nuair a cailleadh é, pé scéal é,
is dócha go rabhthas ag cuardach, agus cuardaíodh timpeall air agus bhí
céad agus chúig phúint déag is dachad aige, agus deireadh na fir aosta:
'A Dhia mhór láidir, conas a dhein sé é?'
Níor dhein riamh (is dócha) ach é a fháil i bpoll sa talamh!

2. Cois na Leamhna (Fonn – 'Moladh na nGleann')

i

Cois na Leamhna mar a ngnáthaíonn ba caoire agus gamhna,
Caise bog uachtair agus mórchuid den leamhnacht;
Eorna throm ina shlaoda ann agus féar glas go glúinibh,
Agus ceol binn breá ag éanaibh gach aon mhaidean drúchta.

ii

Níl cuíora maidean drúchta ann gan cúpla aici ag léimrigh
Ná bó maidean shamhraidh gan gamhain lena taobh deas;
Níl neath óg na seanda gan foghlaim is béasa ann
Ná abhlóird gan úlla air ná cárthann gan caorthaibh.

iii

Is mó ní breá aerach ar an dtaobh so 'Dhrom Eanna,
An coinín mhear éadtrom ag léimrigh sa ghainimh;
Úlla cúmhra i ngáirdíní mar a ngnáithíd siad aspail,
Agus tiarnaí na dútha ag siúl ann gach maidin.

Do chuala buachaill á rá (san mar amhrán) ar an bPátrún (Pátrún Loch a' Coinleáin) – buachaill aneas ós na Ranties – á rá san istigh i gcábán. Ó, is dócha go bhfuil sé timpeall le deich mbliana fichead ó shoin ó chualag é. Ó, mo chreach chráite mar do bhí guth aige gan dabht! Do bhí gloine dí ina láimh aige agus do sheasaimh sé suas agus dúirt sé an t-omhrán. Buachaill deas cainteach ab ea é.

3. Smut d'amhrán ó Uíbh Ráthach
Bhí fear aniar ann ó Uíbh Ráthach (ar an bPátrún) – ó mo léir, is bhí omhráin aige! Agus bhí beainín aige agus ní raibh sí aoirde sin, agus fear breá mór ab ea eisean. Ach bhí amhrán aige go ndeireadh sé:
Thiar in Uíbh Ráthach a rugadh mé im leanbh.
Is ann a bhíodh an práta,
An bradán feára go hard ar toinne,
Agus iasc ag dul ar bhántaibh.

D. SLÁINTÍ, GUÍTE AGUS RANN BEAG

1. 'Suas go rabhair agus go raibh do chlann críonna!'

2. 'Sláinte mhaith chughat agus sláinte mhacánta.'

3. 'Go mbeiridh bliain ó inniu fé chúmpord (orainn) agus nár leoga' Dia aon aicíd 'ár measc.'

4. 'Go dtuga Dia na Glóire go bhfaighidh tú mo phaidreacha – go dtaga' siad id threo.'

5. 'Nár leoga Dia aicíd ná trioblóid ort féin ná ar aoinne is leat, ó inniu go bliain ó inniu.'

6. 'Nár leoga Dia aon tobac díobhálach chughainn.' Sin é a deireadh na seandaoine.

7. 'Ó Chill Chaitiairn, go bhfóire Dia orainn!' (sean-nath).

8. Tá bean aige thiar i nGort Achaidh,
   Agus bean ar Oileán na gCaerach,
   Bean aige ar Ard Bháificil,
   Agus bean aige i nDroinn na mBéilleac.

---

[1] Le hiníon a mic a dúirt sí é seo. Bhí sise ag tathant uirthi an scéal a insint domhsa, ach ní neosfadh, ar eagla go scéithfeadh an gearrchaile uirthi! – Tadhg Ó Murchú.

[2] a bhei' hios sa ls.

[3] B'in a raibh de chur amach aici ar Sheán. N'fheadair sí cad é an tsloinne a bhí air – Tadhg Ó Murchú.

11. Caitheamh Aimsire na nDaoine

1. Scoileanna rince

Tadhg Ó Murchú: Ar chuimhin leat na máistrí rince a bheith ag gabháil timpeall ag múineadh rince?

Máiréad Ní Mhionacháin: Rince gan dabht, amhuise. Bhí dhá scoil rince i gCill Chaitiairn ar feadh dhá mhí gan dabht – máistir rince agus píobaire – Hanley the Piper. Bhí drochshaol ann roimis sin. *Well*, ní cuimhin liomsa é – ní rabhas beirthe in aon chor Bliain an Ghátair ná i bhfad ina dhiaidh.

Stróinséaraigh ab ea iad gan dabht (na máistrí rince). Do bhí an bheirt acu in aonacht ann. Thugadh na scoláirí leo duine acu gach aon oíche. Do thánadar arís ina dhiai' san i gcionn trí nó ceathair 'e bhlianaibh, agus do bhí scoil rince acu thiar anso i gCeann Feadha.

Nuair a thánasa anso ar an nGoirtín ó Chill Chaitiairn, do bhí scoil rince thiar anso i gCeann Feadha, i seomra le Micheál Ó Murchú. Kennedy ab ea an máistir rince.

Tadhg Ó Murchú: Cad é an ainm a bhí ar an dá mháistir eile?

Máiréad Ní Mhionacháin: Ó, n'fhéadfainn é sin a insint duit, ach stranséaraigh ab ea iad. Bhíodar tamall ansan thuaidh in 'Á Dhrom Istigh – bhíodar ann ar feadh cúig nó sé 'sheachtainíbh i dteannta fear de Mhuintir Laochdha a bhí ann.

Tadhg Ó Murchú: An mbíteá féin ag foghlaim an rince?

Máiréad Ní Mhionacháin: Á, bhíos-sa ar mo scoil féin, agus ní bhfaighinn cead dul isteach ach oíche an *bhenefit* – ní bhfaighinnse dul ina ngoire, agus do bhí níos mó rince agam ina dhiai' san ná bhí age beirt driféar liom a bhí ann. Nuair a bhínnse ag aoireacht na mba, do bhínn ag déanamh an rince.

Tadhg Ó Murchú: Is dócha gur phriocais suas ósna driféarachaibh é.

Máiréad Ní Mhiocacháin: Dherú sea – ósna cailíní na gcomharsan. Agus nuair a bhíodh an lá breá, bhídís amuigh sa pháirc, in aon bhall go mbeadh an pháirc ina gcóngar, mar bhíodh an seomra ana-bheag dóibh go léir (lucht foghlama an rince).

Scillin sa tseachtain a thugaidís don máistir. Ina nduine agus ina nduine (a bhíodh sé) á bhfoghlaim agus greim aige ar chois ar chuid acu. Bhídís ag eachtraí air mar seo, oíche go mbíodh braonacha allais leis, a dúradar, ag sileadh anuas ar an urlár bhuaidh a d'iarra' an rince a fhoghlaim dóibh. D'fhág sé rince acu, leis – age cuid acu ná raibh aon rince acu.

Bhíodh *benefit night* age an máistir nuair a bhíodh deireadh leis an dtéarma. Bheidís go léir ann gan dabht – ó cóthalán fairseag. Ní istigh a bhíodh sé sin acu in aon chor ach amuigh, mar ná faigheadh a leath ná a dtrian slí istigh. *Benefit dance* a thugaidís air. Don mháistir rince ab ea é sin.

Ó, ceolthóir binn ab ea Hanley the Piper – bhí veidhlín age an máistir rince. Thugadh sé cabhair do (an máistir rince) aon oíche go mbeadh aon cheol acu.

12. Seanchas Stairiúil

1. Dónall Ó Conaill agus an Ghaelainn
'A Dhónaill Uí Chonaill an dtuigeann tú Gaelainn?'
'Tuigim go cliste, a chailín ó Éirinn agus cad is baol dom?'

(Do bhí an cailín) agus í ag scuabadh is ag scrios agus ag fuirseadh ar fuaid an tí di féinig.

'Tá an iomad den tsalann ar an bpraisigh sin taobh leat agus ná baol í.'

'Ding deaing dedaró,' aici ansan shara raghfaí amach uirthi.

Ceathrar a bhí sa tigh, agus thugadar cuireadh dinnéir do (i.e. do Dhónall Ó Conaill), agus bhí an oíche ann– iad a mhíteáil – teacht chun oíche óil a bheith acu, mar dhe. Sea. Nuair a bhí pé ní a bhí i'sna gloiníbh (riartha orthu), an ceathrar acu a bhí ann, agus b'é Dónall Ó Conaill an cúigiú duine, cuireadh a ghloine féin chun gach aoinne, agus cuireadh an gloine go raibh an *cider* (i.e. an nimh) air chuige sin. Bhí coinnleoirí ar lasadh i gceann an bhoird agus shuíodar go léir síos. Dúirt eisean ansan, sarar bhlaiseadar áinní – Dónall Ó Conaill, dúirt sé:
   'Níor ólas aon deoch mar seo riamh, agus d'ólas deoch páirteach,' arsa eisean, 'go minic, ná go mbainfinn mo hata dhíom ar dtúis,' ag breith ar a hata. Agus do bhí trí nó ceathair 'e coinnle ar lasadh ar an gcrann crithir (i.e. coinnleoir) – sin é an ainm a bhí ar an gcrann go raibh an solas air. D'iompaigh an crann crithir agus do múcadh an solas.
   'Ó, a Dhia láidir,' a dúirt sé, 'féach cad tá déanta agam!'
   Agus sara raibh sé lasta arís acu, d'athraigh Dónall Ó Conaill na gloiní – thóg sé ceann fhear an tí agus chuir sé a ghloine féin chun fear an tí.
   'Sea. Ólfaimid ár ndeoch, pé scéal é,' arsa ceann 'es na fearaibh.
   D'óladar go léir a ndeoch agus i gcionn spás gairid d'éirigh Dónall Ó Conaill agus do ghaibh sé amach agus do lean fear an tí é.
   D'imigh sé air agus níor stad sé trí neomataí amuigh – do bhailigh sé leis – agus nuair nár thánadar isteach tapaidh, an bheirt acu, chuadar

amach féachaint cad a bhí á gcimeád amuigh – fear an tí agus Dónall Ó Conaill – agus do bhí Dónall Ó Conaill imithe agus do bhí fear an tí ina shuí agus n'fhéadfadh sé éirí as an áit go raibh é.

Ach cuireadh iarraidh ar dhochtúir ard éinig do, is dócha – piara mór ab ea é, is dócha.

'Thógais nimh,' arsa an dochtúir, 'agus tánn tú imithe.'

Sin é an uair a fuaireadar fios ar an scéal. *Well,* do fuair sé teacht uirthi ansan – ar an gcailín – pé teachtaire maith a chuir sé ag triall uirthi. Ba mhaith leis an cailín a fheiscint, agus dhein sé bean saibhir den chailín fad a mhair sí, agus dúradar gur mhair sí le bheith aosta go maith.

Tógadh an grianghraf thall sa bhliain 1936. Bhí Máiréad Ní Shúilleabháin, iníon do Roger Ó Súilleabháin, Barra Coille, tar éis saoire a chaitheamh ag an mbaile. An lá a raibh sí ag filleadh ar Mheiriceá tháinig cuid de na comharsana ar a tuairisc chun slán a chur léi agus is iadsan atá sa phictiúr seo.

[Táim buíoch do Nóirín Ní Shúilleabháin (Bean Uí Éanaí) a sholáthair an grianghraf seo dom agus a d'ainmnigh na daoine. Is é tuairim Nóirín gurbh é Paddy Gough, fear céile Mháiréad Ní Shúilleabháin a ghlac an pictiúr.]

An tSraith Thiar (ó chlé):

1. Pádraig (Patie) Ó Cruadhlaoich, Barra Coille **2.** Séamus Ó hÉalaí, Barra Coille (le caipín ina lámh) **3.** Dónall (Dan) Ó Súilleabháin – an mac ba shine a bhí ag Roger **4.** Nóra Ní Shúilleabháin, Cuthaigh (an baile ar an dtaobh thiar de Bharra Coille – i gCo. Chiarraí) **5.** Máiréad Ní Shúilleabháin – iníon do Roger (bean an hata) **6.** Pádraig Ó Sé ('Barley'), Gort a' Leasa **7.** Nóin Bean Uí Éalaí, Barra Coille – bean chéile Uimhir 2 **8.** Bernard Ó Cruadhlaoich, Barra Coille – deartháir d'Uimhir 1 **9.** An fear atá folaithe ar an dtaobh thiar – ní fios cé hé féin **10.** Máiréad Bean Uí Shúilleabháin (bean Roger) – seana-chara Mháiréad Ní Mhionacháin, **11.** Séamus (Jim) Ó Súilleabháin, Cuthaigh, deartháir d'Uimhir 4 **12.** Máiréad Ní Mhionacháin (Bean Uí Shúilleabháin), Goirtín – An Scéalaí **13.** Abbey Ní Dhonnchadha, Cuthaigh **14.** Máiréad Riney, Dhá Dhrom **15.** Roger Ó Súilleabháin, Barra Coille (fear an hata) **16.** Máire Ní Shúilleabháin, Cuthaigh – máthair Uimhir 4 agus Uimhir 11 agus deirfiúr d'Uimhir 2 **17.** Bríd Bean Uí Shé, Gort a' Leasa – bean chéile Uimhir 6 **18.** Diarmaid (Jeremiah) Ó Súilleabháin, Barra Coille – mac do Roger **19.** Máire Ní Shúilleabháin, Cuthaigh **20.** Cáit (Katie) Ní Shúilleabháin, Cuthaigh – deirfiúr d'Uimhir 4 agus d'Uimhir 11.

An Dara Sraith (ó chlé):

21. Rogie Ó Súilleabháin, Barra Coille – mac do Roger **22.** Agnes Ní Shúilleabháin, Barra Coille – iníon do Roger **23.** Leanbh – iníon do Mháiréad Ní Shúilleabháin **24.** Lucy Ní Shúilleabháin, Barra Coille – iníon do Roger **25.** Lizzy Ní Shúilleabháin, Barra Coille – iníon do Roger.

An Tríú Sraith (ó chlé):

26. Frances Ní Shúilleabháin, Barra Coille – iníon do Roger **27.** Seán Ó Súilleabháin, Cuthaigh – deartháir do Uimhir 4. agus Uimhir 11 **28.** Dóra Ní Shúilleabháin (bean an hata) – iníon do Roger **29.** Leanbh – iníon do Mháiréad Ní Shúilleabháin **30.** Nóra Ní Shúilleabháin – iníon do Roger **31.** Lena Ní Shúilleabháin – iníon do Roger **32.** Máiréad (Maggie) Ní Chruadhlaoich – deirfiúr d'Uimhir 1 agus d'Uimhir 8.

Nótaí

1. Seanchas Áitiúil

A. TREIBHEANNA AGUS DAOINE

1. *Coastguards* i mBéal a' Chrobháin – 24/9/51: C.B.É. Iml. 1224:306-7
Dar le Daonáireamh 1901 bhí trí theaghlach de Ghardaí Cósta i mBéal
a' Chrobháin – Muintir Thompson, Muintir Lloyd agus Muintir Nunny.
Ó Portsmouth ab ea George Thompson agus ó Dorset ab ea a bhean
chéile, Lucy. Bhí triúr leanbh acu.[1] Protastúnach Easpagóideach ab ea
William Lloyd agus Caitliceach ab ea a bhean chéile, Elizabeth. Sasanaigh
ab ea an bheirt acu agus bhí beirt leanbh acu.[2] Ón mBreatain Bheag ab
ea William Nunny agus ó Chontae Bhaile Átha Cliath ab ea a bhean
chéile, Mary. Caitlicigh ab ea an bheirt acu agus dar le Daonáireamh
1901 bhí Gaeilge agus Béarla ag Mary.[3]

Chun eolas a fháil ar an traidisiún go raibh ana-chuid daoine ag
mairiúint i gCill Chaitiairn roimh an nGorta feic C.B.É. Iml. 1224:330-
32, bailithe ó Phádraig Ó Laochdha, Pointe Chill Chaitiairn, 17/9/51.

---

[1] An Chartlann Náisiúnta, Baile Átha Cliath: *Census of Ireland*, 1901, Cork, 42/13
(Eyeries)/15.

[2] Ibid 16.

[3] Ibid 17.

B. CEITHEARNAIGH AGUS MÁISTRÍ TALAIMH

1. Máire Ní Ghearail' agus Mac Finn Duibh – 11/9/51: C.B.É. Iml. 1224:178-81

Bhí Mac Finín Duibh ag mairiúint i nDoirín i bParóiste Thuath Ó Siosta, Co. Chiarraí.[1] Brainse de Shúilleabhánaigh Bhéarra, seanathiarnaí Gaelacha Bhéarra, ab ea muintir Mhac Finín Duibh.[2] Cailleadh an Mac Finín Duibh deireanach sa bhliain 1756. Sylvester Mac Finín Duibh ab ainm dó agus fuair a sheirbhíseach marbh ar an mbothar é tar éis dó titim anuas dá chapall ar a threo abhaile ó Luimneach.[3] Tugadh a chorp go Tuath Ó Siosta agus bhí slua millteach mór sa tsochraid [4] Chun breis eolais a fháil mar gheall ar na daoine seo feic Lyne (1975).[5]

Chun a thuilleadh eolais a fháil ar an dearcadh traidisiúnta a bhí i mBéarra mar gheall ar na tiarnaí áitiúla feic C.B.É. Iml. 623:384-86, 389-92; 1188:202-7; 1224:23-33, 313-14, 314-21, 322-25.

---

[1] S. Ó Súilleabháin, *Diarmaid na Bolgaighe agus a Chomharsain* (Baile Átha Cliath: Muintir Chathail, Clódóirí, 1937), l. 179.

[2] W.F.T. Butler, *Gleanings From Irish History* (Londain, Green and Co., 1925), l. 34.

[3] Ó Súilleabháin, *Diarmaid na Bolgaighe* 1937, l. 181.

[4] *Idem*, l. 182.

[5] G. Lyne, "The Mac Finín Duibh O'Sullivans of Tuosist and Bearhaven," J.K.A.H.S. 9 (1976):32-67.

C. AN DROCHSHAOL

1. Uaghanna cois claí sa Drochshaol – 14/7/50: C.B.É. Iml. 1188:256-57
Nuair a bhí Pádraig Ó Sé ó Ghort a' Leasa i Springfield d'inis a uncail
dó mar gheall ar uaigh a bhain le haimsir an Ghorta, a bhí marcáilte le
gallán.[1] D'inis Pádraig Ó Laochdha ó Phointe Chill Chaitiairn do Thadhg
Ó Murchú mar gheall ar uaigheanna a bhí ar thaobh an bhóthair, mar
shampla, ceann i nDroinn a' Chuais agus ceann eile ar an taobh thoir
de Scoil Chill Chaitiairn.[2] D'inis an fear céanna mar gheall ar faoi mar
a chonaic a mháthair féin beirt leanbh chomharsan ag fáil bháis den
ocras.[3] D'inis Pádraig chomh maith mar gheall ar an bhfaoiseamh aigne
a fuair baintreach mná ó Chuailleach, de réir dealraimh, nuair a dúirt
sí, tar éis a leanbh a chur: '*Baochais le Dia nách é an bia a chuireas!*'[4] Léiriú
is ea é seo, dar liom, ar faoi mar a ligtear gnáthbhraistintí an duine i léig,
de bharr ocrais mhilltigh agus anró. Tá sé suimiúil gur cuireadh na focail
chéanna, beagnach, i leith mná ó Dhún Chaoin. Dar le Peig Sayers go
ndúirt an bhean seo – tar éis iníon a bhí sé bliana d'aois a chur – le
comharsa a thug prátaí le n-ithe di ar a slí abhaile ón reilig: '*Mhuise
buíochas mór le Dia mar phráta,*' ar sise, '*nách tú a chuireas i mBaile na hAbha
anois.*'[5]

D'inis Donncha Ó Rócháin ó Dhroinn na mBéilleac [10/5/39] mar
gheall ar fhear dárbh ainm Féidhlim Mac Cárthaigh a cailleadh i
nDroinn a' Chuais, ach ag a raibh corp róthrom chun é a thabhairt trasna
an chnoic go dtí Roilig Chill Chaitiairn. Cuireadh i bpáirc é. Chomh
maith leis sin luaigh Donncha bean a cuireadh i bpáircín sa Tuairín Bán.[6]

D'inis Diarmaid Ó Harrachtáin [Diarmaid Caobach] [3/5/39] mar
gheall ar bhean gur thóch na muca a corp in aimsir an Ghorta agus gur
caitheadh a leanbh a chur isteach i dTigh na mBocht i Neidín ina dhiaidh
sin. D'imigh a fear céile ag siúl roimhe ach tháinig sé abhaile ar deireadh
agus phós sé arís.[7]

Dhein Diarmaid Ó Sé, Fán Shliabh, cur síos ar bhás bheirt chailín ar
thaobh an chnoic faoi mar a d'inis athair a chéile dó. Bhí na méara ite
de dhuine acu.[8]

---

[1]   C.B.É. Iml. 1188:351-52.

2 C.B.É. Iml. 1224:325-26. [14/9/51]

3 C.B.É. Iml. 1224:326-27. [14/9/51]

4 C.B.É. Iml. 1224:327-28. [14/9/51]

5 C.B.É. Iml. 1070:12-14.

6 C.B.É. Iml. 623:322-23.

7 C.B.É. Iml. 623:180-82.

8 C.B.É. Iml. 1224:21-22.

I gcóir tagairtí eile do bhás leanaí le linn an Ghorta feic C.B.É. Iml. 623:177-78; 1224:21.

2. Ag priocadh na bpréachán sa Drochshaol (i) – 14/7/50: C.B.É. Iml. 1188:256

Níl sé soiléir cén speiceas de nihoileasc atá i gceist anseo ag an bhfaisnéiseoir. Úsáideann sí an focal Gaeilge 'piachán' i gcás amháin agus 'préachán' i gcas eile. Ar a shon gurb é an focal 'faocha' an focal caighdeánach úsáidtear 'piacháu' in áiteanna i gCúige Mumhan do *periwinkle*, agus is é is dóichí gurb é atá i gceist le 'piachán (préachán) dubh' ná an giotadán (*Littorina littorea*) *edible periwinkle*, agus go gciallaíonn 'piachán (préachán) bán' ceann eile de na speicis de *Littorina*.

3. Ag priocadh na bpréachán sa Drochshaol (ii) – 25/7/50: C.B.É. Iml. 1188:267

I gcóir tagairte eile do dhaoine a bheith ag ithe iasc sliogánach le linn an Ghorta feic C.B.É. Iml. 623:182-83

4. Praiseach bhuí á hithe sa Drochshaol – 14/7/50: C.B.É. Iml. 1188:257

5. Ag faire an gharraí sa Drochshaol (i) – 14/7/50: C.B.É. Iml. 1188:256

Tá plé gearr déanta ag Cormac Ó Gráda ar an traidisiún go sciobtaí bia le linn an Ghorta agus deir sé gurbh annamh a luaití ainmneacha na ndaoine i gcuntais den sórt seo.[1]

1 C. Ó Gráda, *An Drochshaol – Béaloideas agus Amhráin*, (Coiscéim, Baile Átha Cliath, 1994), ll. 17-19.

6. Ag faire an gharraí sa Drochshaol (ii) – 25 / 7 / 50: C.B.É. Iml. 1188:267

7. Ag ithe na feamnaí – 14 / 7 / 50: C.B.É. Iml. 1188:257

8. Ag obair ar na bóithre sa Drochshaol – 25 / 7 / 50: C.B.É. Iml. 1188:267-68

D'inis Pádraig Ó Sé ó Ghort a' Leasa [14 / 7 / 50] mar gheall ar faoi mar a d'oibrigh a sheanathair agus dhá uncail leis ar an *Board of Works Road* in aimsir an Ghorta.[1]

1   C.B.É. Iml. 1188:350-51.

9. Spike – 14 / 7 / 50: C.B.É. Iml. 1188:253-56

Bhailigh Eoghan Ó Súilleabháin leagan eile den scéal seo ó Mhicheál Ó Síocháin ó Bharra Coille [21 / 3 / 37].[1]

1   C.B.É. Iml. 319:445-47.

2. Slí Bheatha na nDaoine

A. RAIC AGUS CNÓSACH TRÁ

1. Ag bailiú raice ar an bPointe – 21/9/51: C.B.É. Iml. 1224:280-81

2. Garsún a bádh ag gabháil do raic – 21/9/51: C.B.É. Iml. 1224:281

3. Mí-ádh a leanann raic – 21/9/51: C.B.É. Iml. 1224:282
Labhair Pádraig Ó Laochdha, Pointe Cill Chaitiairn [1950] ar an tóir a chuir na gardaí cósta ar bhád, lán de raic, a thug fir ó Inis Fearann Ard go Neidín.[1]

1   Roinn Bhéaloideas Éireann, An Coláiste Ollscoile, Baile Átha Cliath. Téip M906c-M912a.

4. Iasc beo Lá 'le Pádraig – 13/9/51: C.B.É. Iml. 1224:218-19
Dhein Pádraig Ó Laochdha, Pointe Chill Chaitiairn [17/9/51] cur síos ar faoi mar a sciob tonn bean dárbh ainm Máiréad Ní Mhairineáin de na carraigeacha nuair a bhí sí ag bailiú míobhán in Inis Fearann Ard.[1]
Ina theannta sin deineann Pádraig cur síos ar na saghasanna feamainne agus ar an úsáid a bhaintí astu [25/9/51].[2]
Míobhán: (*Laurencia pinnatifida*) *pepper dulse*

1   C.B.É. Iml. 1224:329-30.
2   C.B.É. Iml. 1224:361-62, 366-67.

B. IASCAIREACHT – GNÁTHEOLAS

1. Ag baint phortán – 4/9/52: C.B.É. Iml. 1312:140
Bhailigh Tadhg Ó Murchú eolas an-luachmhar ar ghnéithe praiticiúla den iascaireacht i mBéarra sna blianta 1950 agus 51.[1]

1   C.B.É. Iml. 1224:332-43, 345-46, 350-51, 354-55; Roinn Bhéaloideas Éireann, An Coláiste Ollscoile, Baile Átha Cliath. Téip M906c-M912a.

C. BÁ AGUS EACHTRAITHE FARRAIGE

1. Beirt a bádh go cinniúnach – 13/9/51: C.B.É. Iml. 1224:213-15
Ba é an fear a bádh ná Pádraig Ó Fiannachta, saor bád ó Chathair Caim.
Rugadh é i gCathair Dónall, Co. Chiarraí agus ba é Tomás Ó Fiannachta
a athair. Bhí Pádraig pósta le Máire Ní Ghearailt ó Chathair Dónall.
Pósadh ar na hAoraí iad agus bhí dhá leanbh déag acu. Ba é an buachaill
a bádh i dteannta Phádraig ná Dónall Ó Súilleabháin, mac le Micheál Ó
Súilleabháin (*Mike o' The Strand*) agus Máire Ní Shúilleabháin
(Suaimhnis), Trá a' Bháid, Cathair Caim. Ba é an rud a tharla ná go
ndeachaigh Pádraig Ó Fiannachta, a mhac Tadhg agus Dónall Ó
Súilleabháin go dtí Láithreach, Co. Chiarraí ar thóir lasta adhmaid an 4
Márta, 1924. Bhí sé ag cáitheadh sneachta nuair a bhíodar chun
scaoileadh faoi abhaile agus d'fhan Tadhg i gCiarraí. Líon an bád le
huisce agus suncáladh í nuair a bhíodar ag gabháil idir Inis Fearann Ard
agus Pointe Chill Chaitiairn. D'aimsigh Pádraig Ó Háinle an bád gairid
do Chlaonach, Rinn Troisc, ina dhiaidh sin, ach níor aimsíodh na coirp
riamh.[1]

---

1   O'Dwyer, *Who Were My Ancestors – Eyeries*, l. 265, l. 268.

2. Mar a bádh bád ón gCróchán – 9/9/51: C.B.É. Iml. 1224:123-24

3. Micil an Oileáin – 25/7/50: C.B.É. Iml. 1188:260-64
Ba é Seana-Mhicheál Ó Súilleabháin (Micil an Oileáin) an chéad leanbh a
rugadh in Inis Fearann Ard de réir na dtuairiscí oifigiúla agus béaloidis.
Mac ab ea é le Dónall Ó Súilleabháin agus Máire Ní Laoire. Phós Micheál
Cáit Nic Cárthaigh (Ní Rócháin) ó Dhoire Mhór. Bhí seisear leanbh ag
Micheál agus Cáit agus rugadh an chéad duine, Máire, sa bhliain 1846.[1]

---

1   O'Dwyer, *Who Were My Ancestors – Eyeries*, l. 81-82.

4. Iascairí báite a chonacthas ar an dtalamh – C.B.É. Iml. 1224:125-26
Feic, leis, an leabhar *Gort Broc* mar a bhfuil tagairt eile d'iascairí báite a
bheith á bhfeiscint ar an talamh.[1]

Bhailigh Tadhg Ó Murchú ábhar ina bhfuil eachtraí mar gheall ar anró na farraige agus eachtraí éagsúla iascaireachta ó Mhicheál Ó Dúnaí, Cill Chaitiairn, [16/5/39],[2] ó Phádraig Ó Laochdha, Pointe Chill Chaitiairn [17/9/51][3] agus ó Dhiarmaid Ó Sé, Fán Shliabh [24/7/1950,[4] 17/9/51[5] agus 20/9/51[6]].

1 M. Verling, *Gort Broc – Scéalta agus Seanchas ó Bhéarra*, (Baile Átha Cliath, Coiscéim 1996) ll. 237-38.

2 C.B.É. Iml. 623:548-59.

3 C.B.É. Iml. 1224:343-45, 346-47.

4 C.B.É. Iml. 1188:244-46.

5 C.B.É. Iml. 1224:65-71.

6 C.B.É. Iml. 1224:94-95.

D. PISEOGA IASCAIREACHTA

1. An Choróin Pháirteach á rá ag dul isteach sa bhád saighne – 24/9/51: C.B.É. Iml. 1224:312

2. Cosc ar chorp an duine bháite a chur sa bhád – 4/9/52: C.B.É. Iml. 1312:139

3. Punann tuí chun corp an duine bháite a aimsiú– 13/9/51: C.B.É. Iml. 1224:210

4. Lá 'Le Pártholán – 18/9/51: C.B.É. Iml. 1224:261
   Bhailigh Tadhg Ó Murchú eagráin eile den bhfinscéal seo mar gheall ar Lá 'Le Pártholán ó Dhiarmaid Ó Sé, Fán Shliabh [13/9/51][1] agus ina theannta sin ó Dhonncha Ó Rócháin, Droinn na mBéilleac [10/5/39].[2]
   Cheap Riobard P. Breathnach gur shíolraigh an sceimhle seo a bhaineann le hainm Phártoláin ó chuimhne ársa a bhaineann leis an bpearsa áirithe sin.[3] Deir Daithí Ó hÓgáin gur athchóiriú Gaelach is ea an t-ainm Partholán (Bartholomew) ar Bartholomaeus, a ndúirt Naomh Jerome gur chiallaigh sé *'son of him who stays the waters.'* Deir Daithí

chomh maith nach raibh sa traidisiún a bhain le Pártholán ach 'invention
of the early medieval historians.'[4]

Bhailigh Tadhg Ó Murchú cuid mhaith eile piseoga ar an iascaireacht
ó Phádraig Ó Laochdha,[5] agus ó Dhiarmaid Ó Sé, Fán Shliabh.[6]

1 C.B.É. Iml. 1224:33-35.

2 C.B.É. Iml. 623:327-29.

3 C. Ó Síocháin, The Man From Cape Clear – The Life of an Islandman, aistrithe ag Riobard
   L. Breatnach, (Corcaigh: Mercier Press, 1975), ll. 150-51.

4 D. Ó hÓgáin, Myth, Legend and Romance – An Encyclopaedia Of Irish Folk Tradition,
   (Londain: Ryan Publishing Co. Ltd., 1990), l. 355.

5 C.B.É. Iml. 1224:348-50, 354-56.

6 C.B.É. Iml. 1224:93-4.

5. An bhrúch agus Peaidí na mBó – 13/9/51: C.B.É. Iml. 1224:210-13

D'inis Diarmaid Ó Sé, Fán Shliabh [8/9/51] chomh maith mar gheall
ar theagmháil idir Peaidí na mBó agus beirt bhan ón bhfarraige, gurbh
é an toradh a bhí air ná an t-ádh a bheith i gcónaí leis ag iascaireacht as
sin amach.[1]

Tá eachtraí eile mar gheall ar chaidreamh idir daoine agus brúchanna
bailithe ó Dhonncha Ó Rócháin, Doirín na mBéilleac [10/5/39][2] agus ó
Dhiarmaid Ó Sé, Fán Shliabh [24/7/50][3].

Tá an finscéal mar gheall ar bhrat na brúiche áirithe mar cheann de
na Migratory Legends [No. 4080] ag Christiansen faoin teideal The Seal
Woman.[4] Bailíodh an finscéal seo go minic in Éirinn agus bhí ana-eolas
air sna Gaeltachtaí. Tá an téama usáidte go minic ag filí i nGaeilge agus
i mBéarla agus tá an pointe seo pléite go maith ag Bo Almqvist ina alt
'Of Mermaids and Marriages'.[5] Tá mapa ag Patricia Lysaght ina leabhar
The Banshee ag taispeáint na n-áiteanna inar bailíodh an finscéal.[6]

Bailíodh eachtraí mar gheall ar bháid sí ó Mhicheál Ó Dúnaí, Cill
Chaitiairn [16/5/39],[7] ó Dhonncha Ó Rócháin, Cill Chaitiairn [10/5/39],[8]
agus ó Dhiarmaid Ó Sé, Fán Shliabh [8/9/51,[9] 13/9/51].[10]

1 C.B.É. Iml. 1224:4-6.

2 C.B.É. Iml. 623:312-13.

3 C.B.É. Iml. 1188:240-44.

4 R. Th. Christiansen, *The Migratory Legends,* (FF *Communications* 175, Helsinki 1958), l. 75.

5 B. Almqvist, "Of Mermaids and Marriages," *Béaloideas* 58 (1990):1-74.

6 P. Lysaght, *The Banshee – The Irish Supernatural Death-Messenger,* (Baile Átha Cliath: The Glendale Press, 1986), l. 161.

7 C.B.É. Iml. 623:559-62.

8 C.B.É. Iml. 623:309-12.

9 C.B.É. Iml. 1224:7-8.

10 C.B.É. Iml. 1224:35-8.

F. FEIRMEOIREACHT – AINMHITHE FEIRME AGUS TÍS

1. Breith na bó – salann á chimilt ar an ngamhain – 13/9/51: C.B.É. Iml. 1224:200

2. Coinneal bheannaithe a chuir fén mbó – 11/9/51: C.B.É. Iml. 1224:200

Chomh fada le cumhacht na tine ar an mbó nuabheirthe de, bhailíos an scéilín seo gairid de Bhaile na nAoraí. An fianaise é seo go bhfuil ceangal idir creidiúint ársa i gcumhacht na tine agus úsáid na coinnle beannaithe?

Johnny Healy's father went to Kenmare with pigs. He was selling pigs, you know – there used to be a pig fair in Kenmare – so he asked Johnny – Johnny was only quite a young lad – so he asked Johnny to go out fishing instead of himself, you know, for that one night.

So, they had no timepiece – no clock – but there was a bright moon there and the bright moon fooled Johnny and he went away down to the pier hours before the proper time. So, he was down on the pier all alone and he saw a light in this house about two hundred yards from the pier and he knew that there was an old man and an old woman living there – very old. They had two cows and it was very late, of course, in the night. And he moved up towards the house to see what was going on: there were no blinds, of course, in the windows at that time, or anything, you know. So he looked – it was in the cowhouse the light was – and he stole up as close as he could get to the door of the cowhouse but he still kept under cover. And he watched what was . . . he looked in and he saw there was a cow just after calving. And the old man and the old woman were inside, one on each side of the cow. And they had fire in a saucepan and one of them used to hand the saucepan of fire across under the cow's belly and hand it back to the other one over her back, and so on until they did it several times. You know?

And Johnny went back down to the pier afterwards and when the rest of the men came along going fishing Jack Sheehan the stonemason was listening. Johnny started to tell the yarn, you know, and Jack Sheehan listened to him. So Jack says when Johnny was finished:

'Johnny,' says he, 'you didn't think,' he says, 'when you left the house last night that you would be the godfather of a calf before morning!'[1]

---

[1] Bailithe ag Máirtín Verling ó Sheán Ó hUrdail (Cáipí), Báificil (a rugadh agus a tógadh i mBéal a' Chrobháin), aimsir na Cásca, 1984.

3. An mhaothal á cuir os cionn na tine – 13/9/51: C.B.É. Iml. 1224:200

4. Crúba na mba – 13/9/51: C.B.É. Iml. 1224:205

5. Stoc á thiomáint chun cnoic – 21/9/51: C.B.É. Iml. 1224:268

6. Maitheas na bó cróine – 18/9/51: C.B.É. Iml. 1224:252

7. An chéad sniogadh – 24/9/51: C.B.É. Iml. 1224:294-95

8. Cosc ar bhainne a scaoileadh amach as an dtigh – 13/9/51: C.B.É. Iml. 1224:201

9. Fíor na Croise a bhaint den bhó – 13/9/51: C.B.É. Iml. 1224:201

10. Bualthú – 13/9/51: C.B.É. Iml. 1224:201

11. An bhó a chuaigh i ndísc agus a cailleadh – 11/9/51: C.B.É. Iml. 1224:190-91

12. Giorré ag crú bó – 11/9/51: C.B.É. Iml. 1224:189-90
Bhí scéal ag Pádraig Ó Murchú (Patsy Gort Broc) ó Ghort Broc, Cill Chaitiairn mar gheall ar fhear ó Chill Gharbhán, Co. Chiarraí a cheannaigh bó ó fhear ón nGleann Beag gairid de Dhá Dhrom. Lean an giorria an bhó ó Chill Gharbháin – bhí an giorria tar éis bheith á crú cheana – agus chaith fear Chill Gharbháin an bhó a dhíol. [1]

[1]   M. Verling *Gort Broc*, ll. 169-71.

13. An searrach – 18/9/51: C.B.É. Iml. 1224:252

14. Fear an asail – 24/9/51: C.B.É. Iml 1224:306

15. Caint na n-ainmhithe – 24/9/51: C.B.É. Iml. 1224:306

16. Cosc ar chat a athrú ón seanathigh – 21/9/51: C.B.É. Iml. 1224:272

17. Cosc ar ghadhar a chuir i ndiaidh ainmhithe istoíche – 19/9/51: C.B.É. Iml. 1224:255-56

18. 'Cearca go tiubh agus coiligh go fánach.' – 25/7/50: C.B.É. Iml. 1188:277-79

19. Ubh an tsicín duibh – 13/9/51: C.B.É. Iml. 1224:221

20. 'Comh daor leis an dá ubh ar an bpigin.' – 13/9/51: C.B.É. Iml. 1224:219-20

21. An coileach Márta – 13/9/51: C.B.É. Iml. 1224:220-21
Bhailigh Tadhg Ó Murchú scéal eile mar gheall ar an gcoileach Márta ó Phádraig Ó Murchú i mBaile na nAoraí.[1]

[1]   Verling, *Gort Broc*, ll. 167-69.

22. Glao an choiligh – 13/9/51: C.B.É. Iml. 1224:221-22

F. FEIRMEOIREACHT – CURADÓIREACHT, RÓMHAR AGUS RÁMHAINNÍ

1. Cur na bprátaí – 18/9/51: C.B.É. Iml. 1224:261

2. Dubhachtaint na bprátaí – 21/9/51: C.B.É. Iml. 1224:266

3. Iomaire na Nollag (i) – 21/9/51: C.B.É. Iml. 1224:266

4. Iomaire na Nollag (ii) – 25/7/50: C.B.É. Iml. 1188:270-71

5. Piseoga a bhaineann leis an rámhainn (i) – 24/9/51: C.B.É. Iml. 1224:298

6. Piseoga a bhaineann leis an rámhainn (ii) – 18/9/51: C.B.É. Iml. 1224:247-48

7. An líon – 21/9/51: C.B.É. Iml. 1224:279-80

G. CREIDIÚINTÍ MAR GHEALL AR THITHE NA NDAOINE

1. An doras iata – 21/9/51: C.B.É. Iml. 1224:273

2. Fód dearg á thabhairt timpeall ar thigh nua – 21/9/51: C.B.É. Iml. 1224:272

3. Ag aistriú tí ar an Satharn – 21/9/51: C.B.É. Iml. 1224:272

4. Ag codailt sa tigh nua – 21/9/51: C.B.É. Iml. 1224:272-73

5. Píosaí airgid fé chúinníbh an tí – 21/9/51: C.B.É. Iml. 1224:270-72

6. Tigh ar sheanachosán – 15/9/51: C.B.É. Iml. 1224:232-34

7. Ag cur le tigh – 15/9/51: C.B.É. Iml. 1224:233-33

8. *Linny* ar sheanabhóthar – 15/9/51: C.B.É. Iml. 1224:234-35
Úsáidtear an focal *linny* go minic fós i bParóiste na nAoraí do bhothán
beag nó *lcan to*. D'úsáidtí an focal céanna trasna Ribhéar Neidíneach in
Uíbh Ráthach do bhothán oscailte in aice le tigh.[1]

---

[1] C. Nic Pháidín, *Cnuasach Focal Ó Uíbh Ráthach*, (Baile Átha Cliath: Acadamh Ríoga na
hÉireann, *Deascán Foclóireachta* 6, eag. gin. Tomás de Bhaldraithe, 1987), l. 72.

H. CEARDANNA

1. Slata a bhaint le linn ré na Samhna 24/9/51: C.B.É. Iml. 1224:299

2. Poll an Duibh – 24/9/51: C.B.É. Iml. 1224:299-300

3. Dathúchán – 24/9/51: C.B.É. Iml. 1224:298-99

4. Déanamh na gcoinnle i gCill Chaitiairn – 25/7/50: C.B.É. Iml.
1188:271-73

5. Déanamh na seanalampaí íle – 25/7/50: C.B.É. Iml. 1188:273

6. Cliathóg scolb – 25/7/50: C.B.É. Iml. 1188:273

7. Séamus na dTéad – 25/7/50: C.B.É. Iml. 1188:273-77
Is é an fear atá i gceist anseo ná Séamus Ó Súilleabháin a bhí ina chónaí
i Lios na gCat. Tháinig máthair Shéamuis ó Charraig an Eidhinn i gCo.
Chiarraí. Phós Séamus Cáit Ní Shúilleabháin ó Dhoire Mheigil. Bhí
ceathrar iníon acu: Siobhán (Meitheamh, 1871), a chuaigh go Nua
Eabhrac; Máiréad (10 Deireadh Fómhair 1873), a phós fear de Mhuintir
Laoire ó Cho. Chiarraí; Máire (8 Meán Fómhair 1876); Cáit (18 Eanáir
1882), a chuaigh go Nua Eabhrac. Bhí deirfiúr ag Séamus a bhí pósta le
Donncha Ó Muillichín (Mullins) in aice leis an droichead beag atá ar an
teorainn idir Ceapa Clochráin agus Lios na gCat. Is é is dóichí gurbh í
sin an deirfiúr a bhí ina theannta nuair a cailleadh é. Tá sé ráite go raibh

cuid dá théadáin i gceann seanathigín a bhí timpeall le fiche troigh lastoir den Holly Bar in Dhá Dhrom.[1]

[1] O'Dwyer, *Who Were My Ancestors – Eyeries*, l. 16.

I. SÓLÁISTÍ

1. Déanamh na snaoise – 3/9/52: C.B.É. Iml. 1312:135-36

Mar gheall ar an tobac, an sólás mór eile a bhíodh ag muintir na tuaithe in Éirinn, bhailigh Tadhg Ó Murchú véarsa á mholadh ó Phádraig Ó Laochdha, Pointe Chill Chaitiairn [3/5/92] nach bhfágann aon amhras orainn mar gheall ar an meas mór a bhí air:

> Bhí lánú . . . bhíodar – anoir ó thimpeall na Láithrí ab ea iad – bhíodar ag siúl rompu agus stadadar oíche sa tigh againne, agus cainteoirithe maithe (Gaelainne) ab ea iad.
>
> Ach, pé scéal é, do bhí an tseanabhean . . . do bhí sí ag smócáil agus do bhí an fear aosta ag smócáil, agus d'fhiarthaíodar díomsa ar chualag riamh moladh an tobac. Dúrtsa nár chualag, ní nách ionadh.
>
> 'Sea, cloisfir anois é más ea,' a dúirt an bhean aosta . . .
>
> 'Sidé an tobac do tháinig ón Oileán an treas lá de shamhradh,
> Do shábháladh agus do fuair triomacht,
> Do casadh agus do comhcasadh,
> Do casadh agus níor róchasadh:
> Do bhí blas na meala air agus balaithe na n-úll gcumhra uaidh:
> Do bhainfeadh sé an sraoth ón srón,
> An bhraidhm ón dtóin,
> An cnuimh ón bhfiacail,
> Agus an diabhal ón anam in aonacht.'[1]

[1] C.B.É. Iml. 1312:131-32.

J. SPAILPÍNÍ

1. 'An í sin an ghrian a bhíonn thiar againne?' 25/7/50: C.B.É. Iml. 1188:258-59

3. An Pobal

A. SCOILEANNA AGUS SCOILÍOCHT

1. Laethanta scoile i gCill Chaitiairn – 21/9/51: C.B.É. Iml. 1224:276-79
Ba é an leasainm a bhí ar Stephen Mac Carthy ná *Master Mac*. Rugadh
é i gCeann Feadha agus phós sé Máiréad Ní Néill ón Sliabh in Dhá
Dhrom. Bhíodar ag mairiúint in Dhá Dhrom ar feadh cúpla bliain sula
ndeachaigh Stephen go Béal a' Chrobháin ag múineadh. Bhí Stephen
ina phríomhoide in Oircheann ina dhiaidh sin agus bhí sé ag mairiúint
i nGort. Bhí ochtar leanbh ag Stephen agus Máiréad.[1]

Bhailigh Tadhg Ó Murchú eolas mar gheall ar mhúinteoir eile ó
Phádraig Ó Laochdha, Pointe Chill Chaitiairn [3/9/52] agus is é is dóichí
gur scoil scairte a bhí aige sin. Ba é an t-ainm a bhí ar an bhfear seo ná
Dónall Ó hUallacháin agus bhí sé ag mairiúint ar Phointe Chill Chaitiairn.
De réir dealraimh do scríobhadh sé litreacha do na comharsana gach
Domhnach tar éis Aifrinn.[2]

Féach, leis, M. Verling, *Gort Broc*, ll. 248-49, mar a bhfuil scéal, 'An
fáth go bhfuil an fharraige suaite,' a d'inis an seanamhúinteoir sin do
Mhicheál Ó Laochdha, saor bád. Ó Mhicheál Ó Laochdha a fuair an
scéalaí Pádraig Ó Murchú an scéal.

[1] O'Dwyer, *Who Were My Ancestors – Eyeries*, l. 236.
[2] C.B.É. Iml. 1312:127.

2. Seanascoil agus seanamháistir a bhí in 'Á Dhrom – 18/9/51: C.B.É.
Iml. 1224:242-43

B. CÚRSAÍ POIBLÍ

1. An Post – 21/9/51: C.B.É. Iml. 1224:268-69

C. TEAMPALL, ROILIGÍ, SAGAIRT AGUS *STATIONS*

1. Baiste neamhcheart – 11/9/51: C.B.É. Iml. 1224:172-74

2. Ag dul fé lámh easpaig – 18/9/51: C.B.É. Iml. 1224:246

3. Teampall Chill Chaitiairn (i) – An cat iarainn – 9/9/51: C.B.É. Iml. 1224:152-53
Bailíodh píosa ó Phádraig Ó Laochdha, Pointe Chill Chaitiairn sa bhliain 1950 mar gheall ar faoi mar a sciobadh an tobar baistí ó Theampall Chaitiairn. Sa phíosa céanna tá tagairt don chat iarainn.[1] Is é an rud an cat iarainn ná ceann duine snoite amach as an gcloch ghlas. Tá sé os cionn dhoras an teampaill ar an taobh theas. Pé bun atá leis, níl aon bhaint aige leis an ainm Caitiairn, atá truaillithe arís mar 'cat iarainn' sa bhéaloideas.[2]

[1] Roinn Bhéaloideas Éireann, Baile Átha Cliath: Téip M906c-M912a.
[2] Daniel M. O'Brien, *Beara – A Journey Through History*, (Baile Chaisleáin Bhéarra: Beara Historical Society, 1991), l. 135.

4. Teampall Chill Chaitiairn (ii) –Tarbh a cailleadh – 11/9/51: C.B.É. Iml. 1224:163-66

5. Teampall Chill Chaitiairn (iii) – Fé mar a scaip árthach cogaidh an taobh thuaidh de – 9/9/51: C.B.É. Iml. 1224:149-52

6. Teampall Chill Chaitiairn (iv) – Uaigh an tSagairt – 9/9/51: C.B.É. Iml. 1224:149; C.B.É. Iml. 1224:149
Chun a thuilleadh eolais mar gheall ar Theampall Chill Chaitiairn feic Daniel M. O'Brien, *Beara – A Journey Through History*, ll. 135-36.

7. Clochán a' tSagairt (i) – 15/9/51: C.B.É. Iml. 1224:230

8. Clochán a' tSagairt (ii) – Fiach ar Shagartaibh – 24/9/51: C.B.É. Iml. 1224:304-5

9. Arán na *stations* (i) – 21/9/51: C.B.É. Iml. 1224:269-70

10. Arán na *stations* (ii) – 24/9/51: C.B.É. Iml. 1224:307-9

4. An Duine

A. SAOLÚ AN DUINE

1. Comhartha cille – 9/9/51: C.B.É. Iml. 1224:137-38

2. Brat ar cheann linbh – 11/9/51: C.B.É. Iml. 1224:174-76

B. AN PÓSADH AGUS AN SAOL PÓSTA

1. Lánú phósta ag baint tosaigh dá chéile ag fágaint an tséipéil – 24/9/51: C.B.É. Iml. 1224:311

2. Cosc ar mháthracha -24/9/51: C.B.É. Iml. 1224:311

3. Na *strawboys* – 18/9/51: C.B.É. Iml. 1224:263-64

4. An leasathair a dhíthigh an leanbh – 6/9/52: C.B.É. Iml. 1312:140-42

C. BREOITEACHTAÍ

1. Cnámh a tháinig amach as fear – 15/9/51: C.B.É. Iml. 1224:235

2. Galar coise – 6/9/52: C.B.É. Iml. 1312:146-47

D. AN BÁS

1. 'Sos go bás' – 24/9/51: C.B.É. Iml. 1224:296

2. Lón an bháis – 24/9/51: C.B.É. Iml. 1224:296-97

3. Déanamh na cómhrann – 24/9/51: C.B.É. Iml. 1224:292

4 Na fuinneoga á n-oscailt chun an t-anam a leogaint amach – 24/9/51: C.B.É. Iml. 1224:289-90

5. An t-anam á chosaint ar na cointe – 24/9/51: C.B.É. Iml. 1224:290

6. An aibíd – 18/9/51: C.B.É. Iml. 1224:246

7. Cosc ar chlúmh – 24/9/51: C.B.É. Iml. 1224:293

8. An corp á leogaint amach – 24/9/51: C.B.É. Iml. 1224:292

9. Coinnle na marbh (i) – 24/9/51: C.B.É. Iml. 1224:291-92

10. Coinnle na marbh (ii) – 24/9/51: C.B.É. Iml. 1224:292

11. Píopaí an tórraimh – 3/9/52: C.B.É. Iml. 1312:136

12. Ag caoineadh na marbh – 15/9/51: C.B.É. Iml. 1224:222-23

13. Duine a fhágaint i bhfeighil tí agus coirp – 24/9/51: C.B.É. Iml. 1224:293

14. Nithe a fhágaint sa chomhrainn – 24/9/51: C.B.É. Iml. 1224:293-94

15. Cosc ar ghol – 24/9/51: C.B.É. Iml. 1224:291

16. An corp á thógaint amach as an dtigh – 24/9/51: C.B.É. Iml. 1224:292-93

17. Cosc ar chorp a thabhairt isteach sa tigh – 13/9/51: C.B.É. Iml. 1224:210

18. Bearna na Marbh agus Pointe na Marbh – 4/9/52: C.B.É. Iml. 1312:139

19. Paidir a deirtí ag dul isteach sa roilig – 24/9/51: C.B.É. Iml. 1224:288-89

20. Mná ó Chill Chaitiairn á gcur i gCiarraí – 4/9/52: C.B.É. Iml. 1312:139

21. Éadach na marbh – 9/9/51: C.B.É. Iml. 1224:131-37
Tá mionchur síos scríofa ar an nós seo ag Seán Ó Súilleabháin faoi mar a chleachtaí é i bParóiste Thuath Ó Siosta, Co. Chiarraí, díreach trasna na teorann ó thigh Mháiréad. Tugann Seán a chuid tuairimí chomh maith mar gheall ar bhunús an nóis.[1] Is fiú tagairt a dhéanamh anseo do chuimhní Nóirín Ní Shúilleabháin (Bean Uí Éanaí), iníon le mac Mháiréad, ar an nós seo. Thug an bhean seo cuntas suimiúil dom ar chleachtadh an nóis faoi mar a chonaic a deartháir féin é. Seo a leanas an cuntas seo, a thugann éachtaint dúinn ar chomh dáiríre is a bhí daoine mar gheall ar an gcreidiúint seo – i ngátar na marbh don éadach – go dtí le déanaí:

People in our area at that time had very unusual customs with regards peoples' clothes when they died. Some adhered very rigidly to these customs, while others almost ignored them. One evening my brother Micheál called to Sheehan's house a few days after Mike's death. His daughter Mary had all his clothes spread out on the bushes behind the house. She would take one garment at a time, run round the corner of the house and in a loud voice would call: 'Mike Sheehan come back for your shirt,' or whatever garment she had in her hand. Then she would run quickly back into the house, not daring to look over her shoulder lest she would see Mike coming for his clothes. This went on, garment by garment, until all the clothes were back in the house. Mary believed that by doing that her father would not want for clothes wherever he might be.[2]

[1] S. Ó Súilleabháin, "Two Death Customs in Ireland; 2. Wearing Clothes for the Dead," *Studia Ethnographica Upsalensia* 9 (1956): 211-15.

[2] Nóirín Uí Éanaí, litir phearsanta – Eanáir, 1992.

22. Rudaí a chuir i ndiaidh an linbh – 24/9/51: C.B.É. Iml. 1224:294

23. Culaith phósta á caitheamh ar shocraid – 24/9/51: C.B.É. Iml. 1224:310-11

24. An ghruaig sa tsíoraíocht – 24/9/51: C.B.É. Iml. 1224:297

25. Cnámha an mhairbh – 24/9/51: C.B.É. Iml. 1224:295-96

26. Tarrac an uisce – 24/9/51: C.B.É. Iml. 1224:295

E. DÉILEÁIL IDIR BHEOIBH AGUS MHAIRIBH

1. Bean gur tháinig a driofúr thar n-ais chuichi – 15/9/51: C.B.É. Iml. 1224:235-36

2. An tslis le clos istoíche – 24/9/51: C.B.É. Iml. 1224:311-12
Bhailigh Tadhg Ó Murchú ó Mhicheál Ó Dúnaí, Cill Chaitiairn [16/5/39] dhá eachtra inar bhuail an faisnéiseoir le daoine óna chlann féin a bhí marbh.[1]

1 C.B.É. Iml. 623:523-27, 527-33.

F. LÚTH AGUS GAISCE

1. Bean ana-láidir – 13/9/51: C.B.É. Iml. 1224:217

5. An Nádúr

A. PLANDAÍ

1. Coillte sa tseanashaol – 18/9/51; C.B.É. Iml. 1224:241-42

B. MAMAIGH

1. Cait chrainn agus cait fhiachais – 18/9/51: C.B.É. Iml. 1224:255

2. An mada rua – 3/9/52: C.B.É. Iml. 1312: 135

C. FEITHIDÍ

1. An dairidéal – 18/9/51: C.B.É. Iml. 1224:243

6. Leigheasanna na nDaoine

A. LEIGHEASANNA AGUS LUIBHEANNA

1. Eidhneán do dhóiteán – 24/9/51: C.B.É. Iml. 1224:310

2. An camán meall (i) – 6/9/52: C.B.É. Iml. 1312:143-44
camán meall: (*Anthemis nobilis*) *camomile*

3. An camán meall (ii) – 24/9/51: C.B.É. Iml 1224:286

4. An gabáiste – 24/9/51: C.B.É. Iml. 1224:283

5. An liocán – 24/9/51: C.B.É. Iml. 1224:283-84

6. An slándus – 6/9/52: C.B.É. Iml. 1312:145-46
Is é is dóichí gurb é an *Plantago lanceolata* (*ribwort plantain*) atá i gceist anseo. Chun a thuilleadh eolais a fháil ar an mbéaloideas a bhaineann leis an bplanda seo feic N. Williams, *Díolaim Luibheanna*, (Baile Átha Cliath, Sáirséal agus Ó Marcaigh, 1993), ll. 162-65.

7. Cniubh – 6/9/52: C.B.É. Iml. 1312:147
De réir dealraimh ghlaoití 'cneamh' i bParóiste na Dromad, Co. Chiarraí ar an bplanda a nglaoití 'creamh' (*Allium ursinum*) *ramsons*, níos forleithne air.[1] Seans gur mar a chéile é agus an 'cniubh' atá luaite anseo.

1 C. Nic Pháidín, *Cnuasach Focal ó Uíbh Ráthach*, l. 37.

8. Cofaraí (nó companaí) – 24/9/51: C.B.É. Iml. 1224:284-85
Cofaraí (companaí): lus na gcnámh briste, meacan an chomparaí: *Symphytum* spp., (*Comfrey*)

9. Luibh na habha – 6/9/52: C.B.É. Iml. 1312:144-45

10. An gheárlic – 13/9/51: C.B.É. Iml. 1224:196

11. Mí-ádh ag baint le luibheanna – 6/9/52: C.B.É. Iml. 1312:144

12. An ruacht – 24/9/51: C.B.É. Iml. 1224:305

13. Cré ó thuama an tsagairt – 9/9/51: C.B.É. Iml. 1224:138

14. Leigheas sa chré fé bhun an choill – 9/9/51: C.B.É. Iml. 1224:138-39

15. Súmaireacht – 13/9/51: C.B.É. Iml. 1224:197-200

16. Folaíocht ar ainmhithe – 13/9/51: C.B.É. Iml. 1224:196-97

17. Snaidhm na péiste – Leigheas ar an gceathrú ghorm – 13/9/51: C.B.É. Iml. 1224:194-96

Is í an bhean atá i gceist anseo ná Máire Ní Leamhna a bhí pósta le Seán Ó Conaill a raibh siopa aige i Lios na gCat.[1] Iníon ab ea Máire le Crochúr Ó Leamhna agus a bhean Eibhlín ó Bhun Sceilge.[2] Bhí ceithre leanbh déag ag Seán agus Máire i Lios na gCat. Cailleadh Máire an 26 Samhain 1905 in aois a sé bliana déag agus trí fichid.[3]

[1] O'Dwyer, *Who Were My Ancestors – Eyeries*, l. 15
[2] Ibid., l. 35
[3] Ibid., l. 15.

18. Leigheas d'fhaithní (i) – 24/9/51: C.B.É. Iml. 1224:309

19. Leigheas d'fhaithní (ii) – 24/9/51: C.B.É. Iml. 1224:309-10

20. Leigheas do thinneas cinn – 9/9/51: C.B.É. Iml. 1224:141-42

21. Leigheas neamhchoitianta ar thinneas fiacail – 18/9/51: C.B.É. Iml. 1224:243-44

22. Ag tarrac na bhfiacal fadó – 18/9/51: C.B.É. Iml. 1224:244-45

23. Ortha na fola – 24/9/51: C.B.É. Iml. 1224:285-86

24. Scraith ghlas chun fuil a stop – 24/9/51: C.B.É. Iml. 1224:310

25. Cúnlach chun fuil a stop – 24/9/51: C.B.É. Iml. 1224:310

26. Father Larkin agus an bhean chnámh – 24/9/51: C.B.É. Iml. 1224:287-88

27. Turas go dtí Old Kenmare – Leigheas ar ghalar súl – 6/9/52: C.B.É. 1312:148-50
Dhein Donncha Ó Rócháin, Droinn na mBéilleac [10/5/39] cur síos ar úsáid a bheith á baint as an bhfuíollach firéid chun an triuch a leigheas. Luann sé, leis, cuipíní an triucha mar leigheas ar an ngalar céanna.[1] Chonaic Bríd Ní Shíocháin ó Inis Fearann Ard píosaí as éide naonúr sagart á n-úsáid mar leigheas ar chos thinn a bhí ag a dheartháir.[2]
Cuipíní an triucha: lus an treacha: *Veronica serpyllifolia* (*Thyme-leaved Speedwell*)

---

[1] C.B.É. Iml. 623:321-22.
[2] C.B.É. Iml. 1312:151-55. [6/9/52]

7. Ranna na hAimsire, Féilte agus Turais

A. TRÁTHANNA GO BHFUIL TÁBHACHT FÉ LEITH AG BAINT LEO

1. Lá Crosta na Bliana – 15/9/51: C.B.É. Iml. 1224:228

B. NA FÉILÍ COITIANTA

1. Oíche Inide agus na 'Skellig Lists' – 18/9/51: C.B.É. Iml. 1224:264-65

2. Aoine an Chéasta – 15/9/51: C.B.É. Iml. 1224:228

3. An Chros Phádraig – 13/9/51: I.F.C. 1224:218

4. Domhnach Cásca – 15/9/51: C.B.É. Iml. 1224:228-29

5. Comharthaí an tsamhraidh – 13/9/51: C.B.É. Iml. 1224:204-5

6. Oíche Bhealthaine – 13/9/51: I.F.C. 1224:209b

7. Oíche Lin Seáin – 13/9/51: C.B.É. Iml. 1224:205-9b

8. Oíche Shamhna – 15/9/51: C.B.É. Iml. 1224:229-30

9. Bloc na Nollag – 21/9/51: C.B.É. Iml. 1224:267

10. Coinnle na Nollag – 21/9/51: C.B.É. Iml. 1224:267-68

11. Lá le Stiofáin – 19/9/51: C.B.É. Iml. 1224:265-66

12. Oíche na dTrí Ríthe – 11/9/51: C.B.É. Iml. 1224:182-83

C. FÉILÍ ÁITIÚLA, PÁTRÚIN AGUS TURASANNA

1. Na trí triopall i Loch a' Coinleáin – 9/9/51: C.B.É. Iml. 1224:147-49

Bhailigh Tadhg Ó Murchú leagan eile den bhfinscéal seo mar gheall ar conas mar a deineadh bacach na triopaill ó Dhonncha Ó Rócháin, Droinn na mBéilleac [10/5/39].[1]
Bhíodh 'Lá an Locha', lá mór pátrúin, ar siúl ag Loch a' Coinleáin in aice le Cill Macallóg i bParóiste Thuath ó Siosta, Co. Chiarraí an 7/8 Iúil. Is ionann sin agus lá fhéile Killian (<Cillín) i Würzburg sa Ghearmáin. Tá gach dealramh ar an scéal go mbaineann an pátrún seo i gCill Macallóg le cultas fada fairsing an naoimh.[2]

[1] C.B.É. Iml. 623:308-9.
[2] Verling, *Gort Broc*, ll. 330-33.

2. Ag comhaireamh na dtimpeall sa turas (i) – 11/9/51: C.B.É. Iml. 1224:167

3. Ag comhaireamh na dtimpeall sa turas (ii) – 9/9/51: C.B.É. Iml. 1224:139-40

4. Turas Chinn Mara – 9/9/51: C.B.É. Iml. 1224:140-41, 145

5. Lady's Well – 9/9/51: C.B.É. Iml. 1224:145-47

6. Lá 'le Gobnait – 18/9/51: C.B.É. Iml. 1224:261-63

7. Turas na teorann – 9/9/51: C.B.É. Iml. 1224:142-44

8. Cnoc na hUla – 24/9/51: C.B.É. Iml. 1224:282
Tá Cnoc na hUla i mbaile fearainn an Chloch Fhinn i Paróiste Chill na Manach. Bhí (nó bhíodh) lá pátrúin anseo an 29ú Meitheamh, Lá 'le Michíl.[1]

[1] M. Mac Cárthaigh, 'Placenames of the Parish of Kilnamanagh (cont.),' *Dinnseanchas* VI, 2 (Nollaig, 1974):39.

9. Ré Eidhneáin – 24/9/51: C.B.É. Iml. 1224:283

10. Ard na hUla – 24/9/51: C.B.É. Iml. 1224:283

8. Piseoga agus Draíocht

A. DAOINE GO RAIBH CUMHACHTAÍ SPEISIALTA ACU

1. An bhean chabhartha go raibh fios aici – 11/9/51: C.B.É. Iml. 1224:167-68

2. Máire Ní Mhurchú agus an giorré – 9/9/51: C.B.É. Iml. 1224:159-62
Níl aon dabht ná gur phearsa ana-thábhachtach ab ea Máire Ní Mhurchú i saol na ndaoine i bParóiste Chill Chaitiairn, agus b'fhéidir i bhfad níos faide ó bhaile i mBéarra, timpeall lár an chéid seo caite mar go dtagtar trasna uirthi ana-mhinic sna lámhscríbhinní. Tá a cúlra agus cúrsaí eile a bhaineann léi pléite agam cheana.[1] Tá píosaí eile mar gheall ar Mháire Ní Mhurchú bailithe ó Phádraig Ó Laochdha, Pointe Chill Chaitiairn [1950],[2] agus ó Dhonncha Ó Rócháin, Droinn na mBéilleac [10/5/39].[3]

[1] Verling, *Gort Broc*, ll. 297-300.
[2] Roinn Bhéaloideas Éireann, Baile Átha Cliath. Téip M906c-M912a.
[3] C.B.É. Iml. 623:314-15, 316-18, 318-19.

3. Máire Ní Mhurchú agus an cailín a dhein a cuid uisce sa chorcán – 18/9/51: C.B.É. Iml. 1224:248-51

4. Máire Ní Mhurchú agus an bhean a fuadaíodh – 13/9/51: C.B.É. Iml. 1224:215-17
Bhailigh Tadhg Ó Murchú leagan den eachtra seo ó Phádraig Ó Murchú (Patsy Gort Broc) an 28/4/39. Tá sé suimiúil go ndúirt Pádraig gur bhean de Mhuintir Shé a bhí fuadaithe, gur ó Dhá Dhrom Istigh ab ea í agus gur isteach go dtí Tráigh an Phuillín a tugadh í nuair a saoradh í. Ar ndóin, ba í Máire Ní Mhurchú, arís, a chomhairligh a fear ar conas tabhairt faoi í a fháil thar n-ais.[1]

[1] Verling, *Gort Broc*, ll.157-159

B. AN DROCHSHÚIL

1. Mothú – 13/9/51: C.B.1224:191-94.

C. RUDAÍ GO LEANANN DRAÍOCHT AGUS RATH IAD

1. Rath an deataigh – 13/9/51: C.B.É. Iml. 1224:202-4

2. An tAingeal (i) – 13/9/51: C.B.É. Iml. 1224:201-2
Dhein an scéalaí Pádraig Ó Murchú [Gort Broc] tagairt don Aingeal a
bheith á úsáid chun im a chosaint.[1]

[1]   Verling, *Gort Broc*, ll. 171-72.

3. An tAingeal (ii) – 18/9/51: C.B.É. Iml. 1224:245

4. Seile á caitheamh ar airgead – 15/9/51: C.B.É. Iml. 1224:227-28

5. Seamróg na gceithre gcluas – 9/9/51: C.B.É. Iml. 1224:155-57

6. An maothachán – 18/9/51: C.B.É. Iml. 1224:251

D. PISEOGA – CEART AGUS ÉIGEART

1. Cosc ar choigilt na tine istoíche – 21/9/51: C.B.É. Iml. 1224:274

2. Cosc ar chodailt ar an raca – 21/9/51: C.B.É. Iml. 1224:275

3. Cosc ar dhuine aonair – 24/9/51: C.B.É. Iml. 1224:312

4. Uisce na gcos – 21/9/51: C.B.É. Iml. 1224:274-75

6. An t-uisce glan a bheith istigh istoíche – 21/9/51: C.B.É. Iml. 1224:274

Bhailigh Tadhg Ó Murchú píosa ó Dhiarmaid Ó Sé, Fán Shliabh [15/9/51] mar gheall ar chosc a bheith ar an gcraiceann a bhaint de bhó mharbh.[1]

1   C.B.É. Iml. 1224:61-65.

9. Samhlaíocht i dTaobh Nithe agus Daoine

A. AN SLUA SÍ

1. Buachaill a chuala an ceol sí istoíche – 11/9/51: C.B.É. Iml. 1224:168-71

2. Ceol sí, báire agus tiomáint sa tsliabh – 15/9/51: C.B.É. Iml. 1224:236-37
Bhailigh Tadhg Ó Murchú píosa ó Dhiarmaid Ó Sé, Fán Shliabh [8/9/51] mar gheall ar an gceol sí.[1]

---

[1] C.B.É. Iml. 1224:3-4.

---

3. Liam Dhonncha agus na sióga – 15/9/51: C.B.É. Iml. 1224:237-41
Bhí fear dárbh ainm Liam Ó Súilleabháin pósta le Máiréad Ní Shúilleabháin i gCeann Feadha. Bhí seisear leanbh ag Liam agus Máiréad. Rugadh Liam sa bhliain 1861 agus mac ab ea é le Donncha Ó Súilleabháin agus Cáit Ní Mhaoláin ó Cheann Feadha. Seans maith gurb é seo an Liam Dhonncha atá i gceist san eachtra seo. Mar fhianaise eile air seo, cailleadh Liam Ó Súilleabháin agus gan é ach naoi mbliana déag agus fiche.[1]

Is léir ó na lámhscríbhinní go raibh an mhóitíf seo – go dtéann duine éigin ag imirt báire leis na sióga [Uimh. F331. *Mortal wins fairies gratitude by joining in their sport*][2] – cuíosach comónta i mBéarra. Bhailigh Tadhg Ó Murchú eachtra eile go raibh an mhóitíf seo ann ó Phádraig Ó Murchú [Gort Broc] sa bhliain 1939.[3]

Bailíodh eachtraí eile mar gheall ar dhaoine a bheith ag glacadh páirt i spórt na sióg ó Mhicheál Ó Síocháin, Barra Coille 21/3/37[4] agus ó Dhiarmaid Ó Sé, Fán Shliabh [15/9/51 agus 17/9/51][5].

---

[1] O'Dwyer, *Who Were My Ancestors* – Eyeries, l. 17.

[2] S. Thompson, *Motif–Index of Folk Literature* (6 vols., Bloomington Indiana 1955-58).

[3] Verling, *Gort Broc*, ll.146-49.

[4] C.B.É. Iml. 319:384-86.

[5] C.B.É. Iml. 1224:50-51, 76-79.

4. An bhean chabhartha a tugadh isteach sa lios – 11/9/51: C.B.É. Iml. 1224:176-78. Feic Christiansen, *The Migratory Legends*, Uimh, 5070, *Midwife to the Fairies*.[1]

[1] Reider Th. Christiansen, *The Migratory Legends – A Proposed List of Types with a Systematic Catalogue of Norwegian Variants*. (Helsinki: Folk Fellows Communications 175, 1958) l. 91.

5. Fear breoite a chonacthas ag marcaíocht – 9/9/51: C.B.É. Iml. 1224:126-31

B. PÚCAÍ AGUS SPRIDEANNA

1. Buachaill a cuireadh amú Oíche Choille – 18/9/51: C.B.É. Iml. 1224:256-60

2. Cailín a ardaíodh san aer – 18/9/51: C.B.É. Iml. 1224:252-55

3. Púca an Daibhréig – 11/9/51: C.B.É. Iml. 1224:181

4. Púca na Sméar – 11/9/51: C.B.É. Iml. 1224:181-82

5. Solas istoíche – 11/9/51: C.B.E. Iml. 1224:171-72
Phléigh Pádraig Ó Laochdha, Pointe Chill Chaitiairn an géilleadh a bhí ann sa seanashaol do nithe neamhshaolta. Ar an ócáid chéanna [1950] d'eachtraigh Pádraig cúpla scéal mar gheall ar sprideanna.[1] D'eachtraigh Diarmaid Ó Sé, Fán Shliabh cuid mhaith scéalta mar gheall ar phúcaí agus sprideanna do Thadhg Ó Murchú [17/9/51,[2] 20/9/51,[3] 25/9/51[4]]. Labhair Micheál Ó Dúnaí, Cill Chaitiairn, le Tadhg Ó Murchú mar gheall ar ócáid inar chosain sé é féin ar dhrochsprid le cruach a bhí ina scian phóca [16/5/39].[5] D'inis Donncha Ó Rócháin, Droinn na mBéilleac do Thadhg mar gheall ar na foirmeacha difriúla ina nochtann an púca í féin [10/5/39][6] agus mar gheall ar sprid a mharaigh capall [10/5/39].[7]

[1] Roinn Bhéaloideas Éireann, An Coláiste Ollscoile, Baile Átha Cliath. Téip M906c-M912a.

2 C.B.É. Iml. 1224:75-6.

3 C.B.É. Iml. 1224:88-92, 96-8, 99-102.

4 C.B.É. Iml. 1224:103-5, 106-9, 110-15, 115-18, 118-20.

5 C.B.É. Iml. 623:533-36.

6 C.B.É. Iml. 623:304-6.

7 C.B.É. Iml. 623:306-8.

C. AINMHITHE NEAMHSHAOLTA

1. An chú dhubh agus an sagart – 9/9/51· C.B.É. Iml. 1224:157-58
D'inis Diarmaid Ó Sé, Fán Shliabh, an scéal seo do Thadhg Ó Murchú
mar 'scéal pearsanta' [*memorate*] [13/9/51], ina raibh sé féin ar dhuine
de na fir a chuaigh ag glaoch ar an sagart.[1]

1 C.B.É. Iml. 1224:44-50.

2. Na ba ón saol eile – 11/9/51: C.B.É. Iml. 1224:185-89
D'inis Diarmaid Ó Sé, Fán Shliabh, scéalta eile do Thadhg Ó Murchú
mar gheall ar ainmhithe neamhshaolta, mar shampla madra,[1] muc,[2]
madra agus bó,[3] capall ón bhfarraige,[4] agus scéal amháin ina bhfaca sé
féin rud i bhfoirm capaill ach a bhí leáite leis nuair a chuaigh sé in aon
ghaobhar de.[5] D'eachtraigh an fear céanna mar gheall ar mharcaíocht
scanrúil a fuair fear ar chapall neamhshaolta a raibh caint aige.[6] Thug
Micheál Ó Dúnaí, Cill Chaitiairn, eachtraithe do Thadhg chomh maith
mar gheall ar ainmhithe neamhshaolta – baint phearsanta a bhí aige le
capaill nach bhféadfaí a fheiscint,[7] capall ón bhfarraige[8] agus ba ón
bhfarraige.[9]

1 C.B.É. Iml. 1224:43-44. [13/9/51]

2 C.B.É. Iml. 1224:88-90. [20/9/51]

3 C.B.É. Iml. 1224:52-61. [15/5/51]

4 C.B.É. Iml. 1224:117-18. [25/9/51]

5 C.B.É. Iml. 1224:40-3. [13/9/51]

6   C.B.É. Iml. 1224:115-16. [25/9/51]

7   C.B.É. Iml. 623:536-46. [16/5/39]

8   C.B.É. Iml. 623:546-47. [16/5/39]

9   C.B.É. Iml. 623:547-48. [16/5/39]

D. ÁITEANNA SÍ

1. Doras iata ar lios – 15/9/51: C.B.É. Iml. 1224:230-31

2. Lios na gCat – 15/9/51: C.B.É. Iml. 1224:231

3. Máire Eoghain agus Comhla Bhreac Bhéal na Leapa – 11/9/51: C.B.É. Iml. 1224:183-85

4. Seanabhóthar na nAoraí – 9/9/51: C.B.É. Iml. 1224:158-59

E. AN CHAILLEACH BHÉARRA

1. An Chailleach Bhéarra agus an portán – 9/9/51: C.B.É. Iml. 1224:153-55

Dhein Diarmaid Ó Sé, Fán Shliabh, cur síos ar conas mar a dhein naomh cloch den Chailleach Bhéarra.[1] Tá an charraig a mbaineann an traidisiún seo léi, go nglaotar an Chailleach Bhéarrach uirthi go háitiúil, suite i mbaile fearainn Ghort Garbh os cionn Chuan Bhéal a' Chrobháin. I leagan eile den fhinscéal mar gheall ar bhunús na carraige – bailithe ag Pádraig Ó hAodha ó Bhaile Chaisleáin Bhéarra ó Shíle Ní Laochdha ó na hAoraí – a rugadh agus a tógadh i gCill Chaitiairn – deirtear gurbh í Naomh Gobnait a dhein cloch den Chailleach Bhéarra.[2] D'inis Séamus Ó hUrdail (Séamus a' Chápa), [50] ó Bhaile na nAoraí (a rugadh agus a tógadh i Rinn Troisc) mar gheall ar theagmháil mhíchairdiúil idir an Chailleach Bhéarra agus Naomh Gobnait chomh maith.[3] Chun eolas níos cruinne a fháil ar an traidisiún casta a bhaineann leis an gCailleach, féach Ó Cruadhlaoich (1988)[4] agus (1994-95)[5].

1   C.B.É. Iml. 1224:19-20. [10/5/51]

2   C.B.É. Iml. 51:31-34. [Meith. 1933]

3   C.B.É. Iml. 51:45. [Meith. 1933]

4   G. Ó Cruadhlaoich, "Continuity and Adaptation in Legends of Cailleach Bhéarra," *Béaloideas* 56 (1988): 153-78.

5   *Idem*, "Non-sovereignty Queen Aspects of the Otherworld Female in Irish Hag Legends: the Case of the Cailleach Bhéarra," *Béaloideas* 62-3 (1994-95): 147-62.

10. Litríocht na nDaoine

A. SCÉALTA AGUS SCÉALAÍOCHT

1. Neil na gCupóg, scéalaí – 18/9/51: C.B.É. Iml. 1224:245-46

2. Tadhg na Féithe, Dónall Ó Súilleabháin agus scéalaithe eile – 25/7/50: C.B.É. Iml. 1188: 268-70

Tadhg na Féithe
Bhí fear dárbh ainm Tadhg (na Féithe) Mac Cárthaigh ag mairiúint ar an bhFéith, Gort Garbh (ana-ghairid don áit inar rugadh Máiréad Ní Mhionacháin) agus phós sé bean dárbh ainm Máire Ní Uallacháin sa bhliain 1831. Is é is dóichí gurbh é sin an scéalaí atá luaite anseo ag an bhfaisnéiseoir. Bhí triúr leanbh ag Tadhg agus Máire agus rugadh an duine deireanach sa bhliain 1853.[1]

Dónall Ó Súilleabháin
Tháinig Dónall Ó Súilleabháin (Breac) ó Dhoirín a' tSluaigh, Bun Áth, Paróiste Thuath Ó Siosta, Co. Chiarraí, go dtí an Goirtín tar éis an Ghorta. Bhí cúig phunt agus cúig shabhran aige nuair a thosaigh an Gorta agus chabhraigh sé sin go mór leis chun mairiúint tríd an gcuid ba mheasa de. Bhí sé pósta le Neil Ní Shúilleabháin (Suaimhnis) ó Chaladh Ros. Rugadh triúr de na leanaí i nDoirín a' tSluaigh agus rugadh an ceathrú duine ar an nGoirtín.[2]

    Bhí ana-mheas ag an bhfaisnéiseoir ar Dhónall, a bhí fós beo nuair a phós sí isteach sa bhfeirm ar an nGoirtín sa bhliain 1882:

> Her husband's father, Daniel, lived in Gurteen for many years after she got married. She always spoke of him with great affection. He was a great storyteller and many people used to gather at their house at night to listen to his stories. While the storytelling was going on my grandmother would have a little stool which she placed on top of the long seat, and there she would sit knitting socks from the homespun wool. The reason for placing the stool in this position was to be near the oil lamp which hung high up on the wall.[3]

1 O'Dwyer, *Who Were My Ancestors – Eyeries*, l. 98.

2 Ibid., l. 6.

3 Cuntas Nóirín Uí Éanaí, 28/12/91.

4. Scéalta púcaí imithe as an saol anois – 14/7/50: C.B.É. Iml. 1188:258

B. FILÍ

1. Seán a' Bháin Mhóir – file – 24/9/51: C.B.É. Iml. 1224:303-4
Is é an file atá i gceist anseo ná Seán Ó Súilleabháin (Seán Uaithne nó
Seán a' Bháin Mhóir), a rugadh i nGleann Trasna, Paróiste Thuath Ó
Siosta, timpeall 1867. Phós sé bean de mhuintir Shúilleabháin ó Ros Mhic
Eoghain i mBéarra. Cuireadh Seán i mBaile Chaisleáin Bhéarra sa bhliain
1910. Bhailigh an scoláire béaloidis Seán Ó Súilleabháin cuid dá
amhráin ó dheartháir an fhile a bhí ag mairiúint i nDoire a' Locha i
bParóiste Thuath Ó Siosta.[1] D'inis Micheál Ó Síocháin ó Bharra Coille
d'Foghan Ó Súilleabháin mar gheall ar conas mar a chum Seán a' Bháin
Mhóir véarsa beag ag magadh faoi chailín aimsire a bhí ag obair sa tigh
mór i nDoirín, toisc nach lasfadh sí a phíopa le sméaróid ón tine.[2]

1 Ó Súilleabháin, *Diarmaid na Bolgaighe*, ll. 133-40.

2 C.B.É. Iml. 319:464-65. [14/3/37]

2. Cailín go raibh an fhilíocht aici – 24/9/51: C B.É. Iml. 1224:300-2

3. Seán The Boy – 24/9/51: C.B.É. Iml. 1224:302-3
Tá sé ráite gur tháinig Muintir Dhúnaí go dtí an Screathan in Oircheann
(Urthan) ó Bhunán, Co. Chiarraí – gur tháinig triúr deartháir go dtí an
Screathan agus go ndeachaigh triúr eile go Meiriceá. Duine de na
deartháireacha a chuaigh go dtí an Screathan ba ea Séamus Bán Ó Dúnaí
a chuaigh ina chliamhain isteach go dtí Cáit Hurrig in Oircheann. Mac
le Séamus agus Cáit ab ea Seán The Boy Ó Dúnaí a raibh cáil air mar
fhile agus atá luaite anseo ag an bhfaisnéiseoir. Phós Seán The Boy
Máiréad Ní Mhurchú a bhí ag mairiúint sa bhfeirm in aice leis. Rugadh
mac dóibh, Séamus, sa bhliain 1844.[1]

Bhailigh Tadhg Ó Murchú roinnt seanchais mar gheall ar Sheán The Boy ó Phádraig Ó Laochdha i gCill Chaitiairn:

De Mhuintir Dhúnaí in Uarthán (Urthan i mBéarla) ab ea Seán The Boy. Tá mac a mhic anois ann agus tigh ósta aige. B'é a dhein omhrán an Mhaoil ('A Mhaol, a Mhaol do mheallais mé,' agus rl. Bhí ábhar véarsaí (coitianta) de aige). Buachaill seolta ab ea An Boy. Do bhí sé uair eile agus do rith sé amach a' (as) prebhisean[2], agus do chuaigh sé go Baile Chaisleáin agus capall agus trucail aige fé dhéin an prebhisin agus cheangail sé an capall de staic ar thaobh na sráide. Chuaigh sé isteach go tigh tábhairne agus is dócha gur ól sé braon sa mbreis. Ach nuair a d'éirigh sé amach tráthnóna, ní raibh aon tuairisc ar an gcapall – scaoil bleagard éigin an capall an fhaid a bhí sé ag ól sa tábhairne. Ach do dhein sé omhrán ansan ach níl agamsa ach aon cheathrú amháin de:

'Nách liomsa a bhí an mí-ádh
An lá a thánag ón dtalamh aneas
Ag díol chíos is *Poor Law*,
Is gan criochán san ithir ag teacht,
Mo chapall sa tsráid go lá
'Gus é ceangailthe ar staic,
Agus na linbh ag gárthaigh,
Is gan gráinne mine sa tsac.'

Ní raibh agam ach an véarsa. Ó, do bhí a thuilleadh ann gan dabht.[3]

Amhrán a dhein An Boy

Well, seo seanamhrán eile do chloisinn ag mh'athair fadó, do dhein An Boy insa Chathair [Cathair Caim, is dócha], cúrsa a bhí sé go Meirice. Agus do dhein sé an t-amhrán th'réis teacht abhaile dho, agus do chloisinn mh'athair á rá, beannacht Dé lena anam. Ó Chathair Caim ab ea An Boy. De Mhuintir Dhúnaí, agus sin leasainm a bhí air. Bhí sé thall in Aimericea agus do fuair sé sca[n]radh ag teacht abhaile, le gála agus le drochaimsir agus do dhein sé amhrán ansan th'réis teacht do. Seo mar a ghabhann an t-amhrán:

i

Ó's ba ghnáth liom anonn is anall
Is níor liathadh riamh mo cheann,
Ach an lá do bhíos ar bhancaíbh na hÉireann,
Gur sciobadh uainn ár gcabhair,
An máta ba goire den cheann
Is mé im sheasamh ar an m*bowlsprit* (*bow-sprit*) taobh leis.
Do chailleas féin mo mheabhair,
Is do bhíos i bhfad gan labhairt,
Nuair a chonac an *shark* ag damhas dár bhféireacht,
Is mara bheadh Ard Rí an Domhain,
Do leag anuas ár namhaid,
Ó ní thiocfaimís anall in aon chor.

ii

Ó's mo chreach agus mo léir,
Mar an fhaid a mhairfead féin,
Ní bhead i gceart im chéill ná im shláinte,
Mar ó rugadh Mac Dé Oíche Nollag sa mhainséal,
Ní raibh a leithéid de ghaoth ná gála ann,
Do shéid ar nós an philéir,
Am na gcoileach do ghlaoch
Do chuir na céadta míle léig chun fáin sinn,
Is go mbainfimísne braon, mhuise,
As chlochaibh glasa an tsléibhe,
Sinn ag screadaigh agus léic inár n-árthach.

iii

Ó's go dtabharfainn a bhfeaca riamh,
Ar an anam so a bhí im chliabh,
Bheith i's na Flaitheasaibh gan phian ná gabháltas,
Is go bhfuil mo shúilse anois le Dia,
Ná beidh sé liomsa dian,
Mar nár dheineas aon drochriail lem bháirthibh.[4]

1   O'Dwyer, *Who Were My Ancestors – Eyeries*, l. 242.

2   lón bia.

3   29/9/51: C.B.É. Iml. 1224:353-54.

4   13/5/39: C.B.É. Iml. 623:399-402.

C. AMHRÁIN AGUS AMHRÁNAITHE

1. Curly Creepy – seana-amhránaí – 15/9/51: C.B.É. Iml. 1224:226-27

2. Cois na Leamhna (Fonn – 'Moladh na nGleann') – 3/9/52: C.B.É. Iml. 1312:137-38
Sa bhliain 1870 thug an Dr Caulfield an cuntas seo a leanas ar na Ranties:

When you stand upon the beach at Bantry and look towards the north, Sugarloaf Mountain lifts itself up in picturesque grandeur (close to Kerry). Far off, on the west, Hungry Hill forms the background of the picture. About midway between Sugarloaf and Bantry, Whiddy Island pleasingly breaks the view, whilst the troubled breakers at Ardnagashel toss themselves on high. But Sugarloaf is the chief object in this wild romantic landscape. At times its crest, which is 1887 feet above sea level, is muffled in mist, and not infrequently its middle is encircled with a zone of white clouds, while the top is illuminated, and the base conspicuous with its verdant pastures and craggy rocks which crop up here and there. On the eastern slope of this mountain, the land borders on the sea, a curious race of people formerly dwelt, called 'Ranties.' A little before the close of the 18th century they possessed all the characteristics of a peculiar people. From time immemorial they intermarried among themselves, which may account for their diminutive size at the time. They spoke a dialect of the Irish language which always required an interpreter. Eight ploughlands were the lot of their inheritance, viz., Farkeal, Bocarnagh, Mac Carraugh, Tracashel, at the east side of Coolieragh Harbour, where coral sand is taken, Coolieragh, Dereenacarrin (so called from an ancient cairn on top of the hill), Leakill and Derrylough. The whole district is called 'The Ranties,' and contains 3402 acres. Here they lived amidst their herds of cows and

wild goats, subsisting chiefly on potatoes and fish which they saved in due
season. Formerly they had little intercourse with the outside world, except
when periodically they brought coral sand and seaweed to Bantry to sell
to the farmers. They usually carried about fifteen cart loads which weighed
about eight tons, loaded during low water, sailed to Bantry under a square
sail, and returned with the fall of the tide. Each boat had a crew of eight
men. They had lately adopted much smaller boats with a foresail and
spritsail, and could now sail back against the wind. For these, as well as
other reasons, the 'Ranties' may be considered a primitive maritime tribe,
settled here from a remote period undisturbed from the inaccessible nature
of the locality and want of roads in former times. In the Public Record
Office, London, there is a curious map of Bantry Bay, 1558, with additions
by Sir William Cecil (vide Calend. S.P.Q., p. 152). In this Map the region
of the 'Ranties' appears to represent woods with rude drawings of deer
and wolves. Through the courtesy of the Deputy Master of Rolls I was
enabled to make a tracing of this most interesting map, which also embraces
the two peninsulas between the River Kenmare and Dunmanus Bay,
including Dursey and Beare Islands, Bearhaven, etc. At the time to which
I allude the women of this tribe wore red cloaks. This colour they were
said to produce by a process only known to themselves. Some persons
said it was from a uni-valve (shell) which they found adhering to the rocks;
others that it was obtained from a particular kind of seaweed found on an
inlet of the coast which was a secret. However this may be, when the French
Fleet arrived in Bantry bay in 1796, Mr. Richard White, afterwards Lord
Bantry, ordered all these women to go high up on the side of Sugarloaf
Mountain. The red cloaks caused them to be mistaken by the French for
soldiers, and the stratagem so far succeeded as to delay the landing until
they were driven by a storm out of the Bay. The Cholera visitation of 1832,
and subsequently the Famine of 1847-8, laid waste the dwellings of these
poor people, disorganised their domestic economy, and almost obliterated
all traces of their peculiar manners and customs. They now intermarry
among their neighbours, and have become a stalwart people, contrasting
strangely with what the past generation recollect them once to have been.
On the rough land of Tracashel, is an ancient burial-place called Kileenah,
the last resting place of the 'Ranties.' In our endeavours to obtain

information from their neighbours, our query: 'Why the old people married amongst themselves?' was rewarded with the reply that 'between mending their nets, saving fish, and being at sea, they had no time for courting, and consequently married the girl next of hand.[1]

[1]   In J. Coleman, 'The Ranties,' *Kerry Archaelogical Magazine* 4, Uimh. 18 (Aibreán, 1917): 274-76

3. Smut d'Amhrán ó Uíbh Ráthach – 3/9/52: C.B.É. Iml. 1312:138-39

D. SLÁINTÍ, GUÍTE AGUS RANN BEAG

1-9. – 11/9/51: C.B.É. Iml. 1224:162-63.

11. Caitheamh Aimsire na nDaoine

1. Scoileanna rince – 25/7/50: C.B.É. Iml. 1188:264-67

12. Seanchas Stairiúil

1. Dónall Ó Conaill agus an Ghaelainn – 15/9/51. C.B.É. Iml. 1224:223-26

Aguisín

Seo a leanas roinnt píosaí béaloidis a chuala Nóirín Uí Éanaí óna seanamháthair, Máiréad Ní Mhionacháin. Chuir Nóirín an t-ábhar seo chugam i mí Eanáir 1992.[1]

1. Nathanna Gaeilge agus seanfhocail

If somebody died she would never say, 'God rest his soul.' It would always be, *'Beannacht Dé lena anam.'*

If you wore a new garment she would say, *'Go mairir is go gcaithir é,'* and if she were speaking to me or to my sisters she would add, *'Agus go bpósfaidh tú fear ann.'*

If you found something which was lost she would say, *'Go dtuga Dia radharc na súl duit.'*

She had several old sayings (*seanfhocail*) which she used as the occasion arose. For example if you were upset about something she would say, *'Is mairg a bháitear in am an anaithe (anfa) mar tagann an ghrian i ndiaidh na fearthainne.'*

If you weren't up to scratch in doing things she might reprimand you and say, *'Ní hé lá na gaoithe lá na scolb.'*

If she heard people speak badly of others she would say, *'Is minic a bhris béal duine a shrón'* – and it went on and on.

2. An mheaig

When she saw magpies she never failed to say the old rhyme:

Aon don mhí-ádh,	[One for sorrow,
Dó don mheidhir,	Two for joy,
Is ceathair don chrá,	And four for torment,
Cúig don airgead,	Five for money
Sé don ór,	Six for gold,
Seacht don rún	Seven for the secret,
Fé chlúid go deo.	Never told.]

To this day if I see magpies I always think of that rhyme and if one appears I am hoping that the second one will come along for good luck.

3. Tomhas

She had Irish riddles, one of which I remember:

Chomh bán le bainne,
Chomh dearg le fuil,
Chomh hard le falla,
Chomh milis le mil.

I cannot remember the answer. [úll inairde ar chrann]

4. Dónall Ó Conaill

She had a little story about Daniel O'Connell, who on one occasion went to England, and according to her story there was a plot to poison him. He was sitting at table one day when the maid came in carrying a tray with a drink for O'Connell. The maid was Irish and she knew that there was poison in the drink. As she placed the tray on the table she started to sing in a low voice, as if she were enjoying her work. The words went as follows:

'A Dhónaill Uí Chonaill
An dtuigeann tú Gaelainn?'

He replied:

'Tuigim go cliste, a chailín ó Éirinn,
Agus cad is baol dom?'

She sang on as she continued her work:

'Tá blaise den tsalann
Sa ghloine sin taobh leat,
Is ding dong de-da-ró
Ding dong dé ró
Ding dong de-da-ró
Is ding dong dé ró.

5. 'Imeoidh a dtiocfaidh is a dtáinig.' (Rannscéal)

Not far from our house stood the ruins of an old building. It was at the side of the main road. Part of the roof was intact and there was one big room which had an open fireplace. When itinerants were passing by they sometimes stayed there overnight and they would light a big fire on the hearth. My grandmother often brought them food, and would sit and talk with them.

One day she was walking along the road with my sister and they saw one of the itinerants in our field getting some firewood. My sister cannot remember what remark exactly she herself made, but she feels that she must have suggested that the itinerant should be asked to get out of our field. My grandmother then went on to tell her the story of another tinker who was once caught stealing furze in a farmer's field. The farmer came along and attacked the tinker and this is what the tinker said:

'*Imeoidh a dtiocfaidh is a dtáinig,*
Ach ní imeoidh an grást' ó Dhia.
Imeoidh mise agus tusa ón áit seo,
Is beidh an aiteann ag fás 'nár ndiaidh.'

And my grandmother added:

'*Agus dúirt an feirmeoir leis aiteann a thógaint aon uair a bhí sí uaidh.'*

When she wanted to get her point across she always managed to have a little story to relate.

6. Lá Lin Seáin
There were certain feast days to which my grandmother gave great attention, and she liked to adhere to the old customs associated with these feasts. Saint John's Day was a special one. I think it falls around the 20th of June. We had to light bonfires beside the field where the potatoes were planted. The position of the bonfire depended on which direction the wind was blowing, because it was important that the smoke from the bonfire blew right over the crop.

7. Lá Bealtaine
The first of May, or *Lá Bealtaine* as she called it, was very special. It was customary to get up before sunrise to bring in the 'summer.' In her younger days she would bring in branches from the various trees and keep these in the house until the following year. When I was young my father continued that tradition, and if he wasn't at home my grandmother made sure that we got up to bring in the summer some hours before going to school. She used to recite the little *dán*:

Thugamar féin an samhradh linn,
Thugamar linn é is cé bhainfidh dínn é?
Thugamar féin an samhradh linn.
Samhradh samhradh bainne na ngamhna,
Thugamar féin an samhradh linn,
Samhradh buí fé luí na gréine,
Thugamar féin an samhradh linn.
Cuileann is coll is trom is cárthann,
Thugamar féin an samhradh linn,
Fuinseog gléigeal Bhéal an Átha,
Thugamar féin an samhradh linn.

This was a *dán* with several verses, but I cannot remember the remainder of the poem.

8. Aoine an Chéasta
My grandmother always fasted on Good Friday. Her only food would be dry bread and black tea. It was either on Ash Wednesday or Good Friday that she always brought in a twig, put it in the fire and when it was nicely singed she used to make the sign of the cross on our foreheads with it.

9. Lá 'le Stiofáin
She always looked forward to Saint Stephen's Day when the wren boys went out round the neighbourhood dressed in bright clothes. They would sing songs as they approached each house. My grandmother always asked them to sing the 'Wren Song,' and if they did she would pay them well for their efforts. She told us that in earlier years the wrenboys would always have a dead wren hanging on the bush and sometimes they might have spent a whole week beforehand looking for the wren. They wouldn't get money then unless they had the wren. I remember a few lines ot her song:

The wren the wren the king of all birds,
Saint Stephen's Day he was caught in the furze,

Although he was little his honour was great,
Cheer up oh landlady and give us a trate (treat).

Michael O'Sullivan is a dacent (decent) man,
To his house we brought the wran (wren),
Up with the kettle and down with the pot,
Give us an answer and let us be off.

She also had an Irish version of that song but I can remember only a few lines (as it sounded):

Dreoilín a fuaireas-sa thíos ar an Inse,
Fé bhrat carraige is carbhat síoda air,
Thugas-sa chughaibhse é, 'lánúin an tí seo,
Is go mba seacht mb'fhearr um an dtaca seo 'rís sibh.

10. An fear sa ghealach
My grandmother used to tell us the story of the man in the moon. She said he is carrying a bush on his shoulder. This man was placed on the moon as a punishment for his sins. On one occasion during his lifetime he stole a bush from a neighbour's field, and so he had to carry it for all eternity on the moon, for all the world to see.

11. Fiacla
If a tooth fell out during our childhood my grandmother would make us throw the tooth back over our shoulders and bless ourselves.

12. Damháin alla
She would never let us kill a spider. She said they were sacred.

13. Éadach na marbh
Customs relating to the dead were very important to her – especially the customs in relation to the wearing of peoples' clothes after their death. One of these customs was that if a person died, his or her clothes would have to be worn to Mass on three successive Sundays, and if the dead

person didn't have reasonably good clothes, new garments would sometimes be bought. It didn't matter if these clothes weren't the right size for the wearer. The important thing was that they would be the proper size for the dead person. I have never heard of this peculiar custom being in any other part of the country and it was beginning to die out when I was young. For a while then this custom was replaced by another which was even crazier. People put the dead person's clothes in a suitcase which they brought to the church (leaving it inside the church door) for three Sundays. My grandmother didn't approve of this at all. She felt people were taking the easy way out and were not being loyal to the dead.

14. Ainmneacha na bPáirceanna

My grandmother loved the farm animals and each cow had a name. She also had a name for every field in the farm – mostly Irish names, and some of these names were very suitable for the size and position of the field. To mention but a few she called one field *Páirc a' Bhóthair*, another, *Páirc Láir*, others still were *Páirc Mhór, Grafa Mór, Leaca Mhór, Cnocán a' Chró, Páirc a' Gheata, Lúib a' Gheata, Páirc Pháter*. Perhaps these fields had already been named before my grandmother came to Gurteen. I do not know.

An Ghaeilge

She actually didn't converse very much with us in Irish but most of her English was interspersed with idioms from the Irish language. You couldn't say she had good English, as most of what she spoke would have been a direct translation from Irish to English.

---

[1] Féach freisin na sleachta as cuntas Nóirín Uí Éanaí sa téacs, ag tús an leabhair go háirithe (ll. 21-51).

Modh Eagarthóireachta

Ba é a chuireas romham, sa chóiriú a dheineas, ná gan aon ghné den chanúint ná d'urlabhra an fhaisnéiseora a cheilt, go mór mór toisc canúint Bhéarra a bheith marbh anois. Ar a shon sin, d'éirigh liom roinnt mhaith de litriú an lae inniu a chur i bhfeidhm ar litriú na lámhscríbhinne gan cur isteach ar iarracht an bhailitheora chun an chanúint a léiriú. In aon áit go raibh aon amhras orm go raibh gné éigin suaithinseach den chanúint ná d'urlabhra an fhaisnéiseora á léiriú i litriú an bhailitheora dheineas mo dhícheall gan cur isteach air sin. Ní bheadh i gcuid de na nithe sin, ar ndóin, ach mo thuairimí suibiachtúla féin – rudaí ar thógas féin ceann dóibh agus ar taibhsíodh dom gur fearrde an téacs iad a fhágaint ann ar mhaithe le caomhnú na canúna – agus ráineodh gan aon tábhacht a bheith ag baint leo ó thaobh na teangeolaíochta de. Fágann sin ar fad nár chloígh mé go docht leis na rialacha eagarthóireachta atá leagtha síos agam thíos, ach tá samplaí de na heisceachtaí tugtha agam chomh maith.

Níor dheineas aon athrú ar an deilbhíocht ach amháin ar na nithe atá luaite faoi uimhir 3.1 – 3.4 thíos. Tá athruithe áirithe déanta agam ar mhodh na bparagraf agus ar an bponcaíocht ar mhaithe le soléiteacht. Dheineas iarracht ar é sin a dhéanamh i slí ná ceilfinn rithim chainte an fhaisnéiseora, ach níorbh fhéidir liom an dá thrá a thabhairt liom i gcónaí toisc go raibh sé tábhachtach, dar liom, rangú ceart a dhéanamh ar an ábhar.

Tá cuid mhaith teideal nua curtha ar na míreanna éagsúla agam toisc gan aon teideal a bheith ar chuid de na míreanna sna lámhscríbhinní. Chaitheas é sin a dhéanamh chun léiriú ceart a thabhairt ar ábhar an tseanchais agus chun nach mbeadh aon dá theideal ródhealraitheach lena chéile.

Tá gnáthlúibíní in aon áit a raibh lúibíní sa lámhscríbhinn féin agus lúibíní cearnacha timpeall ar aon ní atá curtha isteach agam féin.

1.1 Litriú na Gaeilge ar litriú na lámhscríbhinne:
    chodla > chodladh; amuh > amuigh; 'muh > amuigh; anún > anonn;

as > os; buinnt > baint; ca' 'na chaobh > cad ina thaobh; chualuíghis > chualaís; cia'na > céanna; d'umpuíoch > d'iompaíodh; duabhairt > dúirt; fáisgidhthe > fáiscithe; isdoídhche > istoíche; lín > linn; nódh > nua; orrtha > orthu; reádh > rá; roibh > raibh; seachtmhain > seachtain; skial > scéal; t'acht > teacht; teiche > teitheadh; thacach > thagfadh; theille > thuilleadh; tiúnnlach > tionlach; trágha > trá; túirt > tabhairt;
Eisceachtaí:
   b'fhé' (= b'fhéidir); b'fhriste > (= b'fhurasta); áinní (= aon ní); éigint (= éigin);
   bhuaidh (= uaidh); 'uit (= duit); tiormú (= tirmiú); 'en (= den).

1.2 Sínte fada de réir ghnáis an lae inniu:
   beó > beo; captaén > captaen; ceól > ceol; chúgham > chugham; cínn > cinn; coínsias > coinsias; cuímhin > cuimhin; daoíne > daoine; eólas > eolas; laé > lae; leó > leo; me > mé; rínnce > rince; tu > tú;

1.3 Consain a fágadh ar lár (a bháitear sa chaint) a chur isteach:
   ar nóin > ar ndóin; go m'fhéidir > go mb'fhéidir.

1.4 Consain a scríobh de réir nós an lae inniu:
   páisdí > páistí; skian > scian.

1.5 Consain bhreise a ruagairt:
   annsan > ansan; baoghalach > baolach; breágh > breá; breóidhte > breoite; buídhe > buí; chuadhas > chuas; cídhtear > cítear; cómhnaí > cónaí; deireannach > deireanach; gádhtar > gátar; glaodhach > glaoch; imighthe > imithe; leanbhaí > leanaí; leathta > leata; rádh > rá; saoghal > saol; seadh > sea; stracaidhthe > stracaithe; tairbhfe > tairfe.

1.6 Gutaí a fágadh ar lár (a bháitear sa chaint) a chur isteach:
   'athair > a athair; 'gat > agat; 'na dhiai' > ina dhiai'; ars ise > arsa ise; bhí'os > bhí a fhios; breán > biorán; cróinn > coróin; é 'chaitheamh > é a chaitheamh; í 'bhaiste > í a bhaiste; í 'leogaint > í a leogaint; ó 'ndé > ó inné; ó 'niubh > ó inniu;

Eisceachtaí:
'nis (= inis, d'inis); 'dir (= idir)

1.7 Gutaí nó défhoghair a scríobh de réir nóis an lae inniu:
aca > acu; aéin > aon; aistig > istigh; bheoulthaine > bhealthaine; bialóg > béalóg; casán > cosán; cud > cad; dhin > dhein; dorus > doras; druíocht > draíocht; dtucaidís > dtiocfaidís; errthi > uirthi; fiachaint > féachaint; ficeann > feiceann; geach > gach; ghoibh > ghaibh; ghortuigh > ghortaigh; guch > gach; gun > gan; isean > eisean; muar > mór; naé > naoi; nú > nó; rúmpa > rompu; scoura > scanradh; strouinséartha > strannséartha; teine > tine; uscailt > oscailt;
Eisceachtaí:
baochas (=buíochas); fún (= fonn); téacht (= teacht)

1.8 Meititéis a dhíbirt:
dhird > dhruid; turcaill > trucail
Eisceacht: éinig (=éigin)

1.9 Gutaí breise a dhíbirt:
ainimhí > ainmhí; airigid > airgid; dtosonófá > dtosnófá; furamhór > formhór; fotharam > fothram; orum > orm;

2. Dealú na bhfocal de réir nós an lae inniu:
a b'eadh > ab ea; a gúmpar > ag iompar; aduabhairt > a dúirt; aéinní > aon ní; gu' h-aon > gach aon; i n-ao chor > in aon chor; inaice > in aice; indiaidh > i ndiaidh; máiseadh, máisi > más ea; mara cheapann tú > mar a cheapann tú; neosaimé > neosfaidh mé; túrhaimé > tabharfaidh mé.
Eisceachtaí:
go b'é (= gurb é, gurbh é).

DEILBHÍOCHT
3.1 Scríobhadh deirí infhillte an bhriathair de réir nóis an lae inniu i gcásanna áirithe:

(a)   Aimsir Chaite:
cheannaig > cheannaigh; chuai' > chuaigh; chuaidh > chuaigh;
d'iarrhuíos > d'fhiarthaíos [d'fhiafraíos]; d'imthi' > d'imigh; sháidh >
sháigh; tháini' > tháinig.

(b)   Aimsir Fháistineach:
caithfi' > caithfidh; eireó' > éireoidh; geo' > geobhaidh; go bhfici'
> go bhfeicfidh; mairhi' > mairfidh; tóca' > tógfaidh; túrha' > tabharfaidh;

(c)   Modh Coinníollach:
dtitheach > dtitfeadh; leacach > leagfadh; mbuailheach >
mbuailfeadh; n'fiatach > n'fhéadfadh.

(d)   Briathar Saor Caite:
báv > bádh; casav > casadh; cuardaíov > cuardaíodh.

3.2 An Réamhfhocal Simplí *ag* agus an tAinm Briathartha:
a' fiachaint > ag féachaint

3.3 An Réamhfhocal Simplí *ag* agus an tAlt:
age'n > age an

3.4 Scríobhadh an tAlt de réir nós an lae inniu ach amháin i
logainmneacha e.g. Béal a' Chrobháin:
bun a' bhóithrín > bun an bhóithrín.

Pearsana

Ní 'daoine' ar fad atá san innéacs seo, ach bhí pearsantacht áirithe agus carachtar acu go léir i seanchas Mháiréad Ní Mhionacháin. Tá idir threabhchaisí agus chlainn luaite chomh maith. Tá lúibíní cearnacha timpeall ar aon rud nach bhfuil sa téacs féin.

Ár Slánaitheoir, 119

Bartholomaeus: Bartholomew: Partholán, 167

Bartholomew: Bartholomaeus: Partholán, 167

Blank and Tans, The, 26

Boy, An: Seán a' Bháin mhóir: Seán The Boy, 197, 198

Bríde [Naomh], 121

Buachaillí Bána, Na: 49

Cailleach, An Ch-: An Chailleach Bhéarra, 146

Cailleach Bhéarra, An Ch-: An Chailleach, 146, 194

Crowley, Peig, 126, 127

Crowley: Crochúr Ó Crualaí, 79

Crowley, Margaret: Mrs. Roger O'Sullivan, 29

Curly Creepy, 151, 200

De Valera, 26

Donncha an tSaighne: Diarmaid Ó Sé, 73

Fenton [Pats]: Mac Uí Fhiannachtaigh: Pádraig Ó Fiannachta, 53

Giúdaigh, Na, 82

Gobnait [Naomh], 119, 194

Guihan, Mrs, 29

Hanley The Piper, 154, 155

Healy, Johnny, 169

Hurrig, Cáit, 197

Jerome, Naomh, 167

Kennedy, 150

Killian, [Naomh], 187

Larkin, Father, 108, 115

Liam Dhonncha: Liam Ó Súilleabháin, 133, 191

Lloyd, Elizabeth, 160

Lloyd, William, 179

Locharnaigh, Na: Na Lochlannaigh, 144

Lord Bantry, 201

Mac Cárthaigh, Féidhlim, 162

Mac Cárthaigh, Tadhg : Tadhg na Féithe, 148, 196

Mac Carthy, Stephen: Master Mac, 76, 175

Mac Finín Duibh [Ó Súilleabháin], 47, 48, 160

Mac Finín Duibh, Sylvester, 160

Mac Uí Fhiannachtaigh: Pádraig Ó Fiannachta: [Pats] Fenton, 54

Mac Uí Shúilleabháin an Oileáin: Micil an Oileáin: Micheál Ó Súilleabháin an Oileáin: Mac Uí Shúilleabháin: Ó Súilleabháin:

Seana-Mhicheál Ó Súilleabháin, 55

Mac Uí Shúilleabháin: Micil an Oileáin: Micheál Ó Súilleabháin an Oileáin: Mac Uí Shúilleabháin an Oileáin: Ó Súilleabháin: Seana-Mhicheál Ó Súilleabháin, 56

Máire Eoghain, 144

Máistir Ó Duibhir, An, 77

Master Mac: Stephen Mac Carthy, 175

Máthair Ghlórmhar, An Mh-: Muire, 119

Mehigan, Missus, 29, 88, 102

Micheál Ó Súilleabháin an Oileáin: Micil an Oileáin: Mac Uí Shúilleabháin an Oileáin: Mac Uí Shúilleabháin: Ó Súilleabháin: Seana-Mhicheál Ó Súilleabháin, 55

Micheál, Naomh, 121, 141, 187

Micil an Oileáin: Micheál Ó Súilleabháin an Oileáin: Mac Uí Shúilleabháin an Oileáin: Mac Uí Shúilleabháin: Ó Súilleabháin: Seana-Mhicheál Ó Súilleabháin, 55, 76, 166

Mike John D.: Micheál [Ó Súilleabháin], 23

Mike o' the Strand : Micheál Ó Súilleabháin, 54

Muintir Dhúnaí, 197

Muintir De Nais: Na Naiseanna, 84

Muintir Laochdha, 154

Muintir Mhionacháin (Drisceoil) 21

Muintir na Leamhna,106

Muintir Shíocháin,59, 141

Muintir Shé, 188

Muire: An Mháthair Ghlórmhar, 93, 117, 120

Murphy, Mrs, 29

Murphy, Peaidí: Pádraig Ó Murchú, 137

Naiseanna, Na,: Muintir De Nais, 84

Neil na gCupóg,148

Nic Cárthaigh (Ní Rócháin), Cáit, 164

Ní Chonaill, Máire, 106

Ní Ghearail', Máire, 47, 48, 161

Ní Ghearailt, Máire,166

Ní Laochdha, Síle, 194

Ní Laoire, Máire, 166

Ní Leamhna, Máire, 184

Ní Mhairineáin, Máiréad, 165

Ní Mhaoláin, Cáit,191

Ní Mhurchú, Máire, 52, 66, 95, 96, 122, 123, 124, 125, 130, 131, 188

Ní Néill, Máiréad, 175

Ní Rathaile, Nóra, 21

Ní Shé, Máire, 23

Ní Shé, Siobhán, 21

Ní Shíocháin, Bríd, 185

Ní Shíocháin, Cáit, 21

[Ní Shúilleabháin], Bríd: Brigid [Ní Shúilleabháin], 24

[Ní Shúilleabháin], Brigid: Bríd [Ní Shúilleabháin], 28

Ní Shúilleabháin, Cáit, 173
Ní Shúilleabháin, Eibhlín, 23, 24
[Ní Shúilleabháin], Hannah:
Siobhán Ní Shúílleabháin, 28, 31
Ní Shúilleabháin, Máire, 166
[Ní Shúilleabháin], Máire, 23
Ní Shúilleabháin, Máiréad, 191
[Ní Shúilleabháin], Máiréad, 23, 173
[Ní Shúilleabháin], Máire, 173
Ní Shúilleabháin, Neil, 196
Ní Shúilleabháin, Nóirín: Nóirín
Bean Uí Éanaí, 41
Ní Shúilleabháin, Nóra, 23
[Ní Shúilleabháin], Peig, 23
[Ní Shúilleabháin], Siobhán:
Hannah [Ní Shúilleabháin], 23
Ní Shúilleabháin (Suaimhnis),
Máire, 166
Ní Uallacháin, Máire, 52, 196
Nunny, Mary, 160
Nunny, William, 160
Ó Conaill, Dónall, 156, 157, 205
Ó Crualaí, Crochúr, 79
Ó Duibhir, Liam, 39
Ó Dúnaí, Micheál, 167, 185, 192, 193
Ó Dúnaí, Séamus Bán, 198
Ó Dúnaí, Seán: Seán The Boy, 197
Ó Fiannachta, Pádraig: Mac Uí
Fhiannachtaigh: [Pats] Fenton,
166
Ó Fiannachta, Tomás, 166
Ó Háinle, Pádraig, 166
Ó hAodha, Pádraig, 194
Ó Harrachtáin, Diarmaid
(Diarmaid Caobach), 162

Ó hUallacháin, Dónall, 175
Ó hUrdail, Séamus: Séamus a'
Chápa, 194
Ó hUrdail (Cáipí), Seán, 170
Ó Laochdha, Micheál, 175,
Ó Laochdha, Pádraig, 160, 162, 165,
167, 168, 174, 175, 176, 188, 192,
198
Ó Laoghaire, Pádraig, 9
Ó Laoire, Tadhg : Tadhg a' Dána, 81
Ó Leamhna, Crochúr, 184
[Ó Mionacháin], Coinleán [Ó
Drisceoil], 21
Ó Mionacháin, Micheál [Ó
Drisceoil], 137
[Ó Mionacháin], Pádraig [Ó
Drisceoil], 21
Ó Mionacháin, Seán [Ó Drisceoil],
21
[Ó Mionacháin], Seán [Ó Drisceoil],
21
[Ó Mionacháin], Tadhg [Ó
Drisceoil], 21
Ó Mionacháin, Tadhg [Ó Drisceoil]:
Seana-Thadhg, 21
Ó Muillichín, Donncha, 173
Ó Murchú, Dónall Partholán, 21
Ó Murchú, Micheál, 154
Ó Murchú, Pádraig: Patsy Gort
Broc, 171, 175, 188, 189, 191
Ó Murchú, Pádraig: Peaidí
Murphy, 137
Ó Rócháin, Donncha, 162, 168, 184,
187, 188, 192
Ó Rócháin, Tadhg (Mac Cárthaigh):

Tadhg na Féithe: [Tadhg Rohane (Mc Carthy)], 148

Ó Sé, Diarmaid, 147, 162, 167, 168, 190, 191, 192, 193

Ó Sé, Diarmaid: Donncha an tSaighne, 73

Ó Sé, Pádraig (Barley), 36, 162, 164

Ó Síocháin, Micheál: Mike Sheehan, 30. 142, 164, 191, 197

Ó Súilleabháin (Breac), Dónall: Dónall Ó Súilleabháin, 23, 196

Ó Súilleabháin, Dónall: Dónall Ó Súilleabháin (Breac), 148

Ó Súilleabháin, Donncha, 191

Ó Súilleabháin, Dónall, 166

[Ó Súilleabháin], Diarmaid, 23

Ó Súilleabháin, Eoghan, 164, 197

[Ó Súilleabháin], Eoghan: Eugene [Ó Súilleabháin], 24

[Ó Súilleabháin], Eugene: Eoghan [Ó Súilleabháin], 26

[Ó Súilleabháin], Johnny: Seán [Ó Súilleabháin], 28

Ó Súilleabháin Liam: Liam Dhonncha, 191

Ó Súilleabháin, Micheál: Mike o' the Strand, 166

[Ó Súilleabháin], Micheál: Mike John D., 23, 26, 96

Ó Súilleabháin, Micheál: Micil an Oileáin: Micheál Ó Súilleabháin an Oileáin: Mac Uí Shúilleabháin an Oileáin: Mac Uí Shúilleabháin: Seana-Mhicheál Ó Súilleabháin, 166

[Ó Súilleabháin], Pádraig, 23

[Ó Súilleabháin], Peadar, 24

Ó Súilleabháin, Séamus, 23

Ó Súilleabháin, Séamus: Séamus na dTéad, 173

Ó Súilleabháin, Seán, 9, 41, 180, 197

Ó Súilleabháin, Seán D., 23

[Ó Súilleabháin], Seán : Johnny [Ó Súilleabháin], 28

Ó Súilleabháin, Seán: Seán a' Bháin Mhóir: Seán Uaithne, 197

Ó Súilleabháin, Seana-Mhicheál: Ó Súilleabháin: Micil an Oileáin: Micheál Ó Súilleabháin an Oileáin: Mac Uí Shúilleabháin an Oileáin: Mac Uí Shúilleabháin, 166

Ó Súilleabháin, Tadhg, 24

[Ó Súilleabháin], Tadhg, 166

O'Sullivan, Michael, 208

O'Sullivan, Roger, 83

O'Sullivan, Mrs Roger: Margaret Crowley, 29

Pádraig, [Naomh], 55, 112

Partholán: Bartholomaeus: Bartholomew, 57, 167

Patsy Gort Broc: Pádraig Ó Murchú, 171

Peaidí na mBó, 58, 59, 168

Púca an Daibhréig,140

Púca na Sméar, 141

Ranties, Na, 200, 201, 202

Reachtairibh, Na, 68

Sagart na Coille, 83

Sasanaigh, Na, 82

Sayers, Peig, 162
Séamus a' Chápa: Séamus Ó
    hUrdail, 194
Séamus na dTéad: Séamus Ó
    Súilleabháin, 71
Seán a' Bháin Mhóir: Seán Ó
    Súilleabháin: Seán Uaithne, 149,
    197
Seana Thadhg: Tadhg Ó
    Mionacháin [Ó Drisceoil], 21
Seán [Naomh Eoin], 113, 206
Seán The Boy: Seán Ó Dúnaí, 150
Seán Uaithne: Seán Ó Súilleabháin:
    Seán a' Bháin Mhóir, 197
Sheehan, Jack, 170
Sheehan, Mike: Micheál Ó
    Síocháin, 30, 180
Spike, 50, 51
Spior' Naomh, An, 126
Stiofán, [Naomh], 115, 207
Súilleabhánaigh Bhéarra, 161
Tadhg a'Dána: Tadhg Ó Laoire, 81,
    82
Tadhg na Féithe: Tadhg (na Féithe)
    Mac Cárthaigh, 148, 196
Thompson, George, 160
Thompson, Lucy, 160
Uí Éanaí, Nóirín (Bean): Nóirín Ní
    Shúilleabháin, 21, 180, 204
White, Mr. Richard, 201

Logainmneacha

Tá lúibíní cearnacha timpeall ar aon rud nach bhfuil sa téacs féin nó sna nótaí.

'Á Dhrom: Dhá Dhrom [Paróiste Chill Chaitiairn], 10 37, 47, 50, 77, 78, 99, 115, 134

'Á Dhrom Istigh: Dhá Dhrom Istigh: Inward Ardgroom [Paróiste Chill Chaitiairn, 52, 73, 127, 148, 154

Abha an Ghoirtín [Baile Fearainn Dhá Dhrom Amuigh, Paróiste Chill Chaitiairn], 97

America [Na Stáit Aontaithe], 28, 129

Aoraí Beaga, Na h [Baile Fearainn na nAoraí, Paróiste Chill Chaitiairn], 122

Aoraí, Na h, [Paróiste Chill Chaitiairn], 76, 78, 82, 86, 98, 104, 107, 115, 123, 137, 141, 144, 149

Ard Bháificil [Baile Fearainn Bháificil, Paróiste Chill Chaitiairn], 152

Ardea [:Ard Aodha, Paróiste Thuath Ó Siosta, Co. Chiarraí], 41

Ardgroom: 'Á Dhrom: Dhá Dhrom [Paróiste Chill Chaitiairn], 23, 24

Ardnagashel, 200

Ard na hUla [Baile Fearainn Bhéal a' Chrobháin, Paróiste, Chill Chaitiairn], 121, 187

Báificil [Paróiste Chill Chaitiairn], 170

Baile an Bhogaigh, [Co. Chiarraí], 38

Baile an Ghóilín [An Daingean, Co. Chiarraí], 37

Baile Átha Cliath, 39, 88, 160

Baile Chaisleáin: Baile Chaisleáin Bhéarra, Castletown, 50, 56, 61, 66, 83, 105, 115, 133, 137, 145, 151, 198

Baile Chaisleáin Bhéarra: Baile Chaisleáin: Castletown, 93, 121, 135, 194, 197

Baile Chrobháin: Béal a' Chrobháin [Paróiste Chill Chaitiairn], 76

Baile na nAoraí, 169, 171, 194, 195

Bantry [:Beanntraí], 200, 201

Bantry Bay [:Bá Bheanntraí], 201

Barra Coille: Barrakilla [Baile Fearainn Dhá Dhrom Amuigh, Paróiste Chill Chaitiairn], 82, 83, 164, 191, 197

Barrakilla: Barra Coille [Baile Fearainn Dhá Dhrom Amuigh, Paróiste Chill Chaitiairn], 29

Béal a' Chrobháin: Baile Chrobháin [Paróiste Chill Chaitiairn] 47, 76, 77, 82, 83, 121, 137, 160, 175

Béal na Leapa [Baile Fearainn Chromthán, Paróiste Chill Chaitiairn], 144

Bearna na Marbh, 92

Beare Island [:An tOileán Mór, Paróiste Chill Acha nAoineach], 201

Bearhaven: Baile Chaisleáin Bhéarra: Baile Chaisleáin: Castletown, 201

Béarra, 9, 10, 39, 150, 161, 165, 191, 197

Board of Works Road, 164

Bocarnagh [Co. Chorcaí], 201

Bord Eoghain Fhinn [Co. Chiarraí], 74

Bostún, Mass. [Na Stáit Aontaithe], 23, 24

Bóthar, An [Baile Fearainn Chathair Caim, Paróiste Chill Chaitiairn], 21

Bóthar an Phublic Work, 50

Breatain Bhig, An Bh, 160

Bun Áth, [Paróiste Thuath Ó Siosta, Co. Chiarraí], 23, 54, 92, 196

Bunán [Co. Chiarraí], 197

Bun Sceilge, [Paróiste Chill Chaitiain], 184

Butte, Montana [Na Stáit Aontaithe], 23, 110

Caladh Ros [Paróiste Thuath Ó Siosta, Co. Chiarraí], 23, 58, 59, 78, 99, 118 196

Carraig, An Ch (Doire Mhór) [Baile Fearainn Chill Chaitiairn, Paróiste Chill Chaitiairn], 21

Carraig an Eidhinn [Paróiste Thuath Ó Siosta, Co. Chiarraí], 173

Castletown: Baile Chaisleáin Bhéarra: Baile Chaisleáin, 28

Cathaigh: Cuthaigh [Paróiste Thuath Ó Siosta, Co. Chiarraí], 47, 143

Cathair Caim [Paróiste Chill Chaitiairn], 21, 54, 94, 119, 166, 198

Cathair Dónall [Co. Chiarraí], 9, 166

Ceann Feadha, [Baile Fearainn Dhá Dhrom Amuigh, Paróiste Chill Chaitiairn], 77, 102, 133, 136, 144, 154, 175, 191

Ceann Mara: Neidín: Kenmare [Co. Chiarraí], 107, 117, 118

Ceapa Clochráin [Baile Fearainn Dhrom Amuigh, Paróiste Chill Chaitiairn], 174

Ciarraí Thuaidh, 119

Ciarraí: Kerry, 10, 47, 53, 55, 56, 74, 83, 93, 125, 127, 134, 166, 173, 180, 187

Cill Chaitiairn [Paróiste Chill Chaitiairn], 9, 21, 50, 59, 68, 76, 77, 79, 93, 94, 95, 98, 99, 104, 107, 108, 113, 129, 132, 136, 137, 139, 143, 153, 154, 160, 162, 167, 168, 181, 192, 193, 198

Cill Gharbháin [Co. Chiarraí], 171

Cill Macallóg [Paróiste Thuath Ó Siosta, Co. Chiarraí], 54, 97, 187

Cill Mhic Eoghain [Paróiste Chill Chaitiairn], 145

Claonach [Baile Fearainn. Roinn Troisc, Paróiste Chill na Manach], 166

Claondoire, [Baile Fearainn Chill Chaitiairn, Paróiste Chill Chaitiairn], 49

Clochán a' tSagairt, 82

Cloch Fhinn [Paróiste Chill na Manach], 187

Cloch Ortin [Paróiste Thuath Ó Siosta], 97

Cnoc na hUla, [Baile Fearainn Chloch Fhinn, Paróiste Chill na Manach], 121, 187

Cnocán a' Chró, 209

Coastguard Station, [Baile Fearainn Bhéal a' Chrobháin, Paróiste Chill Chaitiairn], 76

Coill, An Ch-, [Baile Fearainn Coill agus Fánchoill, Paróiste Chill Chaitiairn], 82

Cois [Baile Fearainn Dhá Dhrom Istigh, Paróiste Chill Chaitiairn], 24

Comhla Bhreac, An Ch-, 145

Coolieragh [: Cúil Iarthach, Co. Chorcaí], 200

Coolieragh Harbour [:Cuan Chúil Iarthach, Co. Chorcaí], 201

Corcaigh, 9, 128

Cork City, 32

Corrach, An, [Baile Fearainn Dhá Dhrom Amuigh, Paróiste Chill Chaitiairn], 136, 144

Cróchán, An, [Paróiste Chill Chróchán, Co. Chiarraí], 54, 74

Cuailleach [Paróiste Chill Chaitiairn], 162

Cuan a' Chaisleáin, Co. Chiarraí, 11

Cuan Bhéal a' Chrobháin, 194

Cuan Chill Chaitiairn, 81, 105

Cúige Mumhan, 9

Cuthaigh: Cathaigh [Paróiste Thuath Ó Siosta, Co. Chiarraí], 60, 88, 110

Dereenacarrin [:Doirín a' Chairn, Co. Chorcaí], 200

Derrylough [·Doire a' Locha, Co. Chorcaí], 200

Dhá Dhrom: 'Á Dhrom [Baile Fearainn Dhá Dhrom Amuigh, Paróiste Chill Chaitiairn], 175

Dhá Dhrom Amuigh [Paróiste Chill Chaitiairn], 23

Dhá Dhrom Istigh [Paróiste Chill Chaitiairn] 125, 191

Doire a' Locha [Paróiste Thuath Ó Siosta, Co. Chiarraí], 197

Doire Droinne, [Paróiste Thuath Ó Siosta, Co. Chiarraí], 59

Doire Mheigil, [Baile Fearann Chill Chaitiairn, Paróiste Chill Chaitiairn], 173

Doire Mhór [Paróiste Chill Chaitiairn], 21, 166

Doire Ulaidh [Baile Fearainn Chill Chaitiairn], 21

Doirín a' tSluaigh [Paróiste Thuath Ó Siosta, Co. Chiarraí], 23, 196

Doirín, An, [Paróiste Thuath Ó Siosta, Co. Chiarraí], 197

Droichead 'Á Dhroim: Droichead a' Chapaill: An Droichead [Baile Fearainn Dhá Dhrom Amuigh, Paróiste Chill Chaitiairn], 59, 99, 133, 134

Droichead a' Chapaill: Droichead 'Á Dhroim: An Droichead [Baile Fearainn Dhá Dhrom Amuigh, Paróiste Chill Chaitiairn], 96, 99

Droichead a' Phuillín [Baile Fearainn Dhá Dhrom Istigh, Paróiste Chill Chaitiairn], 125

Droichead a' tSiúnta [Neidín, Co. Chiarraí] 118

Droichead na mBarr [Baile Fearainn na mBarraí, Paróiste Chill Chaitiairn] 135

Droichead, An: Droichead 'Á Dhroim: Droichead a' Chapaill [Baile Fearainn Dhá Dhrom Amuigh, Paróiste Chill Chaitiairn],

Droinn a' Bhogaigh, [Baile Fearainn Dhá Dhrom Istigh, Paróiste Chill Chaitiairn], 49

Droinn a' Cheapaire [Baile Fearainn Dhá Dhrom Istigh, Paróiste Chill Chaitiairn], 68

Droinn a' Chuais [Baile Fearainn Chill Chaitiairn, Paróiste Chill Chaitiairn], 162

Droinn na mBéilleac [Baile Fearainn Chill Chaitiairn, Paróiste Chill Chaitiairn], 153, 162, 167, 185, 187, 192

Drom Beag [Baile Fearainn Dhá Dhrom Istigh, Paróiste Chill Chaitiairn], 23

Drom Eanna, 152

Dún Chaoin [Co. Chiarraí], 162

Dunmanus Bay [:Bá Dhún Mhánais], 201

Eadargóil [Co. Chorcaí], 47, 149

Éire, 108, 128, 151, 156, 159

Eisc a' Dobhair [Paróiste Thuath Ó Siosta, Co. Chiarraí], 142

Eyeries Parish: Paróiste na nAoraí, 31

Faill Mhór, An Fh-, 122

Fán Shliabh [Baile Fearainn Dhrom Amuigh, Paróiste Chill Chaitiairn] 147, 162, 167, 168, 190, 191, 192, 193, 194

Farkeal, 200

Féith, An Fh- [Baile Fearainn Ghort Garbh, Paróiste Chill Chaitiairn], 148, 196

Gleann Beag [Paróiste Chill Chaitiairn], 171

Gleann Trasna : Gleann Ó Trásna: An Gleann [Paróiste Thuath Ó Siosta, Co. Chiarraí], 197

Goirtín, An [Baile Fearainn na nAoraí, Paróiste Chill Chaitiairn], 81

Goirtín, An: [Baile Fearainn Dhá Dhrom Amuigh, Paróiste Chill Chaitiairn], 9, 23, 36, 110, 154, 196

Gort [:Gort na Dromalach, Baile Fearainn Oircheann, Paróiste Chill Chaitiairn], 175

Gort a' Leasa [Baile Fearainn Dhá Dhrom Amuigh, Paróiste. Chill Chaitiairn], 36, 162, 164

Gort Achaidh [Baile Fearainn Rinn Troisc, Paróiste Chill na Manach], 56, 153

Gort Broc, [Baile Fearann Chill Chaitiairn, Paróiste Chill Chaitairn], 171

Gort Garbh [Paróiste Chill Chaitiairn], 194, 196

Grafa Mór, 209

Gurteen: An Goirtín [Baile Fearainn Dhá Dhrom Amuigh, Paróiste Chill Chaitiairn], 23, 28, 196, 209

Hungry Hill [Daod], 200

Inis Bhun Ard: An t-Oileán: Inis Bhun Ard: Inis Fearann Ard, 55

Inis Fearann Ard: Inis Bhun Ard: An t-Oileán: Inis Bhun Ard, 74, 165, 166, 185

Insí, Na h, [Paróiste Chill Chiaitiairn], 134

Inward Ardgroom: Dhá Dhrom Isigh [Paróiste Chill Chaitiairn], 24

Kenmare: Neidín: Ceann Mara, 24, 29, 169

Kerry: Ciarraí, 200

Kilcatherine: Cill Chaitiairn, 21, 23, 29, 33

Kileenah [:Cillíneach], 201

Lady's Well [Neidín, Co. Chiarraí], 118, 119

Láithreach, An, [Paróiste Thuath Ó Siosta, Co. Chiarraí], 149, 166

Leaca Mhór, 209

Leaca na nGearrcach, 77

Leakill, 201

Lios na gCat [Baile Fearainn Dhá Dhrom Amuigh, Paróiste Chill Chaitiairn], 144, 173, 184

Loch a' Coinleáin [Paróiste Thuath Ó Siosta, Co. Chiarraí], 116, 152, 186

Lúib a' Gheata, 209

Mac Carraugh [:Muccuragh: An Mucaire, Co. Chorcaí], 201

Meiriceá, 74, 150, 198

Meirice, 54, 84, 88, 93, 94, 133, 136, 199

Mianach, An, 121

Neidín: Ceann Mara, Kenmare, 50, 110, 117, 162, 165

Nua Eabhrac, 173

Oileán na gCaerach, 153

Oircheann: Uarthán: Urthan, 76, 175, 197

Old Kenmare, 109, 110

Orthan, An: Oircheann: Uarthán: An Orthan [Paróiste Chill Chaitiairn], 76

Páirc a' Bhóthair, 209

Páirc a' Gheata, 209

Páirc Láir, 209

Páirc Mhór, 209

Páirc Pheter, 209

Park City, Utah [Na Stáit Aontaithe], 23

Paróiste Chathair Dónall, [Co. Chiarraí], 74

Paróiste Chill Chaitiairn, 188

Paróiste Chill na Manach, 187

Paróiste na Dromad, 183

Paróiste na nAoraí, 102, 173

Paróiste Thuath Ó Siosta :Tuosist Parish [Co. Chiarraí], 161, 180, 187, 196, 197

Pointe Chill Chaitiairn, 52, 166, 167, 174, 175

Pointe Chill Chaitiairn: An Pointe [Baile Fearainn Chill Chaitiairn, Paróiste Chill Chaitiairn], 160, 162, 165, 176, 188, 192

Pointe na Marbh, 92

Pointe, An: Pointe Chill Chaitiairn [Baile Fearainn Chill Chaitiairn, Paróiste Chill Chaitiairn], 52

Poll an Doribh, 70

Poll Mór, 42

Port Láirge: Port Láirig, 116

Port Láirig: Port Láirge, 74

Puillín, An [Baile Fearainn Dhá Dhrom Istigh, Paróiste Chill Chaitiairn], 125

Queenstown [Cóbh, Co. Chorcaí], 28

Ranties, Na, [Eadargóil, Co. Chorcaí], 152, 201

Ré Eidhneáin, 121

Ribhéar Chinn Mara: An Ribhéar: Ribhéar Neidíneach, 74

Ribhéar Neidíneach: An Ribhéar: Ribhéar Chinn Mhara, [:Inbhear Scéine], 173

Ribhéar, An: Ribhéar Neidíneach: Ribhéar Chinn Mhara [:Inbhear Scéine], 54, 55, 74, 81

Rinn, An, [Paróiste Chathair Donall, Co. Chiarraí], 74

Rinn Troisc [Paróiste Chill na Manach], 166

River Kenmare: Ribhéar Neidíneach: An Ribhéar [:Inbhear Scéine], 201

Roilig Chill Chaitiairn [Baile Fearainn Ghort Garbh, Paróiste Chill Chaitiairn], 79, 162,

Roilig Chill Macallóg, [Paróiste Thuath Ó Siosta, Co. Chiarraí], 92

Ros Mhic Eoghain [Paróiste Chill Acha nAoineach], 197

Salt Lake City [U.S.A.], 23

An Sceathánach, Co. Chiarraí, 119

Sceilig, An [Co. Chiarraí], 111

Scoil 'Á Dhroim, [Baile Fearainn Dhá Dhrom Amuigh, Paróiste Chill Chaitiairn], 133

Scoil Chaladh Rois [Paróiste Thuath Ó Siosta, Co. Chiarraí], 92, 97, 99

Screathan [Baile Fearainn Oircheann, Paróiste Chill Chaitiairn], 196

Seanabhóthar na nAoraí, 145

Seircí [:Oileán Seirce, Paróiste Chill Chrócháin, Co. Chiarraí], 127

Sliabh, An [Dhá Dhrom, Paróiste Chill Chaitiairn], 180

Snaidhm, An t, [Co. Chiarraí], 54, 55

Spike Island, [Cóbh, Co. Chiarraí], 26, 51

Springfield, [Na Stáit Aontaithe], 162

Sráid Neidín, 118

Sráidín 'Á Dhroim [:Baile Dhá Dhrom, Baile Fearainn Dhá Dhrom Amuigh, Paróiste Chill Chaitiairn], 144

Sugarloaf Mountain [:Gabhal Mhór], 200, 201,

Teampall an Chomhaid, [Co Chorcaí], 74

Teampall Chill Chaitiairn [Baile Fearainn Ghort Garbh, Paróiste Chill Chaitiairn], 79, 81, 176

Trá a' Bháid [Baile Fearainn Chathair Caim, Paróiste Chill Chaitiairn], 166

Tracashel [:Trá Chaisil, Co. Chorcaí], 200, 201

Trá Chéime [Baile Fearainn Choill agus Fán Choill, Paróiste Chill Chaitiairn], 77

Tráigh an Phuillín [Baile Fearainn Dhá Dhrom Istigh, Paróiste Chill Chaitiairn], 188

Tuairín Bán [Baile Fearainn Chill Chaitiairn, Paróiste Chill Chaitiairn], 162

Tuath Ó Siosta, Co. Chiarraí,

Tuosist Parish: Paróiste Thuath Ó Siosta [Co. Chiarraí], 41

Uaigh a' tSagairt, 82

Uarthán: Urthan: Oircheann: An Orthan, 198

Ucht Saighde [Baile Fearainn Dhá Dhrom Amuigh, Paróiste Chill Chaitiairn], 61, 104

Uíbh Ráthach [Co. Chiarraí], 152, 173

Urthan: Uarthán: Oircheann: An Orthan, 197

Whiddy Island [:Faoide, Bá Bheanntraí], 200

Würzburg [An Ghearmáin], 187

Leaðhaʀliosʈa

Aarne, A. agus Thompson, S. *The Types of the Folktale*, 2 eagrán, Helsinki: Folk Fellows Communications 124, 1973.

Brennan Harvey, C. *Contemporary Irish Traditional Narrative – The English Language Tradition*, Berkeley, Los Angeles agus Londain: University of California Press, 1992.

Butler, W.F.T. *Gleanings from Irish History*, Londain: Green and Co., 1925.

Christiansen, Reidar Th. *The Migratory Legends – A Proposed List of Types with a Systematic Catalogue of the Norwegian Variants*, Helsinki: Folk Fellows Communications 175, 1958.

Dègh, L. *Folktales and Society – Storytellers in a Hungarian Peasant Community*, Bloomington, Indiana: Indiana University Press, 1969.

Dundes, A. (eag.) *The Study of Folklore*, Englewood Cliffs, New Jersey: Prentice Hall, 1965.

Durrell, P. *Discover Dursey*, Allihies, Beara, Co. Cork: Ballinacarriga Books, 1996.

Emmons, David M. *The Butte Irish – Class and Ethnicity in an American Mining Town 1875-1925*, Urbana agus Chicago: University of Illinois Press, 1993.

Froude, J.A. *The Two Chiefs of Dunboy or An Irish Romance of the Last Century*, 2 eagrán, Londain: Longmans, Green and Co., 1891.

Henige, D. *Oral Historiography*, Londain: Longman, 1973.

Holbek, B. *Interpretation of Fairy Tales,* Helsinki: Folk Fellows Communications No. 239, 1987.

Jackson, K. *Scéalta ón mBlascaod,* Baile Átha Cliath: An Cumann le Béaloideas Éireann, 1968.

Jordan, R.A. agus Kalcik, S.J. (eag.) *Women's Folklore, Women's Culture,* Philadelphia: University of Pennsylvania Press, 1985.

Larrington, C. *The Feminist Companion to Mythology,* Londain: Pandora, 1992.

Lysaght , P. *The Banshee – The Irish Supernatural Death-Messenger,* Baile Átha Cliath: The Glendale Press, 1986.

Ní Chéilleachair, M. (eag.) *Peig Sayers Scéalaí 1873-1958,* Baile Átha Cliath: Coiscéim, 1999.

Nic Craith, M. *Malartú Teanga: An Ghaeilge i gCorcaigh sa Naoú hAois Déag,* Bremen: Cumann Eorpach Léann na hÉireann, 1993.

Nic Pháidín, C. *Cnuasach Focal ó Uíbh Ráthach,* Baile Átha Cliath: Acadamh Ríoga na hÉireann, 1987.

O'Brien, D.M. *Beara – A Journey Through History,* Baile Chaisleáin Bhéarra: Beara Historical Society, 1991.

Ó Cíobháin, B. *Toponomia Hiberniae 2: Placenames of Ireland – Paróiste Chill Chrócháin, Kilcrohane Parish* (1), Baile Átha Cliath: An Foras Duibhneach, 1984.

O'Connor, A. *Child Murdress and Dead Child Traditions,* Helsinki: Folk Fellows Communications Uimh. 249, 1989.

Ó Cróinín, S. agus Ó Cróinín D. *Scéalta Amhlaoibh Í Luínse*, Baile Átha Cliath: An Cumann le Béaloideas Éireann, 1971.

Idem, Seanchas Amhlaoibh Í Luínse, Baile Átha Cliath: Comhairle Bhéaloideas Éireann, *Scríbhinní Béaloidis – Folklore Studies* 5, 1980.

Idem, Seanchas Ó Chairbre 1, Baile Átha Cliath: Comhairle Bhéaloideas Éireann, *Scríbhinní Béaloidis – Folklore Studies* 13, 1985.

Ó Danachair, C. *A Bibliography of Irish Ethnology and Folk Tradition*, Corcaigh agus Baile Átha Cliath: Mercier Press, 1978.

O'Dowd, A. *Spalpeens and Tattie Hokers – History and Folklore of the Irish Migratory Agricultural Worker in Ireland and Britain*, Baile Átha Cliath: Irish Academic Press, 1991.

Ó Duilearga, S. *Leabhar Sheáin Í Chonaill: Scéalta agus Seanchas ó Íbh Ráthach*, 3 eagrán, Baile Átha Cliath: Comhairle Bhéaloideas Éireann, *Scríbhinní Béaloidis – Folklore Studies* 3, 1977.

O'Dwyer, L. *Beara in Irish History*, Nua Eabhrac: Vantage Press, 1977.

O'Dwyer, R. *Who Were My Ancestors – Genealogy (Family Trees) of The Eyeries Parish, Castletownbere Cork, Ireland*, Astoria 3: Stephens Publishing Co. 1976.

Idem, Who Were My Ancestors – Genealogy (Family Trees) of the Allihies (Copper Mines) Parish, Castletownbere, Co. Cork, Ireland, Astoria 3: Stephens Publishing Co., 1988.

Idem, Who Were My Ancestors – Genealogy (Family Trees) of the Castletownbere Parish, Co. Cork, Ireland (Killaconenagh), Astoria 3: Stephens Publishing Co., 1989.

Ó Gráda, C. *An Drochshaol – Béaloideas agus Amhráin*, Baile Átha Cliath: Coiscéim, 1994.

Ó hEochaidh, S. Ní Néill, M. agus Ó Catháin, S. *Síscéalta ó Thír Chonaill*. Baile Átha Cliath: Comhairle Bhéaloideas Éireann, *Scríbhinní Béaloidis – Folklore Studies 4*, 1977.

Ó hÓgáin, D. *Myth, Legend and Romance – An Encyclopaedia Of Irish Folk Tradition*, Londain: Ryan Publishing Co. Ltd., 1990.

Ó Laoghaire, P. *Scéalaíocht na Mumhan*, Baile Átha Cliath: Pádraig Ó Briain, Clódóir, 1895.

Ó Síocháin, C. *The Man From Cape Clear – 'The Life of an Islandman'*, aistrithe ag Riobard P. Breatnach, Corcaigh agus Baile Átha Cliath: Mercier Press, 1975.

Ó Súilleabháin, S. *Diarmaid na Bolgaighe agus a Chomharsain*, Baile Átha Cliath: Muintir Chathail, 1937.

Idem, *Láimh-leabhar Béaloideasa*, Baile Átha Cliath: An Cumann le Béaloideas Éireann, 1937.

Idem, *A Handbook of Irish Folklore*, Baile Átha Cliath: Folklore of Ireland Society, 1942. Hatsboro, Pennsylvania: Folklore Associates, 1963. Detroit: Singing Tree Press, 1970.

Idem, *Caitheamh Aimsire Ar Thórraimh*, Baile Átha Cliath: An Clóchomhar Teoranta, 1961.

Idem, *Irish Wake Amusements*, Corcaigh agus Baile Átha Cliath: The Mercier Press, 1967.

Ó Súilleabháin, S. agus Christiansen, Reider Th. *The Types of the Irish Folktale*, Helsinki: Folk Fellows Communications 188, 1963.

O'Sullivan, S. *Legends From Ireland*, Londain: B.T. Batsford Ltd., 1977.

Pentikäinen, J. *Oral Repertoire and World View – An Anthropological Study of Marina Takalo's Life History*, Helsinki: Folk Fellows Communications No. 219, 1987.

Póirtéir, C. *Glórtha ón nGorta – Béaloideas na Gaeilge agus an Gorta Mór*, Baile Átha Cliath: Coiscéim, 1996.

Ryan, M. *Biddy Early – Irish Wise Woman of Clare*, Corcaigh agus Baile Átha Cliath: Mercier Press, 1978.

Siikala, Anna-Leena. *Interpreting Oral Narrative*, Helsinki: Folk Fellows Communications Uimh. 245, 1990.

Sullivan, T.D. *Bantry, Berehaven and the O'Sullivan Sept.* 1ú eagrán 1908, Cork: Tower Books, 1978.

Thompson, S. *The Folktale*, Berkeley, Los Angeles agus Londain: University of California Press, 1977.

Idem, Motif-Index of Folk-Literature, 6 Iml., Bloomington, Indiana: University of Indiana Press, 1955-58.

Tower Hollis, S., Pershing, L. agus Young, M.J. (eag.) *Feminist Theory and the Study of Folklore*, Urbana agus Chicago: University of Illinois Press, 1993.

Williams, N. *Díolaim Luibheanna*, Baile Átha Cliath, Sáirséal agus Ó Marcaigh, 1993.

Williams, R.A. *The Berehaven Copper Mines, Allihies , Co. Cork, S.W. Ireland*, Sheffield: Northern Mine Research Society – British Mining No. 42, 1991.